2 9. JUNI 2017

Birgit Meitrodt / Menawar Youssef-Safar
DAS LICHT SCHEINT ÜBERALL

BIRGIT MEITRODT
MENAWAR YOUSSEF-SAFAR

# Das Licht scheint überall

MENAWAR – DIE GESCHICHTE
EINER SYRISCHEN CHRISTIN

francke

Über die Autorinnen:
**Birgit Meitrodt** lebt mit ihrem Mann und den zwei Söhnen in der Nähe von Braunschweig. Sie hat Diplom Geographie studiert und arbeitet zurzeit in der Flüchtlingshilfe als Dozentin für Deutsch als Fremdsprache. Außerdem leitet sie eine Schulranzen-Sammelstelle für das christliche Hilfswerk GAiN. Auf die Idee, dieses Buch zu schreiben, wurde sie von ihrer Freundin Menawar gebracht.

**Menawar Youssef-Safar** ist aramäische Christin und wurde 1964 im Nordosten Syriens geboren. Im Jahr 1986 floh sie mit Mann und Kind vor Repressalien und Verfolgung nach Deutschland. Heute lebt sie in der Nähe von Braunschweig. Seit 20 Jahren gibt sie Kochkurse, in denen die Teilnehmer einen Einblick in die syrische Küche erhalten.

Bibliografische Information der Deutschen Nationalbibliothek
Die Deutsche Nationalbibliothek verzeichnet diese Publikation
in der Deutschen Nationalbibliografie; detaillierte bibliografische
Daten sind im Internet über http://dnb.ddb.de abrufbar.

ISBN 978-3-86827-673-2
Alle Rechte vorbehalten
© 2017 by Verlag der Francke-Buchhandlung GmbH
35037 Marburg an der Lahn
Umschlagbilder: Privat
© iStockphoto.com / daikokuebisu
Bildteil: Privat
Umschlaggestaltung: Verlag der Francke-Buchhandlung GmbH /
Christian Heinritz
Satz: Verlag der Francke-Buchhandlung GmbH
Printed in Czech Republic

www.francke-buch.de

# Inhalt

Ein persönliches Wort – Birgit Meitrodt ..................7
Ein persönliches Wort – Menawar Youssef-Safar ................9
Kapitel 1: Vom Schnee zum Licht ..................11
Kapitel 2: Puppen, Perlen und Geschichten ............... 15
Kapitel 3: Von Mäusen, Hunden, Lämmern, Fischen
  und Skorpionen ..................22
Kapitel 4: Osterbräuche, Weihnachtsbräuche ............39
Kapitel 5: Für das Leben lernen wir ..................46
Kapitel 6: Erste Liebe ..................51
Kapitel 7: Lehm und Steine ..................56
Kapitel 8: Eine weitreichende Entscheidung ............61
Kapitel 9: (K)ein Freudentag ..................75
Kapitel 10: Aus zwei werden drei ..................83
Kapitel 11: Aufbruch ins Ungewisse ..................100
Kapitel 12: Eine schreckliche Nachricht ..................108
Kapitel 13: Wer ist ein Freund? ..................120
Kapitel 14: Heilsame Begegnungen ..................136
Kapitel 15: Bedrohliche Telefonanrufe ..................145
Kapitel 16: Schummeln lohnt sich nicht ..................152
Kapitel 17: Ich will strahlen – aber doch nicht so! ............... 159
Kapitel 18: Wieder wird ein Haus gebaut ..................172
Kapitel 19: Kochen, Fahren, Schwimmen, Tanzen ............178
Kapitel 20: Zu Besuch in der Heimat ..................190
Kapitel 21: Wegbereiter sein ..................197
Kapitel 22: Meine besten Rezepte ..................203

*Ein persönliches Wort –*
*Birgit Meitrodt*

Es ist jetzt etwa zweieinhalb Jahre her, dass mich meine Freundin Menawar fragte, ob ich nicht ein Buch über ihr Leben schreiben könne. Anfangs war ich sehr skeptisch und fragte mich, ob ich das schaffen würde und ob Menawars Leben überhaupt so viel Interessantes hergäbe, dass man ein Buch damit füllen könnte. Nach einigem Nachdenken stimmte ich schließlich zu, es zu versuchen. Bald schon war ich völlig fasziniert von den Geschichten, die Menawar von ihrer Kindheit und Jugendzeit in Syrien erzählte. Ihre Welt war eine so ganz andere gewesen als die, in der ich aufgewachsen bin. Als wir zu dem Punkt in ihrer Lebensgeschichte kamen, an dem sie mit ihrer Familie nach Deutschland einreiste, fand ich es spannend zu hören, was sie als Kulturschock erlebt hat und wie sie und ihr Mann damit umgegangen sind. Ich bekam einen ganz neuen Blick auf die Art und Weise, wie wir in Deutschland mit Ausländern umgehen, sei es die Unterbringung in einem Asylbewerberheim, die Zuteilung des Wohnortes oder auch der Ablauf des Asylverfahrens, währenddessen die Familie immer wieder von Abschiebung bedroht war. Zuweilen schämte ich mich dafür, wie schlecht oder gedankenlos manche Deutsche mit der Familie von Menawar umgegangen waren.

Ich fand es spannend zu hören, wie das Gottvertrauen der Familie in all den Jahren gewachsen ist und wie es ihnen geholfen hat, alle Probleme zu überstehen und sogar gestärkt daraus hervorzugehen. Wenn man Menawar und ihren Mann mit ihrer fröhlichen und stets hilfsbereiten Art kennt, dann kann man kaum glauben, dass sie schon viel Schweres in ihrem Leben durchgemacht haben. Zu ihnen kann man stets kommen und trifft immer auf aufmerksame Zuhörer, bekommt einen guten Rat und tatkräftige Hilfe, wenn man welche braucht.

Ich hoffe, dieses Buch gibt vielen Menschen Mut, in allen Lebenslagen Gott zu vertrauen, denn er hat immer den besten Überblick.

# Ein persönliches Wort – Menawar Youssef-Safar

Ich möchte mit diesem Buch einen Einblick in das Syrien geben, wie es einmal gewesen ist, bevor Krieg und Terror von diesem Land Besitz ergriffen haben. Es ist und soll keine politisch korrekte Abhandlung sein, sondern meine persönlichen Erinnerungen stehen im Zentrum dieser Aufzeichnungen. Das, was ich auf den folgenden Seiten beschreibe, ist so nicht mehr zu finden.

Bis heute denke ich voller Heimweh an mein Dorf zurück. Ich bin dort geboren und aufgewachsen und hatte dort trotz vieler Probleme eine schöne und behütete Kindheit. Mein Dorf ist und bleibt meine Heimat, auch wenn es jetzt aufgrund des Krieges nur noch ein Haufen Schutt ist.

Ein weiterer Schwerpunkt dieses Buches beschreibt unsere erste Zeit hier in Deutschland. Ich möchte aufzeigen, was uns als Neuankömmlingen geholfen hat und welche Widerstände wir zu überwinden hatten. Es soll den Menschen hier in Deutschland Mut machen, auf Fremde zuzugehen und ihnen zu helfen, sich zu integrieren. Manchmal waren es nur Kleinigkeiten, die uns ungemein weitergeholfen haben, wie z. B. freundliche Worte, die uns zeigten, dass wir willkommen waren.

Wenn ich heute den Fernseher einschalte und die Berichte über Syrien sehe, dann blutet mein Herz. Es geht mir sehr nahe, nun die Zerstörung meiner Heimat mit ansehen zu müssen. Noch immer leben Freunde und Verwandte von mir in Syrien. Meine Gedanken sind oft bei ihnen. Ich bete dafür, dass sie alles unbeschadet überstehen und sie wieder eine Zukunft für sich und ihre Kinder finden. Meine Geschwister, die zu Beginn des Konflikts noch in Syrien gewohnt haben, konnten Gott sei Dank alle nach bangen Wochen des Wartens nach Europa ausreisen bzw. fliehen.

Es berührt mich immer wieder neu, Flüchtlinge aus Syrien hier in Deutschland zu treffen. Ich habe es mir zur Aufgabe gemacht, mich um sie zu kümmern. Sie sollen nicht allein und verlassen dastehen, so wie ich mich in der ersten Zeit hier in Deutschland gefühlt habe. Wir waren freiwillig gekommen, sie aber würden lieber in ihrer Heimat leben. Sie mussten alles verlassen. Viele haben Freunde und Verwandte im Krieg verloren und wurden aus ihren Häusern vertrieben. Nun wollen sie hier einen Neuanfang wagen und ich möchte ihnen dabei helfen.

Ich würde mich freuen, wenn sich etwas von meiner Liebe zu Syrien und den Menschen, die dort leben, auf die Leser dieses Buches überträgt und sie eine positive Einstellung zu den Flüchtlingen, die in ihre Städte und Dörfer kommen, gewinnen. Das hilft den Flüchtlingen, in Deutschland ihre neue Heimat zu finden, so wie Deutschland für mich und meine Familie zu einer neuen Heimat geworden ist.

# Kapitel 1
## Vom Schnee zum Licht

Meine Geschichte beginnt im Januar 1964 in dem kleinen Dorf Bab al-Hadid im Nordosten Syriens. Bei Syrien denkt man zunächst an brennend heiße Wüstensonne und nicht an Schneestürme und Eiseskälte. Doch in diesem Januar zeigte sich der Winter von seiner kältesten Seite, so, wie er in dieser Region nur selten vorkommt. Tagelang hatte es geschneit und inzwischen lag der Schnee über einen halben Meter hoch. Es gab kaum noch ein Durchkommen. Schneeräumfahrzeuge gab es keine. Die Menschen versuchten, die Wege mit Schaufeln passierbar zu halten und die Eingänge zu ihren Häusern frei zu machen, damit man überhaupt die Türen öffnen konnte.

Abends saß meine Familie wie jeden Tag in dem von einer Petroleumlampe erleuchteten Zimmer, in dem ein Ofen seine wohlige Wärme verbreitete. Dies war jedoch kein Abend wie jeder andere. Alle waren sehr aufgeregt. Mein Vater rannte immer wieder zum Fenster und schaute in die Dunkelheit hinaus. Doch außer Schneeflocken, die immer noch vom Himmel fielen, konnte er nichts entdecken. Inzwischen war es schon Mitternacht, doch von der erwarteten Person fehlte immer noch jede Spur. Da rief meine Mutter auf einmal: „Jetzt ist es so weit. Das Kind kommt! Wir können nicht länger auf die Hebamme warten. Wir müssen es alleine schaffen." Unter den Anweisungen meiner Mutter packten alle mit an und ich kam auf die Welt, noch bevor die Hebamme sich ihren Weg durch das verschneite Dorf gebahnt hatte. Was für eine turbulente Geburt, doch das sollte noch nicht alles sein. „Ein kleines Mädchen!", freuten sich alle. „Wir wollen sie Berfe nennen", sagte mein Vater „weil sie in dieser schneereichen Nacht geboren wurde." (Berfe kommt aus dem Kurdischen und heißt „Schnee".)

Die Freude meines Vaters über meine Geburt war nicht selbstverständlich, denn in muslimisch geprägten Ländern hält sich die Freude über ein Mädchen im Allgemeinen in Grenzen. Alle warten eigentlich auf einen Jungen, dessen Geburt dann stolz verkündet wird. Doch bei meinen Eltern war das zum Glück anders. Mein Vater erzählte überall voller Stolz, dass ihm eine Tochter geboren wurde.

Schon bald hatte sich die Nachricht meiner Geburt im ganzen Dorf verbreitet. Da Geburten in der arabischen Kultur immer auch ein Ereignis der sozialen Zusammenkunft darstellen (und nicht, wie in Europa üblich, in der Abgeschiedenheit eines Krankenhauszimmers stattfinden), fanden sich immer mehr Dorfbewohner im Haus meiner Eltern ein, um ihnen zu gratulieren. Alle Freunde und Bekannten und vor allem die Kinder kamen vorbei. Das war ein Riesentrubel. Den ganzen Tag über gaben sich die Besucher die Klinke in die Hand und auch am nächsten Tag war es nicht anders. Für die Kinder war es ein riesiger Spaß, denn es gab viele Süßigkeiten. Sie aßen so lange, bis die Erwachsenen mahnten, dass es genug sei. Mein Vater hatte säckeweise die besten Bonbons eingekauft und verblüffte damit alle Besucher. Es war doch „nur" ein Mädchen geboren worden. Für meinen Vater waren jedoch alle seine Kinder gleich wichtig. Um dieses nach außen ganz deutlich zu machen, bevorzugte er sogar uns Mädchen. Das hat sich auch auf unser späteres Leben ausgewirkt und mein Vater hat sein Verhalten nie bereuen müssen. Es waren nicht in erster Linie die Jungen der Familie, die auf ihn gehört haben und auf die er sich verlassen konnte, sondern wir Mädchen waren seine rechte Hand und unterstützten ihn, wo wir nur konnten.

Für meine Mutter waren diese ersten Tage nach der Geburt sehr anstrengend. Gerade erst hatte sie ein Kind zur Welt gebracht und schon war das ganze Haus voller Besucher, die sie versorgen musste. Und so saß sie am Abend müde auf einer Matratze, die am Boden lag und als Sitzgelegenheit diente. Sie hatte mich auf dem Arm sanft in den Schlaft gewiegt und war dabei selbst eingeschlafen. Mein damals drei Jahre alter Bruder sah nun seine Chance gekommen, sich noch einmal mit Bonbons zu versorgen, ohne dass Mama das mitbekam. Die Süßigkeiten standen in der Ecke des Zimmers. Wenn er nur schnell genug war, würde keiner merken, dass er sich welche stibitzte. Der Kleine sah sich um, aber Papa befand sich nicht im Raum, also war die Luft rein. Es war bereits recht dunkel. Nur eine kleine Lampe brannte in einer Ecke. Mein Bruder lief schnell los, hatte aber die Beine meiner Mutter übersehen. Er stolperte und fiel so unglücklich auf ihren Unterleib, dass meine Mutter nicht nur aufwachte, sondern schwer verletzt mit Blutungen in ein Krankenhaus gebracht werden musste.

Doch was sollte aus mir werden? Ich war jetzt ohne Mama. Ins Krankenhaus konnte ich nicht mitkommen. Babynahrung aus Pulver, wie sie in Europa benutzt wird, gab es in unserem Dorf nicht. Wovon sollte ich nun leben? Doch da fand sich eine wunderbare Lösung. Zwei unserer Nachbarinnen hatten vor Kurzem ebenfalls ein Kind geboren. Diese beiden Frauen kümmerten sich nun um mich und säugten mich abwechselnd an ihrer Brust. So war ich dann schon recht kräftig, als Mama nach einiger Zeit wieder aus dem Krankenhaus zurückkam.

Auch in den Tagen, in denen meine Mutter im Krankenhaus war, kamen weitere Leute aus dem Dorf, um meinem Vater zu gratulieren und mich, das neugeborene Baby, zu sehen. Ich war gerade fünf Tage alt, da kam der Lehrer aus unserer Dorfschule, ein junger Mann, der gerade seine Ausbildung beendet hatte und aus der großen Stadt Homs in unser kleines Dorf versetzt worden war. Zum ersten Mal war er allein so weit von zu Hause entfernt und fühlte sich sehr einsam. Während der Schulzeit bestand für ihn keine Möglichkeit, nach Hause zu fahren. Und die Sommerferien waren noch weit entfernt. Er vermisste seine Familie und besonders seine Verlobte. So kam es zu folgender Szene: Er sah mich an und rief dann zu meinem Vater gewandt aus: „Was für ein süßes Mädchen! Ich gratuliere dir. Habt ihr dem Kind schon einen Namen gegeben?" Mein Vater antwortete: „Ja, wegen des vielen Schnees haben wir sie Berfe genannt. Ich hatte aber noch keine Zeit, zur Behörde zu gehen und das Kind anzumelden", fügte er entschuldigend hinzu. Da bekam der Lehrer leuchtende Augen und begann herumzudrucksen: „Du, Onkel ...", *Onkel* ist bei uns eine respektvolle Anrede für ältere Leute. Dabei ist es egal, wie viel älter der andere ist. Es können auch nur zwei oder drei Jahre sein. „... ich habe eine etwas ungewöhnliche Bitte. Dein kleines Mädchen sieht so niedlich aus, sodass ich gleich an meine Verlobte denken musste. Du weißt, ich vermisse sie so sehr. Wäre es möglich, dass du deine Tochter nach meiner Verlobten benennst? Sie heißt Menawar. Dann ist ein Teil meiner Verlobten hier im Dorf und ich fühle mich nicht mehr so einsam." Mein Vater überlegte kurz und sagte dann: „Ja, ich will das dir zuliebe tun. Das Kind soll nicht mehr Berfe, sondern Menawar heißen." Und so bin ich zu meinem Namen gekommen: Menawar, das Licht.

# Kapitel 2
## Puppen, Perlen und Geschichten

„Mama, ich möchte auch eine eigene Puppe haben." Ich war inzwischen vier Jahre alt und kam mit der Puppe meiner größeren Schwester ins Elternschlafzimmer gelaufen. Meine Mutter saß auf einer Bank und nähte. Sie fertigte einen Großteil unserer Kleidung selbst an, flickte sie oder änderte sie ab, sodass alle Kinder genug Kleidung hatten. Zu besonderen Feiertagen wie Ostern oder Weihnachten gab es auch mal neue Kleidung, die meine Mutter von einer Schneiderin anfertigen ließ. An jenem Tag war meine Mutter gerade dabei, die Hemden und Hosen meiner Brüder zu flicken. Da sie auf meine Bitte noch nicht reagiert hatte, stupste ich sie an: „Mama, ich möchte auch eine Puppe. Bitte, bitte – nähst du mir auch eine Puppe?" Jetzt sah meine Mutter endlich von ihrer Arbeit auf. Sie schaute mir ins Gesicht und dann auf die Puppe, die ich in der Hand hielt. Dann sagte sie in ihrer liebevollen Art: „Ja, du sollst auch eine Puppe bekommen. Ich muss mal nachsehen, ob ich noch etwas von dem weißen Stoff habe. Bunten Stoff für ein Puppenkleid habe ich bestimmt auch noch." „Nein, Mama. Ich will nicht so eine Puppe mit weißer Haut haben. Meine Puppe soll etwas Besonderes sein. Ich will lieber eine mit brauner Haut. Hast du dafür auch noch Stoff?" „Mit *brauner* Haut?", fragte meine Mutter erstaunt. „Das könnte sein. Dafür könnte ich vielleicht ein altes Hemd oder eine Hose von Papa nehmen." Sie durchsuchte ihre Stoffreste und fand tatsächlich einen passenden Stoff, aus dem sie für mich eine wunderschöne Puppe mit keksbrauner Haut und einem rosafarbenen Kleid nähte. Ich jubelte, als sie mir die Puppe mit einem Lächeln in den Arm legte. Ich drückte meine

Puppe ganz fest an mich, die von da an zu meiner treuen Begleiterin wurde.

So ein Geschenk außer der Reihe war wirklich etwas Besonderes, denn es gab nicht viele Spielsachen. Wir Mädchen bekamen eine Puppe, die Jungen ein Auto. Na ja, ein richtiges Auto war es eigentlich nicht. Es bestand nur aus einem Draht, dessen Enden zu zwei Rädern gebogen waren. In der Mitte des Drahtes war noch ein weiterer Draht befestigt, der als Lenkstange diente. In der besseren Ausführung wurde für das Fahrzeug eine kleine Kiste verwendet, an der unten vier Räder und in der Mitte eine Lenkstange angebracht waren. Das sah zwar nicht so echt aus wie ein gekauftes Spielzeugauto, doch man konnte auch damit prima spielen und die Jungen hatten viel Spaß dabei. Wenn sie nicht mit ihren Autos spielten, gingen sie gerne zum Angeln an den Fluss. Auch die Angeln waren selbst gebaut. Sie bestanden aus einem Stock, an den ein Nylonfaden gebunden war. Als Haken diente eine umgebogene Nähnadel. Sie angelten nur so zum Spaß, aber nicht selten brachten sie auch einen Fisch mit nach Hause, den wir dann gegessen haben.

Am Nachmittag verabredete ich mich meist mit meinen Freundinnen, um mit Perlen zu spielen. Wir verwendeten dazu alte Perlenketten unserer Mütter. Ich erinnere mich, wie ich eines Tages ins Schlafzimmer meiner Eltern ging und mir, ohne um Erlaubnis zu fragen, einfach eine Perlenkette nahm. Meine Mutter war gerade in der Küche und sah mich nach draußen verschwinden. Sie rief mir nach: „Menawar, wo gehst du hin?" Ertappt hielt ich an und sagte: „Wir treffen uns bei dem großen Baum. Dort wollen wir mit Perlen spielen. Mama, ich darf doch die rote Perlenkette mitnehmen?" Meine Mutter hatte zum Glück einen guten Tag und wurde nicht ärgerlich darüber, dass ich, ohne zu fragen, ihre Kette genommen hatte. Sie ermahnte mich nur kurz und ließ mich dann ziehen. Alle Mädchen hatten alte Perlenketten ihrer Mütter dabei, die in den verschiedensten Farben glänzten. Wir knibbelten diese Ketten auf und dann begann unser Spiel. Wir fünf Mädchen setzten uns im Kreis auf den Boden. In der Mitte des Kreises schichteten wir einen Erdhaufen auf. Jede steckte nun eine ihrer Perlen in den Erdhaufen. Dann mischten wir die Erde gut durch, sodass niemand mehr wusste, wo die Perlen lagen. Jetzt wurde der Haufen in fünf gleiche Teile aufgeteilt und jedes Mädchen gewann die Perlen, die sich in ihrem Teil befanden. Mit diesem Spiel konnten wir uns den ganzen Nachmittag beschäftigen. Wir tauschten auf diese Weise die Perlen untereinander aus und machten uns anschließend eigene bunte Ketten.

Wir waren überhaupt sehr erfinderisch, was die Spielmaterialien anging. So spielten wir auch so eine Art Würfelspiel. Da wir aber keine richtigen Würfel besaßen, nahmen wir die Knöchel- und Kniegelenke von Lämmern dazu. Wenn mein Vater geschlachtet hatte, bekamen wir diese Knochen. Sie wurden natürlich vorher vom Fleisch befreit und gut gesäubert. Diese Knochen sind eckig, haben verschieden geformte Seiten und auf einer Seite zwei Löcher. Damit eigneten sie sich gut als Würfelersatz. Außerdem spielten wir viel mit Murmeln oder machten Seilspringen. Dafür nahmen wir einfach das Seil, mit dem sonst die Kühe festgebunden wurden, dann konnte es schon losgehen. Wie wohl überall auf der Welt spielten wir Mädchen gerne „Mutter und Kind". Wir bauten uns dazu aus Steinen und Holz kleine Wohnungen, besuchten uns gegenseitig in unseren „Häusern" und spielten das Leben der Großen nach. Unserer Fantasie waren dabei keine Grenzen gesetzt.

Überhaupt besaß ich eine sehr lebhafte Fantasie. Um vor meinen Freundinnen ein bisschen anzugeben, erzählte ich ihnen einmal von Papas Cousine in Amerika, die als Stewardess bei einer Fluggesellschaft arbeitete. So weit stimmte die Geschichte, aber um etwas Besonderes vorweisen zu können, erzählte ich überall, dass die Cousine selbst ein Flugzeug besäße und uns abends damit besuchen komme. „Das geht ja gar nicht!", antworteten meine Freunde. „Wo soll denn das Flugzeug bei euch landen?" Aber auch dafür hatte ich eine Antwort: „Auf unserem Dach natürlich. Jeden Abend landet sie dort und schläft dann bei uns. Ihr könnt sie nur nicht sehen, weil sie das ganz im Geheimen tut." In meiner Fantasie sah ich sie dort auch tatsächlich und meine Freunde glaubten mir die Geschichte. Als diese dann irgendwann meinen Eltern zu Gehör kam, konnten sie sich über so viel Fantasie einfach nur wundern und begannen zu lachen.

Wie schon erwähnt, war ich nicht das einzige Kind meiner Eltern. Insgesamt waren wir zwölf Geschwister – acht Mädchen und vier Jungen. Ich habe drei ältere Schwestern (Fahima, Naima und Gamile), außerdem drei ältere Brüder (George, Fahmi und Gabriel), einen jüngeren Bruder (Mattias) und vier jüngere Schwestern (Wadia, Dala, Sabria und Nasira). Da meine Eltern viel zu tun hatten, passten wir Kinder gegenseitig aufeinander auf. Als mittleres Kind war ich durch meine älteren Geschwister immer gut behütet und musste später dann auf meine jüngeren Geschwister achtgeben.

Am späten Nachmittag, wenn es dunkel wurde, nahm sich meine Mutter aber regelmäßig Zeit für uns Kinder. Sie versammelte uns alle im Kinderschlafraum, wo wir uns auf die Matratzen setzten. Dann begann sie, uns Geschichten zu erzählen – keine Märchen, sondern die Geschichten aus der Bibel. Sie erzählte uns von Noah und der großen Flut, von Mose, der das Volk Israel aus Ägypten herausgeführt hatte, von all den Plagen und großen Wundern, die dabei geschehen sind, von David, der den Riesen Goliath besiegte, von Daniel, der wegen seines Glaubens an Gott in die Löwengrube geworfen wurde, und natürlich von Jesus. Sie erzählte uns von seiner Geburt, von all den Wundern, die er getan hatte, von seinem Tod am Kreuz und der Auferstehung. Wir Kinder lauschten gebannt ihren Worten. Sie ließ die biblischen Personen für uns lebendig werden. Wir erlebten diese Geschichten förmlich mit und fühlten uns, als wären wir dabei gewesen. So lernte ich schon als Kind, ohne je eine Kinderbibel gesehen zu haben, die Bibel kennen. Meine Mutter vermittelte uns auf diese Weise ihren Glauben an Gott und ihr Vertrauen auf seine Hilfe. Sie kannte sich wirklich gut in der Bibel aus und kann bis heute in ihrem hohen Alter beinahe alle der 150 Psalmen auswendig aufsagen.

Mein Vater war bei diesen Erzählstunden meist nicht mit dabei, weil er noch arbeiten musste. Doch wenn er Zeit hatte, erlebten wir einen ganz besonderen Abend. Er nahm dann die dicke alte Bibel, die in einem schön bestickten Säckchen am Schrank hing, und las uns daraus vor. Das waren sehr wertvolle Stunden für mich. Sie haben den Grundstein für meinen eigenen Glauben gelegt und ich bin meinen Eltern sehr dankbar dafür. Nach den Erzählstunden wurde zu Abend gegessen und dann hieß es für uns Kinder: „Ab ins Bett!" Schnell machten wir uns bettfertig. Dazu räumten wir erst einmal unser Zimmer um. Unser Haus bestand eigentlich nur aus zwei Räumen, dem Elternschlafzimmer und dem Kinderschlafzimmer sowie einem großen Flur. Tagsüber wurden diese Räume aber als Wohnzimmer genutzt. Dazu wurden alle Schlafmatratzen an die Seite geräumt und hinter einem Vorhang versteckt. Bettgestelle hatten wir nicht, sondern wir schliefen auf Matratzen, die auf dem Boden lagen. So konnten die Zimmer in kürzester Zeit umgestaltet werden. Tagsüber diente uns das Kinderzimmer als Aufenthaltsraum. Hier wurde gegessen, zusammengesessen und auch gearbeitet. Dazu saßen wir nicht an Tischen, sondern ebenfalls auf Matratzen, die auf dem Boden lagen. Nur im Elternschlafzimmer gab es eine Bank, die mein Vater entlang einer Wand aus Lehm gefertigt hatte. Diese war mit Kissen gepolstert, damit man bequem saß. Zusätzlich lagen aber auch hier Matratzen zum Sitzen auf der Erde. Dieses Zimmer war für Gäste bestimmt, unsere „gute Stube" sozusagen. Wenn es für uns Kinder an der Zeit war, alles für die Nacht umzubauen, wurden die Sitzunterlagen an die Seite des Raumes gebracht und wir holten stattdessen unsere Schlafmatten und Decken hinter dem Vorhang hervor. Wir Kinder schliefen alle in einem Raum. Das war ein Gewusel! Doch da wir dies ja jeden Abend so machten, lief alles reibungslos. Jeder wusste, was zu tun war. Wenn alles fertig umgeräumt war, ging es ans Waschen.

Neben dem Kinderzimmer befand sich ein weiterer Raum, der aber nur von außen, über den Hof, erreicht werden konnte. Hier befand sich unsere Küche und durch einen Vorhang abgetrennt unser Badezimmer. Dieses hatte mit einem „Badezimmer", wie wir es hier in Deutschland gewohnt sind, nicht viel zu tun. Es gab dort weder eine Badewanne noch eine Dusche, ja nicht einmal ein Waschbecken und auch kein fließendes Wasser. Der Wasserhahn befand sich außen am Gebäude, sodass wir das Wasser mit einer Schüssel ins Badezimmer tragen mussten, um uns das Gesicht, die Hände und die Füße mit kaltem Wasser zu waschen. Mittwochs und freitags war „Duschtag". Der aufmerksame Leser wird sich nun fragen, wie das wohl vor sich ging, da wir ja keine Dusche besaßen. Wir setzten uns zum Duschen einfach auf einen Hocker und seiften uns gegenseitig mit einem Schwamm ein. Das war ein Riesenspaß. Anschließend wurde der Schaum mit mehreren Kellen warmen Wassers, das auf unserem Ölherd in der Küche aufgewärmt worden war, wieder abgespült. Damit wir beim Duschen nicht den ganzen Raum überfluteten, gab es in der Wand einen Ablauf, durch den das Wasser in den Garten lief, wo es dann versickerte. Wenn dann schließlich alle sauber waren, hat uns meine Mutter immer ermahnt: „Habt ihr auch den Ablauf wieder zugestopft? Ich möchte keine Mäuse im Bad und in der Küche haben!" Erst als wir uns vergewissert hatten, dass das Loch mit einem Stück Stoff verstopft war, gingen wir ins Bett. Nein, wir haben ja noch das Zähneputzen vergessen! Da wir weder Zahnpasta noch Zahnbürsten besaßen, mussten wir uns auf andere Weise behelfen. So nahmen wir Zucker oder Salz und verrieben es mit einem Finger auf den Zähnen. Für hartnäckige Beläge verwendeten wir Zitronensäure. Nun waren endlich alle fertig. Jeder lag in seinem Bett. Nein, nicht jeder. Die ganz kleinen Kinder nämlich teilten sich zu zweit ein Bett. Wir gingen immer recht früh schlafen, da wir kein elektrisches Licht besaßen und es im Schein einer Petroleumlampe recht mühsam war zu lesen oder zu arbeiten.

Aber kaum lagen wir in den Betten, sagte irgendein Stimmchen: „Ich muss mal! Ich trau mich aber nicht allein im Dunkeln." Also stand wieder einer von den Großen auf und ging nochmal mit den Kleinen zur Toilette. Diese befand sich nämlich nicht im Badezimmer, sondern auf der anderen Seite des Hofes. Dort stand ein Plumpsklo. Um im Dunkeln den Weg dahin zu finden und nicht über einen Stein zu stolpern, brannte die ganze Nacht über eine Petroleumlampe auf kleiner Flamme in unserem Zimmer. Die Lampe hatte einen Henkel, sodass wir sie mit nach draußen nehmen konnten. Nach dem erfolgreichen Toilettengang trat dann endlich Ruhe ein und nur das ruhige Atmen der Kinder war noch zu hören.

Im Sommer schliefen wir draußen, denn im Haus war es dann einfach zu heiß und zu stickig. Wir Kinder bauten unsere Betten auf dem Flachdach des Hauses auf und die Eltern schliefen im Hof. Dort stand ein Bettgestell aus Metall, so eine Art Hochbett, damit keine Tiere zu uns ins Bett klettern konnten. Um auf dem Dach ungestört und von den Nachbarn ungesehen schlafen zu können, spannten wir Kinder um uns herum eine Sichtblende aus Stoff auf. Ich habe diese Sommernächte immer geliebt und vermisse sie manchmal noch heute. Es war so schön, dort auf dem Dach zu liegen, die Sterne zu beobachten und sich noch leise Geschichten zu erzählen.

# Kapitel 3
## Von Mäusen, Hunden, Lämmern, Fischen und Skorpionen

Jeden Morgen nach dem Aufstehen mussten unsere Räume dann wieder umgebaut werden. Im Nu verwandelten sich die Schlafzimmer wieder zu Wohnzimmern. Meine Mutter kümmerte sich dann gemeinsam mit den größeren Mädchen um das Füttern der Tiere und das Melken der Kühe. Währenddessen waren die jüngeren Mädchen schon in der Küche mit den Frühstücksvorbereitungen beschäftigt. Dazu wurden alle Lebensmittel auf ein großes rundes Tablett gestellt, welches auf den Boden mitten im Zimmer platziert wurde. Zum Essen setzten wir uns auf Sitzkissen, die um das Tablett herum auf dem Boden lagen. Zum Frühstück hatten wir Brot, Butter, Marmelade, Eier, Joghurt, eingelegte Auberginen, Oliven und frische Milch. Alles war selbst gemacht oder aus dem eigenen Garten. Das Abendessen sah genauso aus. Mittags wurde dagegen immer warm gegessen. Es gab Bulgur, selbst gemachte Nudeln oder Spaghetti mit Beilagen aus Saubohnen, Kichererbsen oder Linsen. Fleisch gab es nur an Feiertagen.

Wir Geschwister verstanden uns eigentlich sehr gut, doch beim Essen kam es immer wieder zu kleinen Streitigkeiten, weil jeder Angst hatte, zu kurz zu kommen. „Hört auf zu streiten. Ihr werdet schon alle satt werden!", sagte meine Mutter dann und teilte uns die Essensrationen zu. Manchmal entwickelten sich aus diesen Neckereien auch kleine Spiele, so wie in der folgenden Begebenheit, die mir in Erinnerung geblieben ist: Zum Frühstück tranken wir immer Tee. Während meine Mutter noch die Tiere versorgte, begannen wir Kinder schon mit dem Essen. Ich nahm die Teekanne und goss mir Tee in die Tasse. Doch statt die Kanne weiterzugeben oder auch den anderen einzuschenken, stand ich auf und stellte die Kanne an die Tür. Mein Bruder sagte: „He, was soll das? Ich habe auch Durst!" „Hol dir doch die Kanne! Du weißt ja, wo sie steht", antwortete ich. Also stand er auf, holte die Kanne und goss sich Tee ein. Anscheinend fand er das Spiel doch irgendwie lustig, deshalb stand er wieder auf und stellte die Kanne nun in den Flur. Und so ging es weiter. Jeder goss nur sich selbst ein und stellte die Kanne immer ein Stückchen weiter weg. Als meine Mutter schließlich hereinkam, stand die Teekanne auf dem Hof. Sie rief: „Was ist denn *hier* schon wieder los? Warum steht die Teekanne auf dem Hof?" Da brachen wir alle in schallendes Gelächter aus und auch meine Mutter lachte mit.

Nach dem Frühstück gingen die größeren Kinder zur Schule, die kleineren spielten auf dem Hof oder halfen im Haushalt mit. Bei uns war es üblich, dass Mädchen schon im frühen Alter an die Hauswirtschaft herangeführt wurden. Wir lernten babysitten, kochen und Wäsche waschen. Der Waschtag am Freitag oder Samstag war immer ein besonderer Tag in der Woche. Eine Waschmaschine hatten wir damals noch nicht. Daher mussten wir die Wäsche mit der Hand waschen. Dazu gingen wir nicht an einen Fluss, sondern meine Mutter und meine älteren Schwestern legten im Kuhstall drei Steine in einer Art Kreis zusammen und entzündeten dazwischen ein Feuer. Als Brennmaterial benutzten sie getrocknete Kuhfladen. Dann setzten sie einen riesigen Kessel mit Wasser auf die Feuerstelle und brachten das Wasser zum Kochen. In einer großen Schüssel wurde inzwischen die weiße Wäsche mit Seife eingerieben. Danach kam sie in den Kessel, wurde gekocht und mehrmals mit einem Stock gestampft, bis sie wieder richtig sauber war. Danach kam die Buntwäsche an die Reihe.

Als ich älter wurde, musste ich auch dabei mithelfen. Meine Mutter sagte dann: „Tochter, heute bist du an der Reihe. Geh in den Kuhstall und stampfe die Wäsche!" Wenn meine Mutter etwas anordnete, dann haben wir das ohne Widerrede getan. Also ging ich in den Stall und begann die Wäsche zu stampfen. Nun leben in so einem Stall nicht nur Nutztiere, sondern auch jede Menge Mäuse. Mäuse mochte ich ohnehin nicht so gerne, aber was an einem dieser Tage geschah, hat meine Abneigung gegenüber diesem Nagetier derart vergrößert, dass ich bis heute keine Mäuse in meiner Nähe ertrage. Ich war gerade am Wäschestampfen und summte ein Lied vor mich hin, als plötzlich eine Maus von einem Balken an der Decke direkt in meinen Waschzuber fiel. Was dann geschah, war einfach schrecklich. Die Maus platzte im kochenden Wasser. Ich ließ sofort alles fallen und lief schreiend aus dem Stall: „Mama, Mama, komm schnell her!" „Was ist denn passiert? Warum machst du so ein Geschrei?", fragte meine Mutter. Als ich ihr nun zeigte, was geschehen war, sagte sie nur: „Ja, warum hast du die Maus nicht aus dem Wasser geholt, bevor sie geplatzt ist?" Dann begann sie, den Wäschekessel zu säubern. So war meine Mutter, immer praktisch veranlagt und voller Tatendrang. Sie hatte keine Angst vor Mäusen. Für mich blieb dies aber ein echtes Trauma. Immer wenn ich nun an der Reihe war, die Wäsche zu waschen, hatte ich Angst, dass sich dieses für mich furchtbare Ereignis wiederholen würde. Ich hielt dann mehr nach Mäusen Ausschau, als dass ich auf die Wäsche achtete. Umso mehr freue ich mich darüber, heute eine Waschmaschine zu haben.

Meine Familie besaß viele verschiedene Tiere, die aber allesamt Nutztiere waren. Haustiere, so wie wir sie in Deutschland kennen, gab es kaum oder gar nicht. Tiere gehörten bei uns nicht ins Haus und wurden auch nicht verhätschelt. Sie lebten im Stall oder draußen auf dem Hof. Doch als ich ungefähr sieben Jahre alt war, bekam ich von unserer Nachbarin einen kleinen schwarzen Hund geschenkt. Eine Hundehütte auf dem Hof besaßen wir bereits. Nun fehlte mir nur noch ein Name für den Hund. Als ich ihn so ansah, fiel mir als Erstes der Name „Achmed" ein, weil mich der Hund mit seinem lockigen schwarzen Fell an Achmed erinnerte, einen Jungen aus der Nachbarschaft, der ebenso krauses schwarzes Haar hatte. Ich war außer mir vor Freude. Wann immer ich Zeit fand, spielte ich mit dem Hund. Ich habe ihn sogar geduscht und gekämmt. Eines Tages sollte sich der Name des Hundes jedoch als sehr unglücklich erweisen ...

Beinahe täglich bekamen wir Besuch von Durchreisenden. In unserer Gegend gab es keine Rasthöfe oder Gaststätten, daher hielten Reisende in den Dörfern einfach irgendwo an und fragten nach Essen und Trinken. Unsere Familie war weit und breit als sehr großzügig bekannt und so kamen viele Menschen zu uns, um zu rasten. Manche blieben sogar über Nacht. Dann zog meine Mutter zu uns Kindern ins Zimmer. Manchmal kam es sogar vor, dass wir gar nicht genügend Vorräte hatten, um die Gäste zu bewirten. Es wäre aber dem Gast gegenüber unhöflich gewesen, dieses zu äußern, denn es hätte ihn beschämt. Also ließen sich meine Eltern nichts anmerken, sondern schickten uns Kinder heimlich los, um etwas Brot oder Eier vom Nachbarn zu leihen. Damit der Gast auf keinen Fall etwas davon mitbekam, reichten wir meiner Mutter die Lebensmittel von außen durchs Küchenfenster. Außerdem füllten Durchreisende ihre Wasservorräte bei uns auf. Dafür stand immer ein großer Tonkrug voll kühlem Wasser bereit und meist gab meine Mutter auch noch jedem Reisenden etwas Obst als Proviant mit auf den Weg. Die Umsetzung des Bibelverses aus Jesaja 58,7 („Gebt den Hungrigen zu essen, nehmt Obdachlose bei euch auf, und wenn ihr einem begegnet, der in Lumpen herumläuft, gebt ihm Kleider! Helft, wo ihr könnt, und verschließt eure Augen nicht vor den Nöten eurer Mitmenschen!") war unser Lebensmotto.

Zu unseren durchreisenden Gästen gehörte auch ein Mann, der regelmäßig kam, um die Schutztruppen am nahe gelegenen Stausee mit Essen zu versorgen. Ich hatte ihn schon häufig gesehen, wenn er mit meinem Vater zusammensaß und sich unterhielt. Eines Tages, als er wieder einmal bei uns zu Gast war, lief ich auf dem Hof herum und suchte meinen Hund. „Achmed, Achmed, komm her!", rief ich ganz laut. Ich konnte nicht wissen, dass der Mann ebenfalls Achmed hieß und sich darüber ärgerte, dass ich meinem Hund diesen Namen gegeben hatte. Er äußerte dies sehr aufgebracht gegenüber meinem Vater, der Mühe hatte, ihn wieder zu beruhigen. Schließlich gab mir mein Vater eine Ohrfeige, um dadurch zu verdeutlichen, dass auch er mit der Namensgebung nicht einverstanden war und ich mir einen anderen Namen für den Hund überlegen sollte.

Einige Tage später fand eine Beerdigung in unserem Dorf statt. Ein älterer Mann aus der Nachbarschaft war gestorben. Aus diesem Anlass waren am Rande des Ortes ein großes schwarzes Beduinenzelt für die Männer und ein etwas kleineres Zelt für die Frauen aufgebaut worden. Sieben Tage lang konnten nun die Menschen kommen und der Familie ihr Beileid ausdrücken. Sie kamen nicht mit leeren Händen, sondern jeder brachte etwas mit, z. B. einen Sack Kaffeebohnen, Tee, Reis oder Bulgur. Jeder Besucher trank einen schwarzen, sehr starken arabischen Kaffee mit dem Hausherrn und es gab viel zu essen. Dafür wurden Schafe geschlachtet und die Frauen bereiteten aus den mitgebrachten Lebensmitteln für alle eine gute Mahlzeit vor. Die Knochen wurden vor das Zelt geworfen, damit sich die Hunde der Umgebung daran gütlich tun konnten. Auf diese Weise hatten sogar sie ihr eigenes Festessen. Auch mein Hund war von den Essensresten angezogen worden und rannte aufgeregt auf der Straße herum. In diesem Moment kam Achmed, unser Gast, mit seinem Militärgeländewagen wieder in unser Dorf gefahren. Er nahm keine Rücksicht auf die Hunde, die auf dem Weg herumliefen. Er überfuhr meinen Hund einfach, ohne abzubremsen oder gar anzuhalten.

Ich stand ein wenig abseits und beobachtete fassungslos die Szene. Sofort schossen mir die Tränen in die Augen und liefen über mein Gesicht. Mein Hund war tot, mein geliebter Hund! Als ich sah, dass der Mann abbog und zu unserem Haus fuhr, wandelte sich meine Trauer in unzähmbare Wut. Ich rannte hinter dem Auto her, beschimpfte den Mann aufs Übelste und schrie: „Meinen nächsten Hund werde ich Mohamed nennen!" Meine Mutter, die ebenfalls mitbekommen hatte, was passiert war, packte mich, hielt mir die Hand auf den Mund und versuchte mich zu beruhigen. Auch auf den Mann redete sie beschwichtigend ein und entschuldigte sich für mein Verhalten. Mein Wutausbruch hätte schlimme Folgen für uns haben können, denn der Mann arbeitete für das Militär und hätte vielleicht sogar durchsetzen können, dass mein Vater seine Arbeitsstelle verlor. Nach diesem Ereignis habe ich nie wieder ein Haustier bekommen. Auch heute noch kann ich die Handlung des Mannes nicht gutheißen, doch ich kann ein wenig nachvollziehen, wie der Mann sich gefühlt hat. Dazu muss man wissen, dass „Achmed" sowie „Mohamed" in der islamischen Welt heilige Name sind, so wie Petrus oder Paulus bei den Christen. Als ich später in Deutschland jemanden kennenlernte, der seinen Hund „Jesus" genannt hatte, fiel mir mein Hund „Achmed" wieder ein. Ich verstand, dass der Mann sich und seinen Glauben verspottet gefühlt hatte. Dies zeigt, dass Rücksichtnahme und Respekt für ein gutes Miteinander von großer Bedeutung sind.

Selbst ohne meinen Hund hatte ich noch genug Tiere zu versorgen. Als ich im Grundschulalter war, bestand meine Aufgabe darin, die Lämmer zu hüten. Vormittags, während ich in der Schule war, standen diese im Stall, aber am späten Nachmittag führte ich sie auf eine Weide am Rande des Ortes, damit sie frisches Gras fressen konnten. Dort traf ich meist die anderen Mädchen aus unserem Dorf, die ebenfalls Lämmer hüteten und dabei, so wie auch ich, auf ihre kleinen Geschwister aufpassten. Es war eine schöne Zeit. Wir haben miteinander gespielt und ab und zu einen Streit unter den Lämmern geschlichtet. Abends rief ich dann meine Lämmer wieder zusammen und ging mit ihnen nach Hause. Im Stall trafen die Lämmer dann auf die Mutterschafe und wurden von diesen gesäugt. Ich finde es heute noch erstaunlich, dass die Lämmer immer genau wussten, zu wem sie gehörten und dem richtigen Mädchen nach Hause folgten. Das erinnert mich an eine Stelle aus der Bibel, in der Jesus sagt: „Meine Schafe hören meine Stimme und sie folgen mir!" (Joh 10,27). So wie die Lämmer mir gefolgt sind, so will ich Jesus in meinem Leben folgen und das tun, was er sagt.

An ein sehr dramatisches Erlebnis beim Lämmerhüten kann ich mich noch gut erinnern. Ich war ungefähr zehn Jahre alt und hatte wie an jedem Tag meine kleine Schwester Nasira (genannt „Nina") dabei, um auf sie aufzupassen. Sie war noch sehr klein und konnte noch nicht laufen. Ich hatte sie mir, wie es bei uns üblich war, mit einem Tuch auf den Rücken gebunden. So konnte ich meine Arbeit verrichten und gleichzeitig auf meine Schwester aufpassen. Es war schon spät und die Sonne stand tief am Horizont. Auf einmal bemerkte ich, wie eine Frau näher kam. Das war an sich nichts Ungewöhnliches. Es kamen häufiger Leute vorbei, die grüßten und sich kurz mit mir unterhielten. Doch diese Frau kannte ich nicht. An ihrer Kleidung sah ich, dass sie eine Zigeunerin war. Das war auch nichts Ungewöhnliches. Die Zigeuner zogen mit ihren Eselswagen von Ort zu Ort und schlugen ihre Zelte auf. Eigentlich war es immer aufregend, wenn sie mit ihren Schafen und Ziegen ins Dorf kamen, denn dort gaben sie so etwas wie Zirkusvorstellungen für die Dorfbewohner. Die Frauen führten Bauchtänze auf, die Männer zeigten Kunststücke mit Messern, jonglierten, schluckten

Feuer und führten allerlei Zauberkunststücke vor. Alle gingen gerne dort hin, um sich das anzuschauen. Unter anderem konnten die Zigeuner von den Eintrittsgeldern für die Vorstellungen dann wieder eine Weile leben. Außerdem zogen sie von Haus zu Haus und bettelten um Lebensmittel und Kleidung. Wir gaben ihnen immer gerne, denn Jesus hat es uns so gelehrt, dass wir jedem, der an unsere Haustür klopft, etwas geben sollen.

An diesem Abend allerdings beschlich mich ein mulmiges Gefühl. Die Frau hatte einen seltsamen Blick. Ich versuchte, gelassen zu bleiben. Doch in mir stieg Angst auf, als die Frau immer näher kam – schließlich so nahe, dass ich ihren warmen Atem spüren konnte. Und ehe ich mich versah, griff sie mich brutal an der Schulter und riss mir das Kind vom Rücken. Dann rannte sie los in Richtung unseres Nachbardorfes, wo wahrscheinlich ihre Sippe lagerte. Das ging alles so schnell, dass ich der Frau erst einmal fassungslos hinterherstarrte. Doch dann begann ich zu schreien und rannte ihr nach. Aber sie war schneller als ich. Mir liefen die Tränen über das Gesicht. Meine Schwester war weg! Was sollte ich machen? Allein hatte ich keine Chance, das Kind wiederzubekommen. Also rannte ich nach Hause und schrie: „Mama, Mama!" Ich hatte Glück im Unglück. Mein großer Bruder Fahmi und mein Cousin standen gerade auf dem Hof. Als sie mich sahen, fragte mein Bruder: „Was ist los? Was ist geschehen? Warum weinst du?" Da sprudelte es aus mir heraus: „Nina ist weg. Eine Zigeunerin hat sie geklaut. Sie ist mit ihr zum Nachbardorf gelaufen. Ich habe versucht, sie einzuholen, habe es aber nicht geschafft." Noch ehe ich zu Ende geredet hatte, waren die Jungen bereits losgelaufen. Sie waren sehr schnelle Läufer und es gelang ihnen tatsächlich, die Frau einzuholen, noch bevor sie ihre Sippe erreicht hatte. Sie stellten sie zur Rede und nahmen das Kind an sich. Wie froh und erleichtert waren wir, als wir die beiden mit Nina auf dem Arm zurückkommen sahen! Es passierte zu jener Zeit leider häufiger, dass Kinder gekidnappt wurden. Da die Zigeuner mit ihren Wagen weiterfuhren, standen die Chancen sehr schlecht, ein gekidnapptes Kind je wieder zu finden. Von diesem Tag an passte ich noch besser auf meine Geschwister auf. Dieses dramatische Erlebnis prägt mich bis in die Gegenwart. Ich kann heute noch immer meine Hilflosigkeit, Fassungslosigkeit und Verzweiflung von damals spüren. Es war schlimm für mich, mit ansehen zu müssen, wie meine Schwester entführt wurde, ohne ihr helfen zu können. Ich bin Gott so dankbar, dass wir meine Schwester damals retten konnten.

Neben der Viehwirtschaft betrieben wir auch Landwirtschaft. Wir bauten eine Vielzahl an Gemüse und Obst für den Eigenbedarf und zur Versorgung der Verwandtschaft in der Stadt an. Wir besaßen Felder voller Wassermelonen, Honigmelonen, Gurken, Kichererbsen, Zucchini, Paprika, Auberginen, Kürbisse, Zwiebeln, Knoblauch, Tomaten, Linsen, Baumwolle, Getreide und auch Weintrauben und Oliven. Die Landwirtschaft war vor allem der Aufgabenbereich meiner Mutter und wir Kinder halfen ihr dabei. Mein Vater arbeitete zwar auch mit, er hatte aber noch eine Menge anderer Aufgaben, sodass die Hauptlast bei meiner Mutter lag. Sie war für die Aussaat und Pflege der Felder zuständig. Bei der Ernte half mein Vater natürlich mit. Es waren große Ackerflächen, die wir zu bestellen hatten und die bis zu einer Entfernung von vier Kilometern um das Dorf herum verstreut lagen. Im Sommer gab es viel auf den Feldern zu tun. Zum Glück gibt es in Syrien drei lange Monate Sommerferien, sodass alle Kinder zu Hause waren und bei der Arbeit mithelfen konnten. Doch bei der Ernte konnten wir die Arbeit trotzdem nicht alleine bewältigen, denn wir hatten keine Erntemaschinen. Daher kamen Männer und Frauen aus dem Dorf und halfen mit. Diejenigen, die kein eigenes Land hatten, wurden ausbezahlt, bei den anderen halfen wir ebenfalls bei ihrer eigenen Ernte mit. Die Aufgabe von uns Kindern bestand dabei auch darin, die Feldarbeiter mit Essen zu versorgen. Meine Mutter kochte mittags für diese und wir schleppten das Essen dann auf die Felder.

In meiner frühen Kindheit wurde das Getreide noch mit Sicheln geerntet und zu Garben gebunden. Das Getreide wurde dann mit einem Eselskarren, in späteren Jahren mit einem Traktor ins Dorf gefahren. Jede Familie hatte einen Dreschplatz vor dem Haus. Hier wurde das Getreide mit einer Dreschmaschine, die von zwei Ochsen angetrieben wurde, gedroschen und von der Spreu getrennt. Auch die Spreu wurde eingelagert und diente im Winter den Tieren als Futter. Als ich so ungefähr neun oder zehn Jahre alt war, kam es bei der Getreideernte einmal zu einem im Nachhinein zwar lustigen, aber in der Situation selbst doch sehr gefährlichen Ereignis. Damals wurde das Getreide bereits mit einem Mähdrescher geerntet. Es gab zwar nur einen im ganzen Dorf, doch der wurde von Hof zu Hof weitergereicht, bis alle Felder des Ortes abgeerntet waren. Vom Mähdrescher aus wurden die Getreidekörner in großen Jutesäcken verpackt. Diese wurden oben zugenäht und dann in der Scheune eingelagert. Das Stroh blieb zunächst auf den Feldern liegen. Es wurde bei uns in Syrien nicht zu Strohballen gepresst, sondern später lose auf einen Anhänger geladen und nach Hause transportiert. Dort wurde es gehäckselt und eingelagert, um im Winter unter das Tierfutter gemischt zu werden. An jenem Tag also, an den ich noch heute zurückdenke, machte sich mein Patenonkel gemeinsam mit meiner ältesten Schwester und mir auf den Weg zum abgeernteten Acker, um das dort zurückgelassene Stroh einzusammeln. Um möglichst alles auf einmal abtransportieren zu können, hatten wir die Wände des Anhängers mit Hilfe von Stangen und Holzbrettern erhöht. Dann wurde der Anhänger, so hoch es nur ging, mit Stroh beladen. Ich stand oben auf dem Anhänger. Mein Patenonkel und meine Schwester reichten mir von unten das Stroh herauf und ich verteilte es auf dem Anhänger. Der Strohberg wuchs und wuchs. Schon war auch die Erhöhung der Wände nicht mehr ausreichend. Da aber auch nicht mehr viel Stroh auf dem Feld lag, beschlossen wir, auch das restliche noch aufzuladen. Schließlich waren wir fertig und ich versuchte, von dem Anhänger wieder hinunterzuklettern. Das Stroh war aber viel zu hoch getürmt und rutschte mir unter den Füßen weg. Ich traute mich nicht hinunterzuspringen. „Fahrt einfach langsam los", rief ich den beiden zu. „Ich bleibe hier oben sitzen. Das wird schon halten, wenn ihr nicht zu schnell fahrt." „Bist du dir sicher, dass das nicht zu gefährlich ist?", fragte meine Schwester. „Das ist auch nicht gefährlicher, als wenn sie jetzt versucht, von da oben herunterzuspringen", warf mein Patenonkel ein. „Bleib sitzen, Menawar. Ich fahre ganz vorsichtig." Also setzte ich mich im Schneidersitz auf das Stroh und schon ging es los. Es machte richtig Spaß, das Stroh schaukelte schön hin und her und ich begann aus vollem Halse zu singen. Hin und wieder drehte sich meine Schwester zu mir um und winkte mir zu. Fröhlich winkte ich zurück. Doch auf einmal bemerkte ich, wie der hoch aufgehäufte Strohberg ins Rutschen geriet und ich gleich mit dazu. Es gab kein Halten mehr. Alles ging so schnell, dass ich nicht einmal um Hilfe rufen konnte. Schon lag ich inmitten des Strohs auf der Straße. Als meine Schwester sich wieder einmal umdrehte, um nach mir zu sehen, war ich verschwunden. Sofort hielten sie den Traktor an und sahen nach, wo ich geblieben war. Sie fanden mich inmitten des Strohs ohnmächtig auf der Straße liegen. Mit etwas Wasser und Parfüm, das meine Schwester dabei hatte, brachten sie mich wieder zum Bewusstsein. Vorsichtig halfen sie mir auf die Beine und fuhren mich mit dem Traktor nach Hause. Gott sei Dank hatte ich mich bei dem Sturz nicht ernstlich verletzt. Ich hatte mir aber viele Prellungen zugezogen, sodass schwere Arbeit auf dem Feld für mich in der nächsten Zeit nicht möglich war. Von da an waren solche abenteuerliche Fahrten oben auf dem Heuwagen bei uns strengstens verboten.

Auch an die Melonenernte kann ich mich noch genau erinnern. Die Früchte wurden immer ganz früh morgens oder abends geerntet. Sie mussten kühl sein und genau die richtige Reife haben. Waren sie schon zu reif, konnte man sie nicht mehr lagern, da sie schnell verdarben. Mit vielen Helfern waren wir auf dem Feld, pflückten die Wassermelonen und brachten sie zum Traktoranhänger. Mein Vater legte sehr viel Wert darauf, dass wir die Melonen äußerst vorsichtig behandelten, damit sie nicht beschädigt wurden. Doch wenn er sich mal wegdrehte und uns Kinder nicht im Auge hatte, spielten wir mit den Melonen Fangen oder ließen „ganz aus Versehen" eine fallen, sodass diese aufplatzte und wir sie gleich essen mussten. Wenn mein Vater das mitbekam, wurde er wütend und schimpfte mit uns.

Sobald der Wagen voll war, brachte mein Vater die Melonen in unsere Scheune, wo sie eingelagert wurden. Um diese vor Beschädigung und Fäulnis zu schützen, wurde jede Melone mit Heu umbettet. So hatten wir das ganze Jahr über Melonen zum Essen.

Als ich älter wurde, brachte mein Bruder Gabriel mir das Traktorfahren bei. Ich übte auf dem Feldweg. Es war gar nicht so schwierig. Gas geben, schalten, bremsen. Alles gar kein Problem. Nachdem wir das Stroh aufgeladen hatten, sagte mein Bruder: „Nun kannst du den Traktor zurückfahren. Ich fahre mit dem Motorrad vor." Stolz setzte ich den Motor in Gang und fuhr los. Alles verlief problemlos. Gleich würde ich zu Hause sein, denn ich sah schon unseren Hof vor mir auftauchen. Ich musste langsamer werden und bremsen. Doch wo war doch gleich die Bremse? Welches Pedal musste ich treten? Ich wusste es einfach nicht mehr. Mein Kopf war auf einmal völlig leer. Ich wurde nervös. Das Haus kam immer näher auf mich zu. Wenn ich nicht gleich bremste, würde ich geradewegs in unser Haus hineinfahren. Mein Bruder schrie: „Was machst du, Menawar? Bremsen!!!" Da endlich wurde mein Kopf wieder klar. Ich trat auf die Bremse – keinen Moment zu früh. Knapp vor dem Haus brachte ich den Traktor zum Stehen. Ich brauchte wohl doch noch etwas Übung.

Im Sommer war ab 13 Uhr Mittagsruhe angesagt. Es war um diese Zeit so heiß, dass man nicht mehr draußen arbeiten konnte, und so gingen alle in unserem Dorf in ihre Häuser. Wir rollten in unserem Wohn- und Schlafzimmer die Teppiche zusammen und spritzten das Zimmer mit kaltem Wasser aus. Größere Wasserlachen trockneten wir, dann rollten wir unsere Schlafmatten aus und legten uns für zwei Stunden zum Mittagsschlaf hin. Durch das kalte Wasser war der Raum angenehm kühl und wir konnten gut schlafen. Danach ging es erholt und gestärkt wieder an die Arbeit.

Mein Vater war hauptberuflich in der Wasserwirtschaft tätig. Syrien ist ein sehr trockenes Land und im Sommer fallen nur geringe Niederschläge. Diese reichen nicht aus, um die Felder zu bewässern. Nicht weit von unserem Dorf entfernt lag der schon erwähnte Stausee. Dieser war von einem Schutzgebiet umgeben, das von Soldaten bewacht wurde. Nur bestimmten Personen war der Zutritt gestattet. Von diesem See waren Rohrleitungen zu den Feldern verlegt, um diese mit Wasser zu versorgen. Die Aufgabe meines Vaters bestand darin, sicherzustellen, dass jeder Bauer die Menge Wasser bekam, für die er bezahlt hatte. Er drehte die Rohrleitungen auf oder zu und war auch für deren Wartung zuständig. Da mein Vater aufgrund seiner Arbeit gute Beziehungen zur Polizei und zur Militärstation hatte, kamen auch oft Leute zu ihm, die seine Hilfe im Umgang mit den Behörden brauchten. Wie bei uns üblich, saßen sie bei einer kleinen Kaffeezeremonie zusammen und trugen ihre Anliegen vor. Mein Vater hörte sich zunächst an, was sie zu sagen hatten. Erst wenn er antwortete: *„Trink deinen Kaffee, ich werde mich um die Sache kümmern"*, durfte der erste Schluck genommen werden. Mein Vater kleidete sich meist wie ein Araber mit einem langen weißen Gewand und einem schwarz-weißen Tuch auf dem Kopf. In eine Ecke dieses Tuches wurde nun ein Knoten gemacht. Dieser sollte meinen Vater daran erinnern, dass er sich um die Angelegenheit des Besuchers kümmern wollte. Wenn er sein Versprechen eingelöst hatte, ging mein Vater zu der betreffenden Person und ließ sich von ihr den Knoten aus dem Tuch entfernen.

Mein Vater besaß auch die Fischereirechte an dem Stausee. Er stellte dort Netze auf, in denen er die Fische fing. Als ich größer war, half ich ihm dabei. Lange vor Sonnenaufgang weckte mich mein Vater: „Aufwachen, Menawar! Wir müssen los zum Fischen." Müde wälzte ich mich im Bett herum, rieb mir die Augen und stand auf. Schnell zog ich mich an, oder besser gesagt, *verkleidete* ich mich als Junge. Dazu zog ich Papas Mantel an und band mir ein Palästinensertuch um den Kopf. Eigentlich ist die Fischerei Männerarbeit, aber da meine Brüder zu der Zeit alle bei der Armee waren, musste ich mithelfen. Meine Verkleidung diente in erster Linie meiner Sicherheit. Außerhalb des eigenen Grundstücks schwebten christliche Mädchen immer in der Gefahr, von Muslimen gekidnappt und an reiche Scheichs verkauft zu werden. Ihrer Überzeugung nach taten die muslimischen Männer damit etwas Gutes und brachten die Mädchen vom christlichen Glauben zum wahren Glauben, dem Islam, zurück. Das hört sich für europäische Ohren jetzt vielleicht nach übertriebener Vorsicht oder einem Märchen an, aber einer meiner Freundinnen ist genau das tatsächlich passiert. Sie wurde gekidnappt und an einen Dorfältesten verkauft, der sie als fünfte oder sechste Frau geheiratet hat. Ihre Eltern hatten keine Chance, sie zurückzufordern. Damit mir das nicht passierte, hatte ich zum Selbstschutz immer ein großes Messer dabei.

Als ich fertig angezogen war, stieg ich zu meinem Vater auf das Mofa und wir fuhren zum See. Dort hatten wir am Abend zuvor um die 20 Netze ausgelegt, die nun wieder eingeholt werden mussten. Wir bestiegen unser kleines Ruderboot. Ich ruderte uns zu der ersten Boje, an der ein Netz befestigt war. Mein Vater zog nun das Netz aus dem Wasser und sortierte die Fische. Die großen kamen in einen Sack, den wir später an einen Händler aus der Stadt verkauften. Die kleinen Fische und die Aale behielten wir für uns. Wir Kinder aßen besonders gerne die Aale, weil man bei ihnen keine lästigen Gräten entfernen musste. An jenem Morgen war ich, wie an so manchem Morgen, noch unglaublich müde. Dies lag vor allem daran, dass wir uns inzwischen einen Fernseher angeschafft hatten und abends immer die Western liefen, die ich so gerne sah. Deshalb war ich so übermüdet, dass ich einschlief, noch während mein Vater die Fische aus dem Netz holte. Ich sollte das Boot mit den Rudern eigentlich auf der Stelle halten, damit es nicht abtrieb. Doch nun driftete das Boot immer näher an die Boje heran, sodass das Netz sich verhedderte und zerriss. Mein Vater schrie ärgerlich: „Was ist los, Menawar? Schläfst du noch?" Er drehte sich zu mir um und sah, dass ich tatsächlich eingeschlafen war. Nun wurde er so richtig ärgerlich: „Ich schmeiße dich vom Boot ins Wasser, wenn du noch einmal einschläfst! Pass jetzt gefälligst auf! Sonst geht noch mehr kaputt." Ich bekam es mit der Angst zu tun. Ich wusste, mein Vater hielt immer, was er verspricht. Er würde mich tatsächlich ins Wasser werfen, wenn ich wieder einschliefe. Davor aber hatte ich große Angst, denn ich konnte nicht schwimmen. Von nun an begleitete mich immer die Furcht vor dem Einschlafen auf unseren Fischzügen.

Einige Tage später weckte mich mein Vater morgens wieder, um fischen zu gehen. Ich stand auf und zog mich an. Bevor ich in meine Gummistiefel schlüpfte, die vor der Tür standen, fasste ich immer in sie hinein, um zu prüfen, ob dort etwas hineingekrabbelt war. So auch an diesem Morgen. Doch als ich meine Hand in den Stiefel steckte, durchzuckte mich ein gewaltiger Schmerz. Irgendetwas hatte mich gestochen. Ich drehte den Stiefel um und heraus fiel ein Skorpion. Inzwischen rief mein Vater schon ungeduldig: „Komm endlich, wir müssen los!" Doch ich weigerte mich und rief: „Papa, fahr alleine. Ich will heute nicht mitkommen." Meine Stimme klang etwas weinerlich wegen der Schmerzen und mein Vater kam lächelnd näher: „Bist du wieder müde? Ich verspreche dir, ich schmeiß dich nicht ins Wasser. Du brauchst keine Angst zu haben. Nun komm schon mit!" Doch ich schüttelte meinen Kopf und sagte: „Nein, heute nicht, fahr alleine." „Du weißt, dass ich das alleine nicht kann. Ich brauche deine Hilfe. Also, was ist los? Warum willst du nicht mit?" Dann sah er meine Hand, die ich hinter dem Rücken versteckt hielt. „Was ist mit deiner Hand? Zeig mal her!" Zögernd streckte ich die Hand aus und er sah den Skorpionstich. Erschrocken sagte mein Vater: „Warum sagst du das nicht gleich? Du weißt, dass so ein Stich sehr gefährlich ist. Daran kann man sterben." Sofort griff er sich ein Messer und machte einen Schnitt in die Wunde. Mit einem Tuch band er mir den Arm ab und begann dann, das Blut aus der Wunde zu saugen. Nachdem er dies getan hatte, nahm er eine Salbe, die er selber aus Heilkräutern hergestellt hatte, und schmierte sie auf den Stich. Dann sagte er: „Heute kannst du wirklich zu Hause bleiben. Leg dich wieder hin und schlafe. Ich suche mir jemand anderen, der mit zum Fischen kommt." Glücklicherweise erholte ich mich rasch. Und als meine Schwester zwei Tage später einen toten Skorpion fand, rief sie: „Menawar, du bist giftiger als ein Skorpion. Nicht du, sondern der Skorpion ist an dem Stich gestorben!"

An einem anderen Tag fuhr ich mit meinem Schwager Elias zum Fischen. Auf dem Weg zum Stausee fuhren wir noch an der Bäckerei vorbei. Elias ging hinein und kaufte Brot. Währenddessen saß ich in meiner Männerverkleidung auf dem Mofa und wartete. Da kam ein Mann an mir vorbei und grüßte. Ich verstellte meine Stimme und antwortete so tief, wie ich nur konnte. Der Mann ging ebenfalls in die Bäckerei. Dort sagte er zu Elias: „Ich weiß – auf deinem Mofa, das ist kein Junge. Das ist ein Mädchen." Elias erschrak, weil wir bis dahin immer geglaubt hatten, mit der Verkleidung alle täuschen zu können. Doch der Mann meinte: „Habt keine Angst. Ich verrate nichts. Ich habe sie schon oft gesehen, wenn sie die Schafe zum See bringt. Das Mädchen ist so tapfer wie zehn Männer. Ihr Vater kann wirklich stolz auf sie sein." Im Sommer nämlich waren die Wiesen um den See herum unser Weideland für die Schafe, weil hier noch genug Wasser und grünes Gras vorhanden war. In der übrigen Zeit wurden sie von einem der älteren Kinder nur morgens zum Tränken an den See gebracht und anschließend zu unserem Hirten geführt. Dieser war ein alter Mann, der in einer kleinen Hütte abseits des Dorfes wohnte. Mein Vater versorgte ihn mit allem, was er zum Leben brauchte. Abends brachte er die Schafe zu uns zurück. Hier wurden sie gemolken und dann verbrachten sie die Nacht im Stall.

# Kapitel 4
## Osterbräuche, Weihnachtsbräuche

In Syrien leben verschiedene Bevölkerungsgruppen, die ihre ethnische Zugehörigkeit über ihre Muttersprache und über die Religionszugehörigkeit definieren. Etwa 90 Prozent der syrischen Bevölkerung sind Araber. Im Nordosten Syriens, dem Gebiet, wo mein Dorf Bab al-Hadid liegt, leben auch viele Kurden. Ihr ehemaliges Stammesgebiet zieht sich von hier bis in die angrenzenden Nachbarländer Türkei und Irak hinein.

Wir selbst sind weder Araber noch Kurden. Wir gehören zu einer religiösen Minderheit in Syrien. Wir sind Christen. In unserem Dorf gab es außer uns noch sechs weitere christliche Familien. Meine Familie gehört zur chaldäischen Kirche, welches eine katholische Ostkirche ist, während unsere Nachbarn Aramäer waren und der orthodoxen Kirche angehörten. Der christliche Glaube hat in Syrien eine sehr alte Tradition. Schon in der Bibel lesen wir in der Apostelgeschichte von Christen in Damaskus. Die chaldäische Kirche soll, wie andere Kirchen des Nahen Ostens auch, der christlichen Tradition nach bereits in den Jahren zwischen 42 und 49 n. Chr. durch die Missionsreisen des Apostels Thomas und seiner Mitarbeiter entstanden sein.

Wir Christen lebten alle zusammen in einer Straße und bildeten eine eigene Gruppe im Ort. Auch die Kurden und Araber lebten in getrennten Wohngebieten. Jede Gruppe lebte für sich, aber es gab, soweit ich mich erinnern kann, damals keinerlei Gewalt zwischen den Gruppen. Man half sich gegenseitig bei der Arbeit und half auch aus, wenn dem anderen etwas fehlte, wie Salz oder Brot. Diese Dreiteilung war typisch für unsere Region und zog sich durch unser ganzes Leben. Freunde und Spielkameraden hatte man daher eigentlich nur in seiner eigenen Gruppe. Besonders beim Kontakt zwischen Jungen und Mädchen herrschte große Vorsicht. Es ist für muslimische Männer in Ordnung, eine christliche Frau zu heiraten. Diese wird durch die Heirat automatisch zur Muslima. Für christliche Männer ist es aber vom islamischen Gesetz her verboten, eine muslimische Frau zu heiraten. Daher legten unsere Eltern großen Wert darauf, dass es nach Möglichkeit nur zu wenig oder zu gar keinem Kontakt zwischen uns christlichen Mädchen und muslimischen Jungen kam.

Eine Kirche gab es in unserem Ort nicht. Ab und zu trafen wir uns mit den anderen christlichen Familien und dann wurden Geschichten aus der Bibel und auch Heiligenlegenden erzählt. Zu den großen Feiertagen kam aber ein Priester in unser Dorf, um mit uns Gottesdienst zu feiern. Ostern war bei uns das wichtigste Fest. Wie dieses Fest gefeiert wurde, davon möchte ich jetzt erzählen.

In den Wochen vor Ostern haben wir gefastet. Das heißt, wir haben auf alle tierischen Lebensmittel verzichtet, uns also vegan ernährt. Die Fastenzeit dauerte insgesamt 50 Tage. Diese Zeit diente uns als Vorbereitungszeit. Manch einer fragt sich jetzt vielleicht: *Die Fastenzeit beträgt doch nur 40 Tage, warum habt ihr denn 50 Tage gefastet?* Das ergibt sich aus folgender Tatsache: In der östlichen Kirche ist mittwochs und freitags sowieso Fastentag. Am Mittwoch fasten wir, weil das der Tag ist, an dem Jesus von Judas verraten wurde. Und am Freitag fasten wir, weil Jesus an einem Freitag gestorben ist. Wir halten diese Fastentage, um uns immer daran zu erinnern, wie Jesus für uns gelitten hat und für uns gestorben ist. Damit am Ende der Fastenzeit vor Ostern 40 „echte" Fastentage übrig bleiben, wird die Zeit einfach um 10 Tage verlängert.

Die Zeit vor Ostern war immer voller Geschäftigkeit und

sehr spannend, besonders für uns Kinder. Zu Ostern bekamen wir nämlich neue Kleidung – jedes Mädchen erhielt ein neues Kleid und die Jungen eine neue Hose und ein neues Hemd. Damit die Sachen auch richtig schick aussahen, ließ meine Mutter diese von einer Schneiderin anfertigen und verzierte die Kleider anschließend mit schönen Knöpfen und Schleifen. Wir waren immer ganz aufgeregt, denn wir durften uns die Stoffe für die Kleider selbst aussuchen. Da die Auswahl in dem kleinen Gemischtwarenladen in unserem Ort nicht besonders groß war, freuten wir uns auf den fliegenden Händler, der jede Woche mit seinem Eselskarren in unseren Ort kam. Er brachte immer etwas Besonderes aus der Stadt mit und hatte in der Zeit vor Ostern auch schöne, unterschiedlich gemusterte Stoffe in seinem Sortiment, unter denen wir für unsere neuen Kleider wählen durften.

In der Woche vor Ostern begann der große Hausputz, denn zu Ostern musste alles sauber und gereinigt sein. Dazu wurden alle Möbel aus dem Haus geräumt und alles wurde gründlich sauber gemacht. Jede Ecke wurde geputzt, sogar die Wände wurden gewaschen und bei Bedarf neu gestrichen. Auch von außen wurde das Haus neu gestrichen. Insbesondere das Elternschlafzimmer musste gut gereinigt sein, denn hier zog am Mittwoch vor Ostern der Priester ein. Meine Mutter zog für diese Zeit zu uns Kindern ins Zimmer. Das Elternschlafzimmer diente aber nicht nur dem Priester als Schlafraum, sondern wurde auch für die Gottesdienste und vor allem für die Beichte genutzt. In der Zeit von Gründonnerstag bis Karfreitag erschien jede christliche Person unseres Ortes, um hier ihre Beichte abzulegen. Wir erzählten alles, was wir an Fehlern begannen hatten, und der Priester legte dann segnend seine Hand auf uns und sprach: „Mein Kind, Gott hat deine Sünden vergeben. Tu das, was du falsch gemacht hast, nun nicht wieder." Wir fühlten uns danach unbeschreiblich frei und glücklich. Die ganze Osterzeit war eine einzige Freudenzeit.

Wir Christen gehörten zwar unterschiedlichen Konfessionen an, aber da nur ein Priester zu Ostern in unseren Ort kam, wurde seine Anwesenheit von allen Christen genutzt. Dabei wechselten sich Jahr für Jahr der katholische und der orthodoxe Priester ab. Beide schliefen aber immer in unserem Haus. Für mich und meinen Glauben ist diese Erfahrung bis heute sehr wichtig. Wenn ich Christen treffe oder in eine Kirche gehe, kommt es mir nicht in erster Linie auf ihre Konfession an, sondern mir geht es immer darum, ob diesen Menschen Jesus wichtig ist, ob sie ihn lieb haben und nach seinen Geboten leben wollen. Überall dort fühle ich mich in der Kirche zu Hause. Ich denke, mit dieser Einstellung stehe ich auf gutem Grund, denn auch Jesus hat für die Einheit der Kirche gebetet.

Nachdem alle gebeichtet hatten, feierte der Priester mit uns einen sehr langen Gottesdienst, die ganze Nacht über, von Karfreitag auf Ostersamstag. Wir haben gesungen und gebetet und der Priester hat gepredigt. Insgesamt waren ungefähr achtzig Personen versammelt – alle im Schlafzimmer meiner Eltern. Um es nicht schmutzig zu machen, zogen alle ihre Schuhe aus und ließen sie im Flur stehen. Um unserer Trauer über den Tod Jesu Ausdruck zu verleihen, haben wir an Karfreitag nicht geduscht und haben unsere Kleidung links herum angezogen. Auch jede Art von Schmuck wurde in dieser Zeit abgelegt oder mit schwarzem Stoff umwickelt. So gegen 4 oder 5 Uhr morgens endete der Gottesdienst und alle gingen nach Hause, um ein wenig zu schlafen. Nach dem Aufstehen duschte man sich und zog sich schön an. Danach kamen alle wieder zusammen, um gemeinsam das Abendmahl und die Auferstehung Jesu von den Toten zu feiern. Normalerweise geschieht dies ja erst am Sonntag, doch da der Priester am Samstagabend wieder abreisen musste, um am Sonntag in seiner Hauptgemeinde predigen zu können, feierten wir Ostern schon am Samstag.

Dazu wurde in den Tagen vorher die Küche gründlich gereinigt. Besonders der Backofen musste rein sein, denn hier buk der Priester das Brot für das Abendmahl. Des Weiteren gestaltete er die Lehmbank im Schlafzimmer meiner Eltern in einen Altar um. Mithelfen und am Abendmahl teilnehmen durften aber nur Männer und „reine" Frauen. Das heißt, die Frauen, die gerade ihre Regel hatten, durften nicht in die Nähe des Altars kommen und auch kein Abendmahl nehmen. Eine weitere Bedingung für die Teilnahme am Abendmahl war, dass man in den letzten neun Stunden vorher nichts gegessen haben durfte. Der Magen musste nüchtern sein. Dies beinhaltet, wie auch viele andere Handlungen in der östlichen Kirche, eine tiefe Symbolik, die veranschaulicht, was Christen glauben. Mit der Nüchternheit des Magens soll verdeutlicht werden, dass wir rein vor Gott stehen, dass unsere Schuld vergeben wurde und wir bereit sind, Christus in Form von Brot und Wein in uns aufzunehmen. Christus, der Heilige, soll in eine saubere Wohnung kommen. Nach dem Ostergottesdienst mit Abendmahl durfte drei Tage lang nichts gegessen werden, was ganz oder teilweise wieder ausgespuckt wird, wie z. B. Kaugummi, Wassermelonen mit Kernen oder Sonnenblumenkerne, an denen noch Schale war. Auch dies ist wiederum ein Symbol, das verdeutlicht: Jesus soll in uns bleiben. Nichts soll ihn aus unserem Leben vertreiben. Die drei Tage stehen für die Dreieinigkeit Gottes und auch den Zeitraum, den Jesus im Grab verbrachte.

Um richtig feiern zu können, braucht man natürlich auch etwas zu essen. Dafür haben wir in der Karwoche immer sehr viele Kekse gebacken. Dabei haben wir bestimmt zehn Kilogramm Mehl verbraucht. Schon das Backen war ein wahres Fest. Wir trafen uns mit den Nachbarn und alle waren in Feierstimmung. Auch Ostereier gab es bei uns. Da wir uns in den Wochen vor Ostern aller Nahrungsmittel tierischen Ursprungs enthalten hatten, waren nun viele Eier übrig. Diese wurden an Karfreitag gekocht und mit Zwiebelschale, die wir das ganze Jahr über gesammelt hatten, gefärbt. Dabei kochten wir nicht nur ein paar Eier, sondern ganz viele, so um die 300 Stück. Auch das Ei ist wiederum ein Symbol. Mit seiner Schale symbolisiert es das verschlossene Grab Jesu. Darum haben wir die Eier auch an Karfreitag gekocht. Am Ostermorgen hat dann jeder beim Frühstück als Allererstes ein Ei gegessen. Wir haben die Schale aufgeschlagen und das Ei in unseren Mund gesteckt. Dies sollte die Auferstehung Jesu von den Toten darstellen. Ich glaube, durch diese Rituale war uns das Ostergeschehen näher. Wir haben die Trauer intensiver gespürt, aber auch die Osterfreude – die Freude darüber, dass Jesus nicht im Grab blieb, sondern den Tod besiegt hat und lebendig ist. Unser Osterfrühstück bestand aus einem Ei und einem Teller voll Milchreis. Nach dem Frühstück sind wir Kinder mit Stofftüten bewaffnet von Haus zu Haus gezogen und haben die Nachbarn zum Osterfest beglückwünscht. Dafür erhielten wir Eier, Süßigkeiten oder auch Geld. Das hat immer viel Spaß gemacht. Anschließend trafen wir uns mit unseren Freunden und spielten mit und um unsere Geschenke. Zum Beispiel setzte jeder ein Ei als Gewinn ein und dann warfen wir Münzen gegen eine Wand. Derjenige, dessen Münze der Wand am nächsten war, gewann alle Eier. Statt einer Münze ging dies natürlich auch mit Murmeln. Wir haben unsere Süßigkeiten zusammengetan und miteinander geteilt, Musik gemacht und getanzt oder Bock- oder Seilspringen gespielt. Es war ein richtiger Freudentag. Erst wenn es dunkel war, gingen wir wieder nach Hause.

Unsere Väter und älteren Brüder sind ebenfalls von Haus zu Haus gezogen. Sie kehrten bei jedem christlichen Nachbarn ein und tranken gemeinsam ein Glas Wein. Dieser ist ein Symbol für das Blut Jesu, das er am Kreuz vergossen hat. Zu essen gab es einen Teller voller Eier, die wiederum die Auferstehung symbolisierten. Während des gemeinsamen Mahls beglückwünschten sie sich gegenseitig zum Osterfest. Dies zeigte die Freude, die wir Christen darüber haben, dass Jesus für unsere Schuld gestorben ist, aber nicht im Grab blieb, sondern auferstand und damit den Tod besiegte.

Interessant ist, dass auch die muslimischen Familien aus unserem Ort an unserem Osterfest Anteil nahmen. Auch ihre Kinder zogen von Haus zu Haus, um Eier und Süßigkeiten zu bekommen, und die Erwachsenen kamen ebenfalls, um uns zum Osterfest zu gratulieren. Da in unserem Dorf so zwischen 80 und 100 Familien wohnten und alle viele Kinder hatten, mussten wir zu Ostern kiloweise Süßigkeiten für die Kinder und Pralinen für die Erwachsenen kaufen. So verging der Ostersonntag. Die Frauen waren den ganzen Sonntag über mit der Bewirtung der Gäste beschäftigt. Damit aber auch sie nicht zu kurz kamen, trafen sie sich zwei Tage später zu einem ausgiebigen Kaffeeklatsch.

Auch Weihnachten wurde groß gefeiert. In der Adventszeit haben wir alles für das Fest vorbereitet: Das Haus wurde geputzt und Kekse gebacken. Gegessen haben wir diese aber noch nicht, denn die 25 Tage vor Weihnachten sind ebenfalls eine Fastenzeit, in der wir uns nur vegan ernähren. Auch den Weihnachtsbaum bereiteten wir vor. Tannen oder Fichten wachsen in Syrien nicht, daher hatte mein Vater einen Baum aus Draht anfertigen lassen. Diesen umwickelten wir mit grünem Kreppapier und schmückten ihn mit Engelsfiguren, Keksen, Bonbons und einer blinkenden Lichterkette.

Am 24. Dezember kam ein Priester zu uns. Er nahm uns die Beichte ab und dann feierten wir die ganze Nacht hindurch einen Gottesdienst mit vielen fröhlichen Liedern. Wir wollten sozusagen mit dabei sein, wenn das Jesuskind geboren wird. Am Vormittag des 25. Dezember gab es dann noch einmal einen Gottesdienst mit Abendmahl. Wenn dieser vorüber war, wurde das Fasten gebrochen. Die Kekse wurden gegessen und die Geschenke ausgepackt.

# Kapitel 5
## Für das Leben lernen wir

Als ich sechs Jahre alt war, begann auch für mich jeden Tag von acht bis zwölf Uhr der Schulalltag. Alle schulpflichtigen Kinder von Klasse 1 bis 6 unseres Ortes – das waren so um die 80 Schüler – wurden zusammen in einem Klassenraum von einem Lehrer unterrichtet. Für jede Altersstufe musste der Lehrer etwas vorbereitet haben. Sechs Jahre musste jeder zur Schule gehen. Wer dann noch weitermachen wollte, musste in die Stadt ziehen, denn ein Gymnasium gab es auf den Dörfern nicht.

Unsere Schule war ein einfacher Lehmbau mit zwei Fenstern und einer Tür. Innen war der Schulraum wie alle Klassenzimmer in der damaligen Zeit mit Schulbänken, die auch Ablagefläche für die Hefte und Bücher hatten, und einer grünen Tafel an der Wand eingerichtet. Die Ausbildung eines Dorfschullehrers war bei uns zu dieser Zeit allerdings nicht so gut. Hierfür reichte schon ein Abschluss mit mittlerer Reife und ein Praktikum als Lehrer aus. Ein Studium war für diesen Beruf nicht notwendig. Die Lehrer kamen aber alle aus den großen Städten wie Damaskus oder Aleppo. Sie zogen mit ihrer gesamten Familie für einige Jahre aufs Dorf. Die Dorfbewohner waren für die Versorgung des Lehrers zuständig. Sie besorgten ihm eine Wohnung und stellten sicher, dass er genügend zu essen hatte. So war zum Beispiel jeden Abend eine Familie im Dorf dafür zuständig, dem Lehrer und seiner Familie ein Abendessen zuzubereiten. Jeder kochte für ihn nur die leckersten Gerichte. Im Winter wurde er mit Öl für seinen Ofen versorgt. Jeden Tag brachte eine Familie eine Fünfliter-Kanne voll Öl zum Lehrerhaus. Es war aber nicht so, dass der Lehrer finanziell darauf angewiesen gewesen wäre. Er war ein Staatsbediensteter und bekam ein festes Gehalt. Doch er hatte eine Sonderstellung im Dorf inne. Seine Meinung zählte viel. Er war schon dadurch etwas Besonders, dass er ein Fremder aus einer großen Stadt war.

Leider hat einer meiner damaligen Lehrer diese Stellung auch ausgenutzt. Jeden Tag, wenn die anderen Schüler eine Aufgabe von ihm bekamen, die sie im Unterricht bearbeiten sollten, wählte er entweder mich oder eine meiner Freundinnen aus und sagte: „Bitte, geht zu meiner Frau und helft ihr im Haushalt." Wir fühlten uns damals dadurch geehrt. Lernen machte uns nicht so großen Spaß, aber im Haushalt helfen, auf Kinder aufpassen und putzen – das kannten und konnten wir. Ich erinnere mich noch genau daran, wie wir über den Kinderwagen der Lehrersfrau gestaunt haben. So etwas hatten wir vorher noch nie gesehen. Wir trugen unsere Babys in Tücher gebunden auf dem Rücken. Die Frau des Lehrers aber hatte einen Kinderwagen und wir durften das Baby darin herumfahren. Wir fühlten uns total wichtig und spielten, dass wir mit einem Auto unterwegs wären. Natürlich hatte das negative Auswirkungen auf unsere schulischen Leistungen. Lesen, schreiben und rechnen lernt man nicht beim Putzen und Babysitten. Deshalb sagten wir zu unserem Lehrer: „Bald gibt es Zeugnisse und wir sind nicht gut in der Schule. Wir können nicht so gut lesen, schreiben und rechnen wie die anderen. Unsere Eltern werden mit uns schimpfen, wenn sie das bemerken." Doch unser Lehrer beruhigte uns: „Sie werden das schon nicht mitbekommen. Ihr werdet von mir ein gutes Zeugnis erhalten. Ich bin froh, dass ihr meiner Frau helft. Das soll euch kein Schaden sein." Das stimmte aber nicht so ganz. Wenn zum Beispiel ein Diktat geschrieben wurde, machte ich sehr viele Fehler und dies wurde von ihm bestraft. Wer eine schlechte Klassenarbeit geschrieben oder sonst etwas angestellt hatte, musste sich mit dem Rücken auf den Fussboden und die Füße auf einen Stuhl legen. Zwei andere Schüler mussten die Füße auf dem Stuhl festhalten. Dann nahm der Lehrer einen Rohrstock und schlug auf die Fußsohlen, dass es in der Luft nur so zischte. Eine weitere beliebte Strafe unseres Lehrers war es, uns nach Schulschluss im Klassenraum einzusperren. Mittags wurde es darin sehr heiß und wir hatten nichts zu trinken dabei. Beides passierte auch mir so einige Male. Ich empfand das als ungerecht, konnte mich aber nirgendwo beklagen. Der Lehrer saß immer am längeren Hebel. Somit blieb alles beim Alten. Damals hat es mich nicht gestört, dass ich in der Schule eigentlich nichts gelernt habe. Doch heute ärgere ich mich darüber. Alles, was ich an Schreiben und Lesen kann, habe ich mir später als Erwachsene selbst beigebracht.

Nach der fünften Klasse war meine Schulkarriere dann schlagartig vorbei. Grund dafür war ein Auslandsaufenthalt bei meinen großen Schwestern im Irak. Zwei meiner Schwestern hatten nämlich inzwischen einen Mann aus dem Irak geheiratet und lebten nun dort. So kam meiner Mutter vor den Sommerferien folgende Idee: „Menawar, wie wäre es, wenn du in den Ferien zu deinen Schwestern Fahima und Naima in den Irak fährst? Sie sind gute Schneiderinnen und ich denke, du könntest viel von ihnen lernen und ihnen auch bei der Arbeit helfen. Außerdem könntest du deine kleine Nichte und den gerade neugeborenen Neffen kennenlernen. Sie freuen sich bestimmt, dich zu sehen." Das waren großartige Aussichten für den Sommer! Ich mochte meine Schwestern sehr gerne und außerdem würde dies mein erster Auslandsaufenthalt werden. Ich war ganz aufgeregt, als es endlich losging. Unsere Sommerferien waren ja richtig lang. Drei Monate durfte ich bei meinen Schwestern in Mossul und Bagdad verbringen. Es wurde eine sehr schöne Zeit. Nach einigen Wochen bekam ich jedoch Heimweh nach meiner Familie und meinen Freunden und freute mich schon sehr auf meine Heimreise. Doch als sich der Abreisetag näherte, sagte mein Schwager: „Es gibt schlechte Nachrichten. Alle Grenzübergänge nach Syrien sind gesperrt. Zurzeit darf niemand ausreisen." „Wie soll ich dann nach Hause kommen? Meine Ferien sind bald vorbei. Ich muss wieder in die Schule!", fragte ich entsetzt. „Im Augenblick geht das leider nicht. Ich habe mich schon mit deinem Vater in Verbindung gesetzt. Er wird mit den Behörden reden, um eine Ausreisegenehmigung für dich zu erhalten."

Mit einem Mal war ich mitten in einen politischen Konflikt zwischen dem Irak und dem Iran geraten. Im Irak waren Kurdenaufstände ausgebrochen. Die Kurden demonstrierten gegen die Zentralregierung von Saddam Hussein. Die Aufständischen wurden dabei vom Iran unterstützt. Da auch in Syrien viele Kurden lebten, hatte der Irak sicherheitshalber die Grenzübergänge nach Syrien geschlossen. Ich saß fest, und das nicht nur für einige Wochen, sondern schließlich für mehr als ein Jahr. Dann endlich gelang es meinem Vater, eine Ausreisegenehmigung für mich zu erhalten. Meine Schwester Fahima und ihr Mann brachten mich bis zum Grenzübergang, der durch bewaffnete Soldaten gesichert wurde. Ich sah mich um und suchte mit den Augen nach meinem Vater, der mich abholen wollte. Doch ich konnte ihn nirgends entdecken. Ich bekam es mit der Angst zu tun. Mein Schwager sagte zu mir: „Weiter können wir dich nicht begleiten. Den Rest musst du alleine gehen. Dein Vater wartet auf der syrischen Seite der Grenze auf dich. Leb wohl, Menawar." Sie umarmten mich und dann stand ich alleine da mit meinem Koffer. Der Grenzbeamte winkte mir zu und sagte, ich solle auf die andere Seite hinübergehen. Ich konnte sie aber nur vage am Horizont erkennen. Vor mir lag eine lange, einsame, staubige Straße. Ich wusste nicht, ob auf der anderen Seite wirklich mein Vater stehen würde, um mich in Empfang zu nehmen. Langsam nahm ich meinen Koffer hoch und begann die lange Straße hinabzugehen. Hinter mir standen die Soldaten mit ihren Maschinengewehren. Ich hatte solche Angst. Die Tränen liefen mir über das Gesicht. So hatte ich mir die Rückkehr nicht vorgestellt. Doch was sollte ich machen? Ich wollte nach Hause. Also ging ich weiter auf der Straße entlang. Und was war ich froh, als ich nach einiger Zeit auf der anderen Seite meinen Vater erkannte! Ich lief ihm entgegen. Er war da und holte mich ab. Gott sei Dank. Ich war wieder zu Hause.

Die Wiedersehensfreude währte jedoch nicht allzu lange. Kurz nach meiner Rückkehr hatte meine Mutter einen schweren Unfall. Sie pflegte spät abends Brotteig vorzubereiten. Dann stand sie sehr früh morgens auf, um daraus Fladenbrot für unser Frühstück zu backen. Es war um die Zeit noch stockdunkel. Unser Backofen befand sich auf dem Hof. Zuerst musste sie ihn anfeuern, dann die Brotfladen formen und diese dann in den Backofen schieben. Ganz in ihr Tun vertieft, bemerkte sie nicht, dass ein Hocker umgefallen war. Sie stolperte und unglücklicherweise bohrte sich ein Metallbein des Hockers in ihren Unterleib und beschädigte die Gebärmutter und andere Organe. Wir holten sofort einen Arzt und Mutter kam für lange Zeit ins Krankenhaus nach Qamischli, an der Grenze zur Türkei. Dort lebte mein Onkel. Er war Arzt und kümmerte sich um meine Mutter, bis sie wieder ganz gesund war.

Doch wie sollte es bei uns zu Hause weitergehen? Wer sollte all die Arbeit erledigen, für die meine Mutter den ganzen Tag über zuständig war? Wir überlegten hin und her. Schnell war mir aber klar, dass ich diese Aufgabe übernehmen würde. Da ich durch meinen langen Aufenthalt im Irak sowieso schon jeden Anschluss an den Schullehrstoff verloren hatte, beschloss ich, nicht weiter zur Schule zu gehen. Ich würde zu Hause bleiben, putzen, kochen und die kleinen Geschwister versorgen. So konnten meine anderen Geschwister weiter zur Schule gehen und ihr Leben weitestgehend normal fortführen.

# Kapitel 6
## Erste Liebe

Wie wohl alle jungen Mädchen machte auch ich mir Vorstellungen von meinem Traummann. Er sollte groß, stark und gut aussehend sein, so ähnlich wie mein Vater. Als Teenie schwärmte ich für einen amerikanischen Schauspieler, der einfach umwerfend aussah. Heimlich sammelte ich Fotos von ihm und verbarg sie in meinem Kopfkissen, denn ein eigenes Zimmer mit einem eigenen Schrank hatte ich ja nicht. Für meine Eltern wäre es auch überhaupt nicht infrage gekommen, dass wir uns irgendwelche Bilder von Filmstars an die Wand gehängt hätten. An der Wand durfte nur ein Kreuz oder ein Bild von Jesus hängen.

Und dann eines Tages stand mein Traummann vor mir. Genauso hatte ich ihn mir vorgestellt. Nein, es war nicht der Schauspieler, dessen Fotos ich gesammelt hatte, sondern mein Cousin Djamil aus Aleppo. Einige Zeit nachdem ich aus dem Irak zurückgekehrt war, kam er mit seiner Familie zu uns zu Besuch. Ich hatte ihn vorher noch nie gesehen. Es war Liebe auf den ersten Blick. Er sah mich an und ich wusste sofort, dass auch er in mich verliebt ist. Gesprochen haben wir während seines Aufenthalts bei uns kaum miteinander. Es gehörte sich einfach nicht, dass unverheiratete Jungen und Mädchen miteinander sprachen. Es lief alles über Augenkontakt und wir beide wussten Bescheid. Als er und seine Familie wieder abgereist waren, kreisten meine Gedanken nur noch um ihn. Ich malte mir unser gemeinsames Leben in den schönsten Farben aus.

Als ich ungefähr 15 Jahre alt war, kamen er und seine Mutter wieder zu uns zu Besuch und erklärten meinen Eltern, dass Djamil mich gerne heiraten würde. Ich war total aufgeregt. Es war so wunderbar, dass der Mann meiner Träume um meine Hand anhielt. Umso schockierter war ich, als mein Vater seine Zustimmung verweigerte. Warum? Was hatte er an dieser Verbindung auszusetzen? Für mich schien sie absolut perfekt zu sein.

In den folgenden Monaten und Jahren versuchten Djamil und seine Eltern es immer wieder, die Zustimmung meines Vaters für eine Heirat zu erhalten. Doch mein Vater lehnte immer wieder ab. Bestärkt wurde er darin von meinen Bruder George. Dieser kannte Djamils Familie am besten von uns allen, denn er hatte eine Zeit lang in Aleppo bei ihnen gewohnt. Seine Aussage, dass diese Familie keinen guten Ruf hätte und nicht gut genug für mich wäre, veranlasste meinen Vater dazu, sich gegen eine Heirat auszusprechen. Doch wie mir Jahre später klar wurde, hatte George nur aus Eifersucht so gesprochen. Eigentlich war *er* sogar der Grund dafür, warum Djamil überhaupt auf mich aufmerksam geworden war. Georges Aufenthalt in Aleppo fand zu der Zeit statt, als ich bei meinen Schwestern im Irak war. Damals hatte ich ihm ein Foto von mir geschickt. Dieses Foto zeigte er seinem Cousin Djamil. Als dieser das Foto sah, verliebte er sich sofort in das Mädchen auf dem Bild und war sich sicher, dass dies seine zukünftige Frau sein sollte. Er bat George, das Foto behalten zu dürfen. Da sie gut befreundet waren, erlaubte George es ihm. Doch bald darauf trübte sich das Verhältnis zwischen George und Djamils Familie. George hatte sich nämlich in Djamils Schwester verliebt und wollte diese gerne heiraten. Doch die Schwester gab ihm einen Korb, weil ihr sein impulsives und teilweise cholerisches Verhalten Angst machte. Außerdem wollte sie nicht von der Stadt aufs Dorf ziehen. George war dadurch in seiner Ehre gekränkt und hatte sich Rache geschworen. Als nun Djamil um meine Hand anhielt, bot sich dafür eine gute Gelegenheit und er tat alles dafür, dass auch Djamil leer ausging. Auf meine Gefühle nahm er dabei keine Rücksicht.

Als ich ungefähr 18 Jahre alt war, unternahmen Djamil und seine Familie einen letzten Versuch, meinen Vater doch noch umzustimmen. Djamils Mutter sprach noch einmal mit meinem Vater und erklärte ihm die Situation: „Sieh doch, mein Sohn liebt deine Tochter sehr. Warum erlaubst du diese Heirat nicht? Mein Sohn wird schon ganz krank vor Liebeskummer. Er isst kaum noch und möchte ohne Menawar nicht weiterleben. Ich mache dir ein Angebot. Djamil ist bereit, zu euch zu ziehen. Er wird sich ein Haus in eurem Dorf bauen. Dann verlierst du deine Tochter nicht und kannst immer sehen, wie es ihr geht." Das war wirklich ein ungewöhnliches Angebot. Es war unüblich, dass der Mann zur Frau zog, noch dazu aus der Großstadt mit all ihren Annehmlichkeiten auf ein kleines abgelegenes Dorf. Doch auch davon ließ sich mein Vater nicht umstimmen. Er glaubte fest an das, was ihm sein ältester Sohn über die Familie erzählt hatte. Und das war nichts Gutes gewesen. Djamil war am Boden zerstört und unternahm einen letzten verzweifelten Versuch, mich doch noch zur Braut zu erhalten. Er kam auf mich zu, fasste mich an den Schultern und fragte eindringlich: „Warum sagst du nichts zu deinem Vater? Ich weiß, dass du mich auch liebst. Warum sprichst du nicht mit ihm und sagst ihm, dass du gerne meine Frau werden möchtest? Ich bin überzeugt, dann wird er sich umstimmen lassen. Ich kann ohne dich nicht leben!" Ich hingegen war nicht davon überzeugt, dass ich meinen Vater umstimmen könnte. Ich wusste, dass George gegen diese Verbindung war, und gegen seine Meinung kam ich mit meinen Argumenten nicht an. Ich fühlte mich völlig hilflos und verängstigt. Ich konnte uns nicht helfen. Und so sagte ich leise: „Ich kann nicht." Enttäuscht ging Djamil weg. Kurz darauf reisten er und seine Mutter ab. Ich wusste, dass ihre Abreise endgültig war. Sie würden nicht noch einmal kommen und um meine Hand anhalten. Mein Traum von einem Leben mit Djamil zerplatzte wie eine Seifenblase. Ich liebte ihn und war mir sicher, dass ich ihn immer lieben und niemals einen anderen Mann heiraten würde. Dies sagte ich auch meiner Mutter. Ich zog mich immer mehr zurück und versuchte, mich durch harte Arbeit von meiner Traurigkeit abzulenken. Ich würde alle anderen Heiratsangebote ablehnen und notfalls für den Rest meines Lebens allein bleiben, wenn mein Vater mir nicht doch noch die Erlaubnis gäbe, Djamil zu heiraten.

Nach einigen Wochen bekam ich ein Gespräch zwischen meinem Vater und George mit. Mein Bruder schien extra laut zu sprechen. Er schrie fast, sodass ich jedes Wort hören konnte. „Vater, hast du gehört? Dieser Mistkerl Djamil, der um die Hand von Menawar angehalten hat, hat letzte Woche geheiratet! Da hat er sich aber ziemlich schnell getröstet. Von wegen – er kann ohne Menawar nicht leben. Siehst du, wie recht du mit deiner Entscheidung hattest!" Ich hatte genug gehört. Eilig ging ich weiter, damit die beiden meine Tränen nicht sehen sollten. So schnell hatte Djamil mich also vergessen. So schnell hatte er einfach eine andere geheiratet. Kaum war ich allein, da brach der ganze Schmerz aus mir heraus und ich weinte bitterlich.

Erst viele Jahre später erfuhr ich die Wahrheit. Zu dieser Zeit war ich selbst schon lange verheiratet und lebte mit meiner Familie in Deutschland. Bei einem meiner Besuche in Syrien traf ich Djamil wieder und er fragte mich, warum ich mein Versprechen gebrochen und einen anderen Mann geheiratet hätte? Ich antwortete: „Wieso *ich*? *Du* hast doch zuerst geheiratet." „Nein, das stimmt nicht", erwiderte Djamil. „Ich wollte immer auf dich warten. Als ich von deiner Hochzeit erfuhr, war ich krank vor Kummer. Ich konnte mich nicht mehr konzentrieren und hatte deinetwegen sogar einen Autounfall. Viele Wochen musste ich damals im Krankenhaus liegen. Ich war am Boden zerstört. Mir war alles egal, selbst wenn ich dabei gestorben wäre. Aus lauter Frust habe ich dann schon im folgenden Sommer ein Mädchen geheiratet. Bis heute habe ich dein Foto aufgehoben. Ich liebe dich immer noch." Ich konnte nicht glauben, was ich da hörte. Doch als wir unsere Hochzeitsdaten verglichen, merkte ich, dass Djamil die Wahrheit sagte. Ich hatte im Februar und er erst im August geheiratet. George hatte damals gelogen. Ich war wie vor den Kopf geschlagen und sah mich auf einmal wieder als das junge Mädchen in seinem großen Liebeskummer. Ich hatte immer gedacht, damals von Djamil im Stich gelassen worden zu sein, aber nun erkannte ich, dass es eigentlich umgekehrt gewesen war. Ich hatte *ihn* im Stich gelassen. Ich musste ihn um Vergebung bitten, und das tat ich dann auch. Ich meinerseits hatte ihm schon längst vergeben, denn ich habe in meinem Leben gelernt, dass einander vergeben sehr wichtig ist. Nur so können Beziehungen und auch das eigene Leben geheilt werden.

Djamil hatte mich in all den Jahren nicht aus den Augen verloren. Auch als ich nach Deutschland gezogen war, hatte er sich immer bei meiner Verwandtschaft nach meinem Ergehen erkundigt. Ich hatte davon keine Ahnung gehabt. Nun fragte er mich: „Bist du glücklich, Menawar? Ist dein Mann gut zu dir?" „Ja", sagte ich, ohne zu überlegen, „ich bin glücklich. Ich bin froh und Gott dankbar, dass ich ihn geheiratet habe. Er ist ein wirklich guter Ehemann und ich liebe ihn sehr." Dann erzählte ich ihm, wie es mir in all den Jahren ergangen war. Djamil lächelte: „Ich bin froh, dass du glücklich bist. Es war immer meine größte Sorge, dass es dir nicht gut gehen könnte. Mir geht es auch gut. Ich habe trotz allem eine nette Frau bekommen, mit der ich gerne zusammenlebe. Ich würde gerne deinen Mann kennenlernen." „Das sollst du!", erwiderte ich. Mein Mann und Djamil haben später noch lange miteinander gesprochen und konnten sich auf Anhieb gut leiden. So ist schließlich auch dieses Kapitel meines Lebens zu einem guten Abschluss gekommen.

# Kapitel 7
## Lehm und Steine

Als ich etwa 15 Jahre alt war, kamen wir als Familie auf die Idee, ein neues Haus zu bauen. Unser Haus war inzwischen alt, es war klein und sehr niedrig, sodass die Größeren auf ihre Köpfe achten mussten. Wenn ich heute daran zurückdenke, kommt es mir fast wie eine Puppenstube vor. Um das neue Haus zu bauen, suchten wir uns keinen Architekten, keine Baufirma oder einen Maurer. Es gab auch keinen Baumarkt, wo wir die Materialien hätten einkaufen können, sondern wir machten alles selbst. *Wir* ist gut gesagt, eigentlich machte *ich* alles selbst. Innerhalb von zwei Sommern habe ich uns ein neues Haus gebaut. Geholfen hat mir Onkel Zizo, ein älterer Mann aus unserem Dorf. Und wenn ich sage, ich habe alles selbst gemacht, dann meine ich das auch so:

Abends, wenn es kühler geworden war, begann ich mit meiner Arbeit für das Haus. Die Erde bei uns ist sehr tonhaltig. Ich nahm von dieser Erde und mischte sie mit Wasser und gehäckseltem Stroh. Dabei muss man gut auf die Zusammensetzung achten. Fehlt Lehm, so ergibt sich keine geschmeidige Mischung. Ist die Erde zu lehmig, lässt sich das spätere Gemisch schlecht verdichten. Wird zu viel Stroh verwendet, ergibt sich keine homogene Mischung. Fehlt Stroh, so entstehen später Risse im Ziegel und die Wärmedämmungswirkung ist geringer. Ist zu wenig Wasser enthalten, ist die Mischung zu trocken und bröselig. Bei zu viel Wasser lässt sich das Gemisch schlecht verdichten, da es ausweicht oder zerfließt. Am Anfang war es für mich noch ein wenig schwierig, die richtige Mischung herzustellen, aber schon bald hatte ich ein gutes Mischungsverhältnis herausgefunden. Einen Betonmischer zum Durchmischen der Masse hatte ich leider nicht. Ich rührte die Masse mit der Hand und stampfte sie mit den Füßen. Nicht mit nackten Füßen, sondern in Gummistiefeln, denn das Stroh ist scharfkantig und hätte mir in die Fußsohlen geschnitten. Nachdem ich den Lehm fertig angerührt hatte, füllte ich ihn in Formen. Diese bestanden aus Holz und hatten Platz für zwei Ziegel. An beiden Seiten der Formen befanden sich Griffe, damit man sie mitsamt den Ziegeln zum Trockenplatz tragen konnte. Mein Vater hatte mir extra eine löffelartige Kelle angefertigt. Mit ihr warf ich den Lehm mit Schwung in die Form, um den Lehm zu verdichten, bis die Form randvoll war. Die Oberfläche wurde geglättet und die Form zum Trocknen gebracht. Sobald sich die Masse festigte, konnte der Rahmen entfernt werden und die Steine in der Sonne weitertrocknen. An einem Tag konnte ich im Durchschnitt um die 150 Steine herstellen. Ich arbeitete abends im Schein einer kleinen Lampe. Morgens, nachdem ich vom Fischen und Tränken der Schafe zurück war, machte ich weiter, bis es zu warm zum Arbeiten wurde. Als ich genügend Steine hergestellt hatte, konnten wir endlich mit dem Mauern beginnen. Onkel Zizo steckte die Größe des Hauses und die der Zimmer ab und zog Schnüre, damit die Wände gerade wurden. Dann begann er zu mauern. Ich reichte ihm die Steine zu und stellte den Mörtel her. So haben wir nach und nach das Haus fertiggestellt.

Ein Haus zu bauen, das ist eine sehr schwere Arbeit. Oft war ich am Ende meiner Kräfte und weinte, weil ich dachte, ich würde das niemals schaffen. Meine Hände und mein Rücken taten mir weh und ich war so unendlich müde. Von meinen Geschwistern konnte mir beim Bau unseres Hauses keiner helfen. Die älteren Schwestern waren bereits verheiratet und wohnten nicht mehr bei uns, die großen Brüder waren ebenfalls ausgezogen oder leisteten gerade ihren Wehrdienst. Und die kleineren Geschwister gingen zur Schule oder waren einfach noch zu klein. So blieb die ganze Arbeit an mir hängen. Doch zum Glück gab es Onkel Zizo. Er kam und fragte: „Was ist los, Menawar? Warum weinst du?" Er legte tröstend seinen Arm um mich und munterte mich wieder auf: „Schau mal, wie viel du schon geschafft hast. Die ersten Wände stehen schon. Die restlichen Ziegel wirst du auch noch schaffen. Denk daran, wie schön das Haus werden wird." Er war wie ein Seelsorger für mich. Ohne ihn wären die Häuser bestimmt nicht fertig geworden – dieses Haus war nämlich nicht das erste Haus, an dessen Bau ich beteiligt war. Schon mit 13 Jahren habe ich gemeinsam mit meinem Bruder Gabriel ein Haus für meinen großen Bruder George gebaut. George leistete damals seinen Wehrdienst und kam deshalb nur sehr selten nach Hause, vielleicht zwei Mal pro Jahr. Er war verlobt und wollte nach seiner Zeit beim Militär heiraten. Bei uns ist es üblich, dass die Frau zu ihrem Mann zieht. Daher beschlossen wir, als Familie für George und seine Frau ein Haus auf unserem Grundstück zu errichten. So würden die beiden nach der Hochzeit bei uns wohnen können. Mein zwei Jahre älterer Bruder Gabriel und ich wurden mit der Herstellung der Ziegelsteine betraut. Also machten wir uns ans Werk. Onkel Zizo half uns auch damals schon beim Mauern. Es war ein kleines Haus, das wir für die beiden bauten. Es bestand nur aus drei Räumen. Wir waren aber mächtig stolz auf unser Werk. Wir hatten ein Haus gebaut – klein, aber fein! Nachdem wir es fertiggestellt hatten, warteten wir gespannt auf George und seine Verlobte. Wir waren sehr aufgeregt, als sie kamen, um sich das Haus anzusehen. Wir sahen erwartungsvoll in ihre Gesichter. Doch da war keine Spur von Freude zu sehen. Es war offensichtlich, dass das Haus der Verlobten meines Bruders nicht gefiel. Es war ihr zu klein und auch zu nahe an Georges Elternhaus gelegen. Sie verkündete, dass sie in dieses Haus nach ihrer Hochzeit nicht einziehen würde. Ich glaube, sie hatte

Angst, dann zu sehr unter der Kontrolle ihrer Schwiegermutter zu stehen.

Nach langem Hin und Her beschloss mein Vater, dass das Haus wieder abgerissen und nach den Wünschen der beiden Verlobten am anderen Ende des Gartens wieder aufgebaut werden sollte. Ich konnte es nicht fassen. All die Arbeit sollte umsonst gewesen sein? Ich war wie vor den Kopf geschlagen. Ich sollte das Haus wieder abreißen und neu aufbauen? Das konnte doch alles nicht wahr sein! Eine große Traurigkeit und Müdigkeit überfiel mich. Zu allem Überfluss war ich diesmal auch noch allein mit der Arbeit, denn mein Bruder Gabriel war nicht mit dabei. Er war aus irgendwelchen Gründen, an die ich mich heute nicht mehr erinnere, zu dieser Zeit nicht zu Hause. Na ja, zum Glück war ich nicht ganz allein. Onkel Zizo war noch da und hatte eine Idee, wie wir uns eine Menge Arbeit sparen konnten. Er sagte: „Komm, Menawar. Sei nicht traurig. Wir schaffen das! Wenn wir die Steine ganz vorsichtig voneinander trennen, bleiben sie heil und wir müssen sie nicht alle wieder neu herstellen. Du gehst auf die Mauer, löst die Steine und schlägst vorsichtig den Mörtel ab. Dann reichst du sie zu mir herunter und ich stapele sie auf. Du wirst sehen, dann sind wir schnell fertig und können bald schon ein neues Haus bauen." Und so machten wir es dann auch. Viele Steine konnten wir auf diese Weise retten. Einige fielen aber auch herunter und zerbrachen oder brachen gleich beim Lösen entzwei. Die kaputten Steine warfen wir auf einen Haufen und die heilen Steine stapelten wir auf. So bauten wir das Haus Stück für Stück wieder ab. Aber selbst die kaputten Steine waren nicht einfach Müll. Sie konnten eingeweicht und, mit neuem Lehm und Stroh vermischt, wieder zu Ziegelsteinen geformt werden. Während Onkel Zizo die Steine stapelte, löste ich immer schon vier bis fünf Steine, die ich ihm dann hinunterreichen konnte. Da geschah das Unglück. Ich drehte mich zu ihm um, um ihm von der Hausmauer herab einen Stein zu reichen. Dabei trat ich aus Versehen auf einen Ziegel, der bereits gelöst war. Ich stolperte und verlor das Gleichgewicht. Ich konnte mich nicht mehr halten, fiel von der Mauer hinunter und landete genau auf dem Haufen mit den kaputten Steinen. Ein harter Aufschlag! Gleichzeitig fielen auch noch die bereits gelösten Steine wie in einem Slapstick im Fernsehen auf mich herunter. An mehr kann ich mich nicht erinnern, denn beim Aufprall verlor ich das Bewusstsein. Als ich nach ungefähr zwei Stunden wieder aufwachte, lag ich im Bett und blickte in das besorgte Gesicht meiner Mutter. „Gott sei Dank, du bist wieder wach", sagte sie. „Der Arzt hat dich bereits untersucht. Es ist nichts gebrochen." Ich konnte ihr nicht antworten. Mir tat alles weh. Das konnte ich spüren, auch ohne mich zu bewegen. Am ganzen Körper hatte ich blaue Flecken und Schwellungen. Mein rechter Arm und mein Fuß waren verstaucht. Nun fiel ich erst einmal für einige Wochen auf dem Bau aus.

Onkel Zizo arbeitete unterdessen alleine weiter. Sobald ich mich aber wieder einigermaßen bewegen konnte, half ich ihm. Noch mit schmerzenden Gliedern stand ich auf der Baustelle und verrichtete einfache Handlangerarbeiten. Endlich hatten wir das ganze Haus abgerissen und konnten beginnen, es an der neuen Stelle wieder aufzubauen. Es wurde 50 cm länger und breiter als das alte Haus. Wegen 50 cm hatten wir uns diese ganze Arbeit gemacht und ich hätte beinahe mein Leben verloren. Warum wir dies taten, kann ich bis heute nicht verstehen.

# Kapitel 8
## Eine weitreichende Entscheidung

Ich möchte noch einmal auf das neue Haus zurückkommen, das ich für meine Familie baute. Ungefähr zweieinhalb Jahre arbeitete ich an seinem Bau. Im Frühjahr des dritten Jahres war es endlich so weit. Onkel Zizo und ich waren fast fertig. Wenn wir uns beeilten, könnten wir als Familie das neue Haus schon am Osterfest beziehen. Um aber diesen Einzugstermin zu schaffen, begann ich, auch am Sonntag zu arbeiten. Eigentlich ist der Sonntag für uns Christen ein heiliger Tag, ein Tag, an dem wir nicht arbeiten. Aber jetzt war mir das egal, denn die Fenster und Türen mussten noch gestrichen werden. Ich zog mir also meine Arbeitskleidung an, band mir ein Arabertuch um den Kopf, stieg auf die Leiter und begann zu pinseln. „Menawar, was machst du denn da?", hörte ich plötzliche eine Stimme. Es war meine Freundin Nadja. Sie stand da mit ihren blonden langen Haaren und in ihrem schönsten Sonntagskleid. „Hast du denn jetzt nicht einmal mehr am Sonntag Zeit, um dich ein wenig auszuruhen, dich zu unterhalten und zu amüsieren?" „Später wieder, wenn das Haus fertig ist. Es dauert ja nun nicht mehr lange", erwiderte ich. „Du kannst mir aber gerne Gesellschaft leisten. Mit etwas Unterhaltung streicht es sich gleich viel besser." Und so blieb meine Freundin bei mir und wir unterhielten uns, während ich arbeitete.

Auf einmal kam ein junger Mann auf den Hof, direkt auf uns zu und sprach uns an: „Hallo, könnt ihr mir helfen? Ich suche die Familie Youssef. Man hat mir gesagt, Herr Youssef sei ein wichtiger Mann hier im Ort und er könnte mich an einen Mann weiterempfehlen, der mir mein verletztes Handgelenk wieder einrenken kann." „Herr Youssef ist mein Vater", erwiderte ich. „Er ist aber nicht zu Hause. Ich kann Ihnen den Weg zu dem Heiler aber auch beschreiben. Nur mitkommen kann ich nicht, denn ich habe zu tun." Während ich noch am Erklären war, kam mein Bruder George um die Ecke und sprach den Fremden direkt an: „Hallo Gabriel! Was machst du denn hier?" Das war nun doch sehr merkwürdig. Woher kannte mein Bruder diesen Mann? Die beiden umarmten sich wie die besten Freunde und gingen dann gemeinsam in Georges Haus. Sein Vorhaben, sich das Handgelenk einrenken zu lassen, schien der Fremde völlig vergessen zu haben. Aber das konnte mir ja eigentlich auch egal sein, denn ich würde ihn sowieso nicht wiedersehen. Aber irgendwie ließen mich die Gedanken an ihn nicht los. Er sah gut aus, hatte dunkelblonde Haare und grüne Augen ... na ja, ein bisschen klein war er vielleicht. „Hast du gesehen, wie der dich angesehen hat? Der hat sich bestimmt in dich verliebt", witzelte ich gegenüber meiner Freundin. Und das wäre auch kein Wunder gewesen. Sie sah so gut aus in ihrem Sonntagskleid, während ich von Kopf bis Fuß voller Farbspritzer war und mich völlig unattraktiv fand.

Umso erstaunter war ich, als ein paar Tage später ein Mann aus unserem Dorf zu mir kam und mich fragte, ob ich mich an den jungen Mann erinnern könne, der vor ein paar Tagen bei uns gewesen sei. Er erzählte, dass dies ein Bekannter von ihm aus der Stadt sei, der auf Brautschau wäre. Er sei extra in unser Dorf gekommen, um mich zu sehen. Ich hätte ihm gut gefallen und er würde mich gerne wiedersehen, erzählte der Mann weiter. Ich erwiderte: „Du musst dich irren. Der meinte nicht mich. Er hat meine Freundin gesehen. Sie sah echt gut aus mit ihren langen blonden Haaren und dem schönen Kleid. Ich dagegen sah aus wie ein Arbeiter, noch dazu ein sehr schmutziger. Mich kann er bestimmt nicht gemeint haben." „Doch, Menawar, von dir hat er gesprochen." Ich glaubte ihm jedoch kein Wort. Nach ein paar Tagen kam der Mann wieder auf mich zu und fing erneut mit dem Thema an: „Menawar, mein Bekannter hat *dich* gemeint. Ich habe ihn noch einmal gefragt. Er möchte wiederkommen und deinen Vater fragen, ob er dich heiraten darf." Ich konnte mir immer noch nicht vorstellen, dass er recht hatte. Ein bisschen aufregend war die Vorstellung aber schon, dass dieser gut aussehende junge Mann um meine Hand anhalten wollte. Andererseits steckte der Liebeskummer und die Enttäuschung, dass nichts aus der Verbindung mit Djamil geworden war, noch tief in meinem Herzen, sodass ich auf eine Wiederholung gut verzichten konnte.

Wenig später gab es eine Hochzeit in unserer Nachbarschaft. Meine Freundinnen waren schon ganz aufgeregt: „Los komm, Menawar! Komm mit zur Hochzeit. Da kannst du endlich wieder ausgelassen sein und musst nicht immerzu nur an deine Arbeit denken." Widerstrebend ging ich mit. Aber ich hatte keine rechte Lust zum Feiern. Ich war so müde vom frühen Aufstehen und der ganzen Arbeit der vergangenen Wochen und Monate. Ich wollte lieber schlafen und so ging ich, nicht ahnend, was ich dadurch verpassen würde, schon früh wieder nach Hause. Der junge Mann aber hatte auch von der Hochzeit gehört und sich gedacht, dass dies die ideale Gelegenheit sei, um mich noch einmal zu sehen. Diesmal in schönen Kleidern und nicht bei der Arbeit. Also mietete er sich ein Taxi und kam aus seiner Stadt Kubur al-Bid zu uns aufs Dorf gefahren. Doch sein Bemühen war umsonst. So viel er auch auf der Feier umherschaute, nirgendwo konnte er mich entdecken. Ich lag bereits zu Hause im Bett und lauschte der Musik, die von ferne an mein Ohr drang. Ich kuschelte mich in mein Kissen, schloss die Augen und begann langsam einzuschlafen. Doch auf einmal horchte ich auf. Was war das? Schlagartig war ich hellwach und setzte mich in meinem Bett auf. Ganz deutlich hörte ich ein Liebeslied von der Hochzeitsfeier zu mir herüberklingen. Die Stimme, die es sang, klang schön und traf mich direkt ins Herz. Ich hatte das Gefühl, als würde dieses Lied nur für mich gesungen. Ich lauschte, bis der letzte Ton verklungen war. Mir war ganz warm ums Herz geworden. Mit einem zufriedenen Lächeln legte ich mich wieder hin und schlief ein. Wie sich später herausstellte, hatte mich mein Gefühl nicht getrogen. Der Sänger mit der schönen Stimme war der junge Mann gewesen. Er hatte auf der Hochzeitsfeier dieses Lied gesungen und dabei all seine Enttäuschung und Sehnsucht in die Melodie hineingelegt.

Doch so schnell gab er nicht auf. Er hatte viel Geld für das Taxi ausgegeben, um das Mädchen wiederzusehen – und nun sollte er unverrichteter Dinge wieder heimfahren? Das konnte und wollte er einfach nicht akzeptieren und so sagte er zu seinem Bekannten, dem Mann aus unserem Dorf: „Bevor ich abfahre, gehen wir noch zu Menawars Haus und klopfen an die Tür. Ich muss sie einfach sehen." Sein Bekannter war entsetzt: „Hast du schon mal auf die Uhr gesehen? Es ist mitten in der Nacht. Da können wir dort nicht einfach anklopfen und Menawar besuchen. Du bringst Schande über dich und mich." Doch er ließ nicht locker und so klopften sie schließlich bei uns an die Tür. Meine Schwägerin, Georges Frau, öffnete ihnen. Die beiden lächelten und sagten höflich: „Wir kommen gerade von der Hochzeitsfeier und wollten euch noch einen kurzen Besuch abstatten." Da bat meine Schwägerin die beiden herein und bereitete Kaffee für meine Eltern und die Gäste zu. Dies ist bei uns so üblich. Egal, wie spät es ist, die Gastfreundschaft gebietet es, jeden, der vor der Tür steht, hereinzubitten. Als sie so zusammensaßen und sich unterhielten, fragte auf einmal der Bekannte meine Mutter: „Wo ist denn eigentlich Menawar? Ich habe sie bei der Hochzeit gar nicht gesehen?" Sie antwortete, dass ich sehr müde wäre und deshalb schon früh schlafen gegangen sei. Nun wurde dem jungen Mann endgültig klar, dass er mich an diesem Tag nicht mehr sehen würde. Er hatte das Geld für das

Taxi tatsächlich umsonst ausgegeben und so fuhr er enttäuscht nach Hause. Doch er gab sein Vorhaben nicht auf. Es dauerte jedoch noch einige Wochen, bis er mich endlich wiedersah.

Es war damals bei uns nicht üblich, dass Mädchen mit Jungen sprachen, mit ihnen ausgingen oder gar in der Öffentlichkeit miteinander flirteten. Ehen wurden vermittelt. Wieder war es mein Bruder George, der alles ins Rollen brachte. Gabriel, so hieß der junge Mann, hatte von dem Mann aus unserem Dorf erfahren, dass ich im heiratsfähigen Alter sei. Unsere Familie war Gabriel nicht unbekannt, denn George hatte während seiner Ausbildung zum Automechaniker einige Zeit bei Gabriels Eltern gelebt. Er hatte sich auf deren Hof ein Zimmer gemietet. Daher kannten die beiden sich auch so gut und Gabriels Eltern wussten, dass meine Eltern einen guten Ruf im Dorf genossen. Dies ist für die Heiratsvermittlung enorm wichtig, denn wenn die Eltern einen guten Ruf haben, gilt dies bei uns auch für ihre Kinder. Somit kam ich als potenzielle Ehefrau für ihren Sohn infrage.

Die endgültige Entscheidung trifft aber meist die Mutter des Bräutigams. Dabei spielt neben dem guten Ruf der Familie auch das Aussehen der Braut eine entscheidende Rolle. Eine gute Figur war auch bei uns auf dem Heiratsmarkt von Vorteil. In den großen Städten Damaskus und Aleppo war es damals sogar üblich, dass die Mutter des Bräutigams ein Treffen in einer Frauensauna, einem sogenannten Hamam, organisierte. Dazu wurden die zukünftige Braut und ihre Mutter sowie Freundinnen, Tanten und Nachbarinnen eingeladen. Dort wurde das Mädchen dann von allen auf Hautunreinheiten und Cellulitis begutachtet. Nur wenn die Mutter des Bräutigams mit dem Aussehen der Braut zufrieden war, fand die Hochzeit statt.

Im Herbst stand daher der junge Mann gemeinsam mit seiner Mutter wieder vor unserer Tür. Sie waren überraschend zu Besuch gekommen. Ein Telefon, um sich vorher anmelden zu können, gab es nicht und einen Brief hatten sie auch nicht geschrieben. *Oh nein, auch das noch. Einen ungünstigeren Zeitpunkt hätten sie sich ja kaum aussuchen können, um auf Brautschau zu gehen,* dachte ich, denn ich war auch diesmal mitten bei der Arbeit. Wir hatten gerade unseren großen Schlachttag. Immer im Herbst wurden mehrere Schafe und der Mastbulle geschlachtet. Das Fleisch des Bullen portionierten wir und verteilten es an alle Familien in unserem Dorf. Die ärmeren Familien erhielten ein besonders großes Stück, denn sie konnten sich sonst kaum Fleisch leisten. Wir Mädchen verteilten das Fleisch an die christlichen Familien des Ortes, während die Jungen zu den muslimischen Familien gingen. Die Innereien und einen kleinen Anteil des Fleisches behielten wir für uns. Es wurde gebraten und meine Mutter machte daraus für uns ein Festessen. Das Schaffleisch wurde zu unserem Wintervorrat. Da wir keine Kühltruhe besaßen, wurde das Fleisch gekocht, eingepökelt und in einer Truhe gelagert. So hatten wir den ganzen Winter über genügend Fleisch. Jeden Sonntag wurde davon ein leckeres Mittagessen gekocht. Da stand ich nun, in Gummistiefeln, in einem Arbeitskleid, mit Dreck und Blut beschmiert. Nicht gerade das Outfit, in dem man seiner zukünftigen Schwiegermutter das erste Mal unter die Augen treten möchte. Ich wäre am liebsten im Boden versunken, als ich das Auto auf den Hof kommen sah. Meine Eltern und ich unterbrachen unsere Arbeit, machten uns schnell ein bisschen zurecht und baten unsere Gäste ins Haus. Wir setzten uns auf den Boden und ich servierte Kaffee.

Bei solchen Anlässen gibt es bei uns ein kleines Ritual, durch das man, ohne viele Worte machen zu müssen, die den anderen vielleicht beleidigt hätten, zeigen kann, ob man an der Braut weiterhin interessiert ist oder nicht. Zu dem Kaffee, der in kleinen Mokkatässchen serviert wird, gibt es auch ein Glas Wasser für den Brautbewerber. Nun ist es entscheidend, in welcher Reihenfolge dieser nach den Getränken greift. Nimmt er zuerst einen Schluck Wasser, so bedeutet dies: „Du gefällst mir. Ich würde dich gerne näher kennenlernen." Greift er aber zuerst zu dem Kaffee und dann zum Wasser, so bedeutet das: „So, wie ich den Kaffee aus meinem Mund spüle, so spüle ich dich aus meinem Leben." Manche Mädchen machten sich einen Spaß daraus und verschärften diesen Test noch, indem sie Salz statt Zucker in den Kaffee taten. Wenn der Mann den Kaffee, ohne sich etwas anmerken zu lassen, trank, dann wussten sie, dass er echtes Interesse an ihnen besaß. Ich beschränkte mich aber auf gesüßten Kaffee und Wasser. Ich trug das vorbereitete Tablett mit den Kaffeetassen und Wassergläsern ins Wohnzimmer. Meine Hände zitterten. Ich war ja zum ersten Mal in einer solchen Situation und dieser Moment konnte über mein ganzes weiteres Leben entscheiden. Viele Gedanken schossen mir durch den Kopf: „Was waren das für Menschen? Wo lebten sie? Würde mein Vater dieses Mal einer Hochzeit zustimmen? Würde ich selbst mitentscheiden dürfen oder würden meine Wünsche wieder übergangen werden? Was würde passieren, wenn er mich ablehnte? Das wäre eine Katastrophe und eine Schande für meine ganze Familie." Mein Herz pochte mir bis zum Hals. Wie würde er sich entscheiden? Ich versuchte, mir meine Nervosität nicht anmerken zu lassen, und reichte ihm so ruhig wie möglich das Tablett. Dabei schaute ich ihn ängstlich und erwartungsvoll an. Welche Erleichterung spürte ich, als er zielstrebig zum Wasserglas griff und mir dabei freundlich in die Augen blickte. Diese erste Hürde hatte ich genommen. Mehr haben wir an dem Tag gar nicht miteinander „geredet". Alles Weitere haben er und seine Mutter mit meinen Eltern besprochen. Ich saß nur daneben und hörte ihnen zu. Mit diesem ersten offiziellen Besuch war die Heirat aber noch nicht endgültig besiegelt. Beide Seiten hatten Zeit, sich über die Vor- und Nachteile einer solchen Verbindung Gedanken zu machen.

Etwa einen Monat später kamen seine Eltern ein weiteres

Mal zu uns nach Hause und fragten meinen Vater, ob ihr Sohn Gabriel mich heiraten dürfe. Meinen Eltern war nun klar, dass der junge Mann ernste Absichten hatte, mich zu heiraten. Deshalb beschlossen sie, nun auch mich nach meiner Meinung zu fragen. Meine Mutter kam zu mir und fragte: „Du weißt, warum diese Leute gekommen sind? Ihr Sohn möchte dich heiraten. Wie stehst du dazu? Möchtest du seine Frau werden?" Ich war hin- und hergerissen. Gabriel machte einen sympathischen Eindruck, aber ich kannte ihn ja nicht wirklich. Von Verliebtheit konnte keine Rede sein. Woher sollte ich wissen, welches die richtige Entscheidung war? Also antwortete ich: „Papa soll entscheiden. Wenn er *Ja* sagt, dann werde ich Gabriel heiraten, wenn Papa *Nein* sagt, dann ist das für mich auch in Ordnung." Mit dieser diplomatischen Antwort ging meine Mutter zu den anderen zurück. Mein Vater erbat sich daraufhin noch einen Monat Bedenkzeit. Er wollte nun seinerseits noch weitere Erkundigungen über die Familie Safar einholen. Dafür traf es sich gut, dass einer meiner Onkel in der Nachbarschaft von Gabriels Familie wohnte. Er lebte sozusagen Wand an Wand mit ihnen, da die Rückwände ihrer Häuser aneinanderstießen. Nachdem mein Onkel und noch einige andere Bekannte bestätigt hatten, dass die Familie Safar in Ordnung sei, dass sie sehr gläubig wären und Gabriel ein fleißiger junger Mann sei, der wisse, was er wolle, gab mein Vater sein Einverständnis zu dieser Hochzeit.

Nun begannen die Vorbereitungen für die Verlobungsfeier auf Hochtouren zu laufen. Die Feier sollte noch vor Weihnachten bei uns auf dem Hof stattfinden. Es war immer ein großes Ereignis auf dem Dorf, wenn eine Verlobung oder gar eine Hochzeit anstand. Alle Freunde und Bekannten aus dem Ort würden kommen. Wir säuberten den Hof und schmückten ihn mit bunten Lichterketten. Mein Vater schlachtete ein Schaf und meine Schwestern bereiteten daraus ein Festessen vor. Sie kochten weiße Bohnen und mischten sie mit dem Schaffleisch zu einer Art Gulasch. Ein riesiger Topf voll davon stand auf dem Feuer. In anderen Töpfen wurde Reis gekocht. Ich denke, insgesamt waren es bestimmt 30 kg Reis, die für das Festessen benötigt wurden. Alle waren gut gelaunt und voller Erwartung. Alle außer mir. Mir wurde immer mulmiger, je näher der Zeitpunkt der Verlobung rückte. Dann war der Augenblick da. Das Auto mit Gabriel und seinen Eltern fuhr auf den Hof. Sie hatten eine große Menge Bonbons mitgebracht, die an die Gäste verteilt wurden. Außer ihnen waren noch Verwandte und Freunde aus der Stadt mitgekommen. Die Leute aus unserem Dorf waren sowieso alle mit dabei, dazu brauchte keiner extra eingeladen zu werden. Damit jeder Gast einen Sitzplatz hatte, hatten wir vorher aus dem ganzen Ort Stühle zusammengetragen und auf unserem Hof zu einem großen Sitzkreis aufgestellt. Für mich und Gabriel standen zwei Stühle direkt neben unserem Hauseingang bereit. Alle setzten sich und mein Vater wählte sich seinen Platz direkt uns gegenüber. Ich fühlte seinen Blick auf mir ruhen und wurde ganz nervös, mein Herz schlug mir bis zum Hals. Ich wollte nichts falsch machen, wollte ihn nicht beschämen. Er war ein sehr liebevoller, aber auch sehr strenger Vater. Der gute Ruf unserer Familie war ihm extrem wichtig. Darum achtete er immer besonders sorgsam darauf, dass seine Kinder und insbesondere seine Töchter sich sehr sittsam verhielten.

Da saß ich nun in meinem blauen Kleid, und der Mann, den ich heiraten sollte, saß direkt neben mir. Alle Augen waren auf uns gerichtet. Gabriels Mutter kam auf uns zu und überreichte mir eine goldene Halskette mit einem Kreuz daran und dazu passende Ohrringe. Außerdem steckte sie mir den Verlobungsring auf die rechte Hand. Anders als in Deutschland üblich, wird bei uns der Ring als Zeichen für das Kennenlernen zuerst rechts getragen und nach der Hochzeit auf die linke Hand, auf die Seite des Herzens, gesteckt. Damit waren wir offiziell verlobt. Die Gäste gratulierten uns, indem die Frauen ein Freudengeschrei anstimmten, das so ähnlich wie Indianergeheul klingt: „Li, li, li, li, li!" Die Männer holten ihre Pistolen und Gewehre hervor und schossen damit vor Freude in die Luft. Danach wurde gegessen und getanzt. Es herrschte eine ausgelassene Stimmung. Nur ich konnte das Fest, das extra für mich gefeiert wurde, nicht genießen. Gabriel bemerkte meine Nervosität und versuchte, ein Gespräch mit mir anzufangen. Dafür rückte er seinen Stuhl ein wenig näher an meinen heran. Doch aus Angst, dass diese Nähe meinem Vater missfallen könnte, rückte ich meinen Stuhl schnell von ihm ab. So saßen wir am Ende recht weit voneinander entfernt und schwiegen uns an. Mein einziger Gedanke war: „Hoffentlich ist der Abend bald zu Ende und die Feier endlich vorbei." Ich hatte keine Lust zum Tanzen und auch alle weiteren Gesprächsversuche von Gabriels Seite aus liefen völlig ins Leere. Ich wollte einfach nur weg!

Endlich hatte ich es geschafft. Die Feier war zu Ende und die Gäste gingen nach Hause. Als alle fort waren und auch Gabriel und seine Eltern aufbrechen wollten, nahm mein Vater Gabriel beiseite und sagte zu ihm: „Willkommen, mein Junge! Du gehörst jetzt zur Familie. Aber ich habe Regeln und ich möchte, dass du dich daran hältst. Von heute an bis zu eurer Hochzeit möchte ich dich nicht mehr bei uns auf dem Hof oder im Dorf sehen. Ich möchte nicht, dass du Menawar besuchst oder sie zu dir einlädst. Sie wird nicht kommen. Ich habe versprochen, dass sie deine Frau wird, du kannst sie jederzeit heiraten, aber bis dahin gelten meine Regeln!" Gabriel sah etwas erschrocken aus, sagte aber dann: „Ja, Onkel, wenn du das so willst, werde ich so handeln." Wie ich schon erwähnte, ist die Bezeichnung „Onkel" bei uns allen älteren Männern im Bekanntenkreis gegenüber üblich. Aus Respekt würde man nie einen älteren Mann mit seinem Vornamen anreden. Die Worte meines Vaters stoßen bestimmt auf Verwunderung. Sie können nur unter den Umständen, in denen wir lebten, verstanden werden: Wir waren eine christliche Minderheit in einer muslimischen Umgebung. Mein Vater wollte nicht, dass unter unseren muslimischen Nachbarn schlecht über uns und damit über die Christen im Allgemeinen geredet wurde. Um jeden Verdacht, dass mein Verlobter und ich vor der Hochzeit nicht in der angemessenen Weise miteinander umgehen würden, von vornherein auszuschließen, stellte er nun besonders strenge Umgangsregeln auf.

So ganz zufrieden konnte sich Gabriel mit der Anordnung meines Vaters dann aber doch nicht geben. Er wollte seine zukünftige Frau gerne besser kennenlernen und so gelang es ihm tatsächlich, mich vor unserer Hochzeit im Februar noch zweimal zu sehen und zu sprechen. Zunächst kam er auf die Idee, mich zur Silvesterfeier einzuladen. Seine Eltern kamen deswegen extra zu uns aufs Dorf gefahren und baten meinen Vater um seine Erlaubnis. Er sagte aber wie erwartet: „Nein, das kommt überhaupt nicht infrage! Ich habe das eurem Sohn deutlich zu verstehen gegeben." Bei seinen Worten fing ich an zu weinen, denn ich wollte mir diese Chance, meine zukünftige Familie kennenzulernen, nicht entgehen lassen. Doch mein Vater blieb bei seinem *Nein*. Da schalteten meine zukünftigen Schwiegereltern meinen Onkel, ihren Nachbarn, ein. Erst nachdem sowohl dieser als auch meine Mutter sich für das Treffen eingesetzt hatten, willigte mein Vater schließlich widerstrebend ein: „Na gut, Menawar, du darfst fahren, aber nicht allein. Dein Bruder Fahmi wird dich begleiten. Und ich bestehe darauf, dass du nicht bei der Familie Safar übernachtest, sondern bei deinem Onkel." Dieser war für meinen Vater eine Autoritätsperson. Er war der älteste Bruder meiner Mutter, und da ihr Vater schon früh verstorben war, nahm mein Onkel gegenüber meinem Vater sozusagen die Stellung des Schwiegervaters ein. Und so kam es, dass ich Silvester in Kubur al-Bid feierte. Mein Bruder nahm seine Funktion als „Aufpasser" zum Glück nicht so ernst und so hatte ich damals zum ersten Mal die Gelegenheit, mich ungestört mit Gabriel zu unterhalten. Er war wirklich sehr nett und charmant und sehr bemüht, mir meine Ängste vor der Zukunft zu nehmen.

Das zweite Mal trafen wir uns kurz vor der Hochzeit in der Stadt. Ich war mit meiner Mutter und meiner großen Schwester Djamile unterwegs, um meine Aussteuer zu vervollständigen. Einen Teil hatte ich aber bereits selbst angefertigt. Seit meinem fünfzehnten Lebensjahr hatte ich jeden Winterabend unter Aufsicht meiner Mutter im Schein der Lampe gearbeitet. Ich hatte eine Überdecke für das Bett gehäkelt und verschiedene Tischdecken und Deckchen bestickt. Nun brauchte ich noch Kleider, Unterwäsche, Schuhe, Schmuck, Parfüm und eine Handtasche. Ich sollte gut ausgestattet in mein neues Leben starten. Djamile beriet mich und so hatten wir nach einiger Zeit schon eine Menge schöner Dinge zusammen. Plötzlich stand Gabriel vor uns. Irgendwie hatte er von unserer Einkaufstour erfahren und gleich seine Chance genutzt, um mich wiederzusehen. Nachdem er uns begrüßt hatte, rückte er mit dem Grund seines Auftauchens heraus: „Bitte Tante, darf ich kurz mit Menawar zum Tischler gehen? Ich habe dort ein Schlafzimmer für uns anfertigen lassen. Ich muss doch wissen, ob es Menawar gefällt. Bitte, darf sie kurz mitkommen und es sich ansehen?" Meine Mutter war ganz verunsichert. Einerseits wollte sie ihm die Bitte nicht abschlagen, andererseits befürchtete sie großen Ärger, wenn mein Vater davon erfahren sollte. Wie sollte sie reagieren? Nachdem sie einige Zeit angestrengt überlegt und Gabriel sie die ganze Zeit über bittend angesehen hatte, sagte sie schließlich: „In Ordnung. Du darfst Menawar kurz mitnehmen und ihr das Schlafzimmer zeigen. Ich werde hier in diesem Geschäft auf euch warten. Damit euch möglichst niemand gemeinsam sieht, bitte ich euch, getrennt dorthin zu gehen. Ich möchte nicht, dass Vater davon erfährt."

Gabriel war glücklich, dass sein Wunsch ihm gewährt worden war, und ging los. Ich folgte ängstlich und nervös auf der anderen Straßenseite. Hoffentlich ging das gut! Vor Aufregung raste mein Herz wie verrückt. Doch wir kamen ohne Probleme bei der Tischlerei an und dort stand das Schlafzimmer, das Gabriel ausgesucht hatte. Die Möbel waren aus hellem Holz gefertigt und gefielen mir sehr gut. Sogar an einen Ankleidetisch mit Spiegel hatte er gedacht. „Das hast du gut ausgesucht. Es ist perfekt", sagte ich. Gabriel strahlte mich an und ich lächelte zurück und fühlte mich auf einmal sehr gut bei unserem kleinen Abenteuer. Doch jetzt mussten wir schnell zurück, um meine Mutter nicht weiter zu beängstigen oder zu verärgern. Gabriel sagte zu mir: „Na, wie gefällt dir die Stadt? Du wirst sie bald noch viel besser kennenlernen." Doch zu seiner Verwunderung erwiderte ich: „Ich kenne diese Stadt. Ich bin schon oft hier gewesen, wenn ich meinen Onkel besucht habe. Ich bin dann sogar an der Bushaltestelle vor eurem Haus aus- und eingestiegen. Jetzt war Gabriel verblüfft: „Und ich habe dich *nie* gesehen? Das kann doch fast nicht wahr sein!" Mit bester Laune – aber immer noch auf getrennten Straßenseiten – kehrten wir dann zurück zu meiner Mutter.

Neben der Aussteuer waren natürlich das Brautkleid und die dazu passenden Schuhe sehr wichtig. Die Schuhe, weiße Ballerinas, hatte ich bereits. Sie waren mit einer Schleife verziert, hatten aber keinen Absatz, damit ich nicht größer als Gabriel war. Nun fehlte nur noch das Kleid. Dieses zu besorgen ist in Syrien traditionell Aufgabe der Eltern des Bräutigams. Zwei Tage vor der Hochzeit kam meine Schwiegermutter daher mit einem Kleid zu uns nach Hause, das sie irgendwo ausgeliehen hatte. Ich probierte das Hochzeitskleid an, doch es gefiel mir gar nicht. Es war alt und abgetragen. Die Farbe hatte sich schon von Weiß in Beige verwandelt. Außerdem war es viel zu eng und zu kurz. So hatte ich mir mein Hochzeitskleid nicht vorgestellt. Ich war aber viel zu schüchtern, um ihr das auch zu sagen. Und so antwortete ich auf ihre Worte „Mit ein paar kleinen Änderungen kannst du das Kleid gut zur Hochzeit tragen" nur mit „Ja Tante, wie du meinst." Meine Schwester Djamile jedoch hatte mich beobachtet und genau gesehen, dass mir das Kleid nicht gefiel. Als meine Schwiegermutter gegangen war, sah sie sich das Kleid genauer an und sagte bestimmt: „Das trägst du auf keinen Fall. Ich sage Papa Bescheid. Sie sollen dir ein besseres Kleid besorgen, wenn nicht, wird Papa dir sicher ein Schöneres kaufen." Nachdem sich meine Eltern das Kleid ebenfalls genau angesehen hatten, stimmten sie Djamile zu und teilten der Familie Safar mit, dass ich dieses Brautkleid nicht anziehen würde. Sie fragten Gabriels Eltern, ob sie nicht in der Lage wären, ein besseres Kleid zu besorgen oder ob sie sich selbst darum kümmern müssten. Gabriels Eltern waren zunächst beleidigt und reagierten nicht. Gabriel jedoch war einsichtig und beschloss, dass ich ein Kleid tragen sollte, das mir wirklich gefiel. Am nächsten Tag schickte er daher seine Schwester Zamira und einen Bekannten, der Bekleidungsverkäufer war, zu uns nach Hause. Dieser nahm meine genauen Maße und fuhr dann mit Zamira in die Stadt, um ein richtig schönes Kleid für mich zu kaufen. Die beiden erfüllten ihre Aufgabe gut. Ich sah in dem Hochzeitskleid aus wie eine Prinzessin. Heute tut es mir leid, dass ich es nicht aufbewahrt habe.

# Kapitel 9
## (K)ein Freudentag

Endlich war das Hochzeitsfest gekommen. Mit dem Polterabend würden die Hochzeitsfeierlichkeiten und damit verbunden ein neuer Lebensabschnitt für mich beginnen. Eine Mischung aus Unsicherheit, Angst vor der Zukunft und Panik hatte sich in mir breitgemacht. Hatte ich mich am Tag zuvor bei der Anprobe des Hochzeitskleides noch wie eine Prinzessin gefühlt, so wünschte ich mich nun weit weg von diesem Ort und von all dem, was mit dieser Hochzeit in Verbindung stand. Doch es gab kein Entrinnen. Die Gäste trafen bereits ein: Tanten, Onkel, Cousins, Cousinen, Freunde und die Eltern und Geschwister von Gabriel. Nur Gabriel selbst würde nicht kommen. Ihm als Bräutigam war es nicht erlaubt, die Braut so kurz vor der Hochzeit noch zu sehen. Ich würde den Abend ganz alleine durchstehen müssen.

Wieder war ein großer Stuhlkreis auf unserem Hof gebildet worden. Nachdem alle Gäste eingetroffen waren, begann die Musik zu spielen, die Mädchen tanzten, die Frauen ließen wieder ihre Freudenschreie „Li, li, li, li, li!" erklingen und die Männer schossen mit ihren Gewehren in die Luft. Einer meiner Cousins war so begeistert, dass er sogar *im Haus* geschossen hat. Die Einschusslöcher waren noch lange in der Wohnzimmerdecke zu sehen. Ich ließ das alles teilnahmslos an mir vorüberziehen. Erst als mich nach einiger Zeit die Frauen aufforderten, mit ihnen und den unverheirateten Mädchen ins Haus zu kommen, kam wieder etwas Leben in mich hinein. Ich folgte ihnen und setzte mich auf einen Stuhl, der im Wohnzimmer für mich bereitstand. Die Mädchen stellten sich im Kreis um mich herum.

Vor mir auf dem Boden stand ein mit Blumen geschmücktes Tablett mit Henna. Ich erhob mich, nahm das Tablett in die Hand und begann zu tanzen, so wie es von mir erwartet wurde. Dann setzte ich mich wieder. Nun kamen die Mädchen zu mir, um den Ringfinger meiner linken Hand, also den Finger, auf den am nächsten Tag der Ehering gesteckt werden würde, sowie die Handfläche mit Henna einzufärben. Bei vielen Feiern ist es üblich, dass die Braut von den Mädchen dafür Geld verlangt. Die Geldscheine werden dann um den Finger und um die Hand gewickelt und mit Schleifenband dort befestigt. Mit dem Geld geht die Braut nach der Hochzeit mit ihren Freundinnen gemeinsam aus. Doch mein Vater hatte mir am Tag zuvor strengstens verboten, Geld dafür zu verlangen, denn er wollte nicht als Bittsteller im Dorf dastehen. Aber nun kamen einige meiner Freundinnen zu mir und sagten: „Dein Vater hat seine Meinung geändert. Du sollst doch Geld nehmen." Ich wurde unsicher und wusste nicht, wie ich mich verhalten sollte. Konnte das wirklich sein? Verwirrt schaute ich mich im Zimmer um. Da kam mir meine Cousine zu Hilfe. Sie ging hinaus, um meinen Vater um Rat zu fragen. Meine Freundinnen redeten derweil immer weiter auf mich ein. Plötzlich kam mein Vater energisch ins Haus geschritten. Als ich in sein finsteres Gesicht sah, wusste ich Bescheid: Er hatte seine Meinung nicht geändert! Erleichtert hielt ich meinen Freundinnen nun die Hand einfach so hin und sie begannen, sie rot zu färben und mit einem Tuch zu umwickeln. Anschließend wurden vor Freude Bonbons geworfen und allen nicht verheirateten Mädchen wurde nun ebenfalls die linke Hand gefärbt. Damit wünscht man ihnen – ähnlich wie in Deutschland durch das Werfen des Brautstraußes –, dass sie ebenfalls bald heiraten werden. Nach dieser Zeremonie fuhren Gabriels Eltern und Geschwister nach Hause und nahmen das Tablett mit dem Henna mit, um auch Gabriels Finger rot zu färben. Sie feierten zu Hause weiter, während ich mit meinen

Freunden und Geschwistern auf unserem Hof bis in den späten Abend hinein zusammen war.

Am nächsten Morgen reiste extra eine Friseurin aus der Stadt an, um mir die Haare zu frisieren. Ich zog mein Hochzeitskleid an und wurde geschminkt. Ich sah wirklich wunderschön aus, doch eine Kleinigkeit gefiel mir an dem Kleid nun doch nicht: Es war zu tief ausgeschnitten. So würde ich mich bei der Hochzeit nicht wohl fühlen. Ich hätte die ganze Zeit über das Gefühl, alle starren auf meinen Ausschnitt. Was sollte ich machen? Um das Kleid zu ändern, war es zu spät. Ich überlegte hin und her und nahm schließlich einfach eines meiner weißen bestickten Taschentücher und steckte es mir in den Ausschnitt. Nun gab es nichts mehr zu sehen. Erst für die Hochzeitsfotos nahm ich das Taschentuch dort wieder weg. Es war damals üblich, dass die Brauteltern an der Hochzeitsfeier nicht teilnahmen. Dies sollte symbolisieren, dass sie ihre Tochter mit der Heirat an eine neue Familie weitergeben. Ich war sehr traurig, als mir bewusst wurde, dass meine Eltern nicht mitkommen würden. Nur meine älteren Geschwister und einige Onkel und Tanten würden bei der Hochzeitsfeier dabei sein. Meine Mutter nahm mich nun beiseite und überreichte mir zwei weiße Tücher, etwa in der Größe eines Geschirrhandtuchs. „Diese legst du in der Hochzeitsnacht in euer Bett", sagte sie. Nun begann sie mich aufzuklären, was in der Hochzeitsnacht auf mich zukommen würde. Ich hatte bis dahin davon keine Ahnung gehabt. Das, was sie erzählte, machte mir Angst. Musste ich das wirklich durchstehen? Würde das wehtun? Und wenn nachher kein Blut auf den Tüchern wäre? Nach der Hochzeitsnacht würden meine Schwiegereltern nämlich die Tücher sehen wollen. War Blut darauf, wussten sie, dass ich tatsächlich noch Jungfrau gewesen war. Wenn dies nicht der Fall wäre, könnte die Ehe annulliert werden, ich müsste in unser Dorf zurückkehren und hätte Schande über meine Familie gebracht. Diese Ängste setzten sich in meinem Kopf fest und begleiteten mich durch den ganzen Tag, sodass ich meinen Hochzeitstag nicht genießen konnte.

Nachdem meine Mutter mir das alles erzählt hatte, wäre ich am liebsten zu Hause geblieben. Doch dazu war es nun zu spät. Schon kam das Taxi, ein mit Blumen und Bändern geschmückter gelber Mercedes, den Gabriel extra für mich gemietet hatte, auf den Hof gefahren, um mich in die Stadt zu bringen. Ich stieg gemeinsam mit meinem Bruder George in das Taxi. Er als ältester Bruder hatte die Pflicht, mich zu meiner neuen Familie zu bringen. Ich weinte bitterlich. Ich wollte meine Familie nicht verlassen. Was wäre, wenn mich Gabriels Familie doch nicht gut behandeln würde? Als Ehefrau hatte ich so gut wie keine Rechte. Ich hatte meinen Mund zu halten und meinem Mann und den Schwiegereltern zu gehorchen. Meine Eltern kamen zum Auto, küssten und segneten mich. Sie baten Gott, mir zu helfen, eine gute Ehefrau zu sein, die allen ihren Pflichten in guter Weise nachkommen kann. Dieser Segen tröstete mich aber nur wenig. Ich küsste meinen Eltern die Hände, die Wagentür schloss sich und das Taxi setzte sich in Bewegung. Die anderen Gäste aus unserem Dorf folgten uns in einem Bus. Mein Vater hatte ihn gemietet, damit alle Bewohner unseres Dorfes, die an der Feier teilnehmen wollten, die Möglichkeit dazu bekamen. Ein eigenes Auto hatte damals fast niemand. Während wir in Richtung Stadt fuhren, standen mir immer noch die Tränen in den Augen. Erst als wir die Stadtgrenze erreicht hatten, bemühte ich mich, nicht mehr zu weinen, um bei der Feier nicht verheult auszusehen.

Das Taxi fuhr vor der Kirche vor, mein Bruder George öffnete mir die Tür und geleitete mich zu Gabriel, der schon an der Kirchentür auf mich wartete. Gabriel lächelte mich freundlich an, nahm meine Hand und ging mit mir durch die Kirche nach vorne zum Altar. Dort wartete der Priester auf uns und die Hochzeitszeremonie begann damit, dass uns goldene Kronen auf den Kopf gesetzt wurden, mit denen wir wie König und Königin aussahen. Dann wurden viele Lieder gesungen und der Priester begann über die Bedeutung der Ehe zu sprechen. Ich konnte ihm jedoch nicht folgen und nahm die ganze Zeremonie nur wie durch Nebelschwaden wahr, denn mein Kopf war ganz und gar mit Angst vor der Hochzeitsnacht gefüllt. Wie ein Roboter tat ich alles, was von mir erwartet wurde. Wir als Brautpaar zogen unsere Verlobungsringe von der rechten Hand und gaben sie ihm. Er betete über den Ringen und segnete damit unsere Ehe. Dann steckte er uns die Ringe an die linke Hand. Dies ist die Seite des Herzens und bedeutet, dass wir versprechen, einander treu zu sein und für immer zusammenzubleiben. Nun hob Gabriel meinen Schleier beiseite und küsste mich auf die Stirn. Anschließend küssten wir beide, so wie es bei uns üblich ist, die Hand des Priesters und die Frauen stießen wieder den Freudenschrei „Li, li, li, li, li!" aus. Damit waren wir Mann und Frau. Eine standesamtliche Trauung, wie sie in Deutschland üblich ist, gibt es in Syrien nicht. Es genügt, wenn man mit den Kirchenpapieren am nächsten Tag zum Amt geht und die Eheschließung dort registrieren lässt. Dann erhält man sein Familienstammbuch.

Nach der Trauung ging es im Autokorso zu Gabriels Elternhaus, wo auch wir beide nach der Hochzeit leben würden. Seine Eltern hatten einen großen Hof, den sie für die Feier zum Schutz gegen Regen und Sonne mit einer schwarzen Zeltbahn überspannt hatten. Im Hof standen viele Stühle bereit für all die Gäste, die jetzt kommen würden. Vor dem Hoftor aber kam die Hochzeitsgesellschaft erst einmal ins Stocken. Es musste nämlich zunächst nach traditioneller Weise ein Lamm geschlachtet werden. Mit einem Messer musste ich nun etwas von dem Blut des Lammes nehmen und ein Kreuz an den Hofpfosten malen. Dieses Ritual erinnert an das erste Passahfest der Israeliten in

Ägypten, bei dem sie ihre Türpfosten mit dem Blut eines geschlachteten Lammes bestrichen, damit der Todesengel vorüberging. Mit dem Zeichen des Kreuzes am Hofpfosten bat ich darum (übertragen auf unsere Situation als Frischverheiratete), dass Gott seinen Segen auf unser Heim und unsere Familie legt und alles Böse fernhält.

Nun ging die Feier richtig los. Es gab gutes Essen und viel Musik und Tanz bis in den späten Abend hinein. Ich aber konnte die ganze Feier nicht genießen. Ich absolvierte meinen Hochzeitstanz mit Gabriel, war aber in Gedanken schon bei der anstehenden Hochzeitsnacht, vor der ich inzwischen richtig Panik hatte. Vor Aufregung begann ich zu frieren und so sehr zu zittern, dass ich mir schließlich sogar ein wärmeres Kleid und eine Jacke überzog. Am späten Abend nahm ich wahr, dass die ersten Gäste nach Hause gingen und ich wusste, dass mir jetzt das bevorstand, wovor ich mich den ganzen Tag schon gefürchtet hatte: die Hochzeitsnacht! Meine Familienangehörigen würden nicht eher nach Hause fahren, bis wir den Beweis erbracht hatten, dass ich tatsächlich als Jungfrau in die Ehe gegangen war. Eines der weißen Tücher mussten sie als Beweisstück mit ins Dorf bringen. Damit wäre dann für alle sichtbar, dass ich ein anständiges Mädchen gewesen war und dem guten Ruf meiner Familie nicht geschadet hatte. Also zogen Gabriel und ich uns in unser Schlafzimmer zurück. Die weißen Tücher lagen auf dem Laken, um die Beweise aufzunehmen, aber ich saß zitternd und weinend auf dem Bett. Gabriel gab sich die größte Mühe, mir die Angst zu nehmen. Er legte tröstend seinen Arm um mich und redete mir gut zu. Auch ihm war diese Situation unangenehm und es lastete ein enormer Druck auf ihm. Hier saß seine ängstlich weinende Ehefrau, der er keine Gewalt antun wollte, aber draußen standen ungeduldig die Verwandten vor der Tür, um endlich Beweise zu erhalten.

Die Zeit verging und wir kamen nicht zurande. Da klopfte

es an die Tür und seine Mutter streckte den Kopf herein, um zu fragen, wann wir denn nun endlich fertig seien. Da wurde es Gabriel zu viel. Er sprang aus dem Bett, ging zur Tür und schrie die davor versammelte Verwandtschaft an, sie sollten gefälligst ruhig abwarten und uns nicht wieder stören. Dann kam er zu mir zurück, redete weiter liebevoll auf mich ein und versuchte, mir meine Angst zu nehmen. Er war wirklich sehr geduldig und gab nicht auf. Er verwies auf die Tradition, die dies von uns verlangte, sowie den guten Ruf meiner und seiner Familie, der auf dem Spiel stand, wenn wir nun nicht miteinander schliefen. Endlich sagte ich: „Ich bin bereit, aber mach das Licht aus. Doch bevor ich endgültig deine Frau werde, muss ich dir noch etwas erzählen. Ich möchte nicht mit einem Geheimnis in unsere Ehe starten." Ich spürte nun deutlich, dass ich Gabriel vertrauen konnte und er mich verstehen würde. So erzählte ich ihm die ganze Geschichte meiner unglücklichen Liebe zu Djamil und dass ich in diese Heirat nur eingewilligt hatte, weil mir erzählt worden war, dass meine große Liebe eine andere Frau geheiratet hat. Ich fühlte mich erleichtert, als das heraus war. Wie ich gehofft hatte, verstand Gabriel mich und auch er erzählte mir nun einiges aus seinem Leben. Wir begannen, uns besser kennenzulernen und einander zu vertrauen. Gabriel nahm mich nun behutsam in den Arm und ich wurde seine Frau.

Inzwischen war es schon fast Morgen geworden, es begann bereits zu dämmern. Die Verwandtschaft stand nach wie vor ungeduldig vor der Tür und wartete, dass wir endlich „fertig werden" würden. Als die Verwandten mitbekamen, dass Gabriel ins Badezimmer gegangen war, ging daher auch sofort die Schlafzimmertür auf und die Verwandtschaft strömte zu mir herein! Man muss sich das mal vorstellen – ich saß nur in meinen Bademantel gehüllt auf dem Bett und meine Schwiegermutter, meine und Gabriels Tanten und Schwestern sowie die Trauzeugin kamen ins Zimmer. Ich schämte mich, dass sie mich so im Bett sitzen sahen. Sie aber nahmen die Tücher hoch, stießen wieder die Freudenschreie „Li, li, li, li li!" aus und eine nach der anderen beglückwünschte mich. Ich dachte nur: „Lasst mich alle in Ruhe. Was gibt es denn da zu beglückwünschen?" Meine Schwiegermutter nahm nun die Tücher an sich. Eins behielt sie, das andere nahm mein Bruder mit nach Hause, um es meiner Mutter zu geben.

Es war ein wirklich fürchterlicher Brauch. Ich habe mir damals geschworen, dass ich so etwas meinen Kindern niemals antun würde. Heutzutage wird auf diese Tradition zum Glück bei den meisten Eheschließungen verzichtet, aber damals, als Gabriel und ich heirateten, war das noch gängige Praxis.

# Kapitel 10
## Aus zwei werden drei

Nun war ich eine frischgebackene Ehefrau. Die ersten Tage vergingen wie im Flug. Ich kam überhaupt nicht dazu, über meine neue Situation nachzudenken. Jeden Tag standen Gäste auf der Matte. Alle wollten mich kennenlernen, mich beglückwünschen und sich natürlich darüber informieren, ob ich auch wirklich als Jungfrau in die Ehe gegangen war. Das war sehr anstrengend. Ich wusste oft gar nicht, wo mir der Kopf stand. Ich war überfordert durch all diese fremden Leute, deren Namen und Gesichter in meinem Kopf verschwammen. Zeit, um mir die Stadt anzusehen oder mit meinem Mann einen Spaziergang zu machen, blieb mir nicht. Ich saß stattdessen im Wohnzimmer und empfing Gäste. Wir tranken gemeinsam Kaffee und aßen Pralinen. Das ging eine ganze Woche lang so.

Dann durfte ich nach Hause zu meinen Eltern fahren. Sie waren bei der Hochzeitsfeier ja nicht mit dabei gewesen. Nun war es Zeit für sie, mich zu beglückwünschen und mir alles Gute für meine Ehe zu wünschen. Auch hier kamen Nachbarn und Bekannte, um mir zu gratulieren. Aber diese Leute kannte ich und es war schön, sie alle wiederzusehen. Außerdem hatte ich nun auch Zeit, um noch einmal mit meinen Freundinnen zusammen zu sein. Es gab in unserem Dorf keine Möglichkeiten, um gemeinsam auszugehen oder etwas zu unternehmen. Also gingen wir gemeinsam zu dem kleinen Supermarkt und ich kaufte für jede ein Eis am Stil. Wir genossen unser Zusammensein und alberten viel herum. Wir waren uns bewusst, dass wir uns nun nicht mehr oft sehen würden. Durch die große Entfernung zur Stadt würde ich nur selten in unserem Dorf zu Besuch sein. Außerdem würden auch sie bald heiraten und wir wussten nicht, wohin es dann jede meiner Freundinnen verschlagen würde. Schon allzu bald gingen diese Tage vorüber und ich musste wieder in die Stadt zurück.

Mein Mann und ich lebten mit auf dem Hof seiner Eltern. Dort bewohnten wir eine kleine Zweizimmerwohnung, die Gabriel vor der Hochzeit für uns gebaut hatte. Sie war aber nicht aus Lehm errichtet wie die Häuser, die ich in unserem Dorf gebaut hatte, sondern war aus Steinen gemauert und verputzt. Wie alle Häuser in Syrien hatte sie ein Flachdach, das auch zum Aufenthalt und zum Arbeiten genutzt wurde. Im Sommer trugen wir selbst hier in der Stadt unsere Betten aufs Dach hinauf, um an der frischen Luft zu schlafen. Über unsere Wohnung ist sonst nicht viel zu berichten. In einem der Zimmer schliefen wir und das andere wurde zu meinem Rückzugsraum, wenn mir die neue Umgebung einfach zu viel wurde. Küche, Badezimmer und auch das Wohnzimmer teilten wir uns mit dem Rest der Familie. Dies waren meine Schwiegereltern, die mit den fünf jüngeren Geschwistern von Gabriel das Haupthaus bewohnten, in dem sich auch das Gästewohnzimmer und der Aufenthaltsraum der Familie befanden. Außer ihnen wohnten noch Gabriels Bruder George mit seiner Frau und ihren zwei kleinen Kindern sowie die Tante von Gabriel mit ihrem Mann auf dem Grundstück. Sie hatten jeweils eine kleine Wohnung so wie wir.

Meine Schwiegermutter hatte das Kommando auf dem Hof und teilte die Arbeiten für uns Frauen und die Kinder ein, während die Männer zur Arbeit gingen. Mein Schwiegervater arbeitete als selbständiger Fliesenleger und Verputzer, Gabriels Bruder war als Elektriker tätig und mein Mann hatte eine Bäckerei. Er verließ schon morgens um halb drei das Haus und kam gegen Mittag wieder. Hausarbeit war Frauenarbeit. Die Männer packten nur an, wenn etwas Schweres getragen werden musste. Von zu Hause war ich eine solch strikte Trennung nicht gewohnt. Bei uns kam es durchaus vor, dass mein Bruder die Wäsche für die ganze Familie bügelte. So etwas war hier undenkbar. Ich war anfangs sehr unsicher und hatte immer das Gefühl, es nicht gut genug zu machen. Dabei hatte ich zu Hause alle wichtigen Tätigkeiten im Haushalt gelernt. Ich konnte kochen, putzen und einen Haushalt führen. Ich war zu Hause sogar für die Finanzen zuständig gewesen. Hier dagegen hatte ich, wie auch alle anderen, kein eigenes Geld zur freien Verfügung. Alles Geld verwaltete meine Schwiegermutter in einem großen Portemonnaie, welches im Wohnzimmer auf dem Fernseher lag. Sie sagte, wer Geld benötige, könne sich etwas daraus nehmen. Ich war aber in der ganzen Zeit, in der ich dort lebte, zu schüchtern, um mich daraus zu bedienen, und gab mich mit dem zufrieden, was ich bekam. Ich stellte keine großen Ansprüche an mein Leben.

Anfangs war ich dafür eingeteilt, die Wäsche zu machen und mich um den Abwasch zu kümmern. Diesen teilte ich mir mit Gabriels Schwester Elisabeth, die auch noch für die Reinigung des Haupthauses zuständig war. Meine andere Schwägerin, die Frau von Gabriels Bruder George dagegen, war nur fürs Kochen zuständig. Ihr Name war Chanem, was so viel bedeutet wie „Dame". Sie hatte ihren Namen zum Programm gemacht und verstand es, sich durch viel Klagen die Arbeit weitestgehend vom Hals zu halten und den anderen das Leben schwer zu machen. Während mein Tag jeden Morgen um halb sieben begann, lag sie zu dieser Zeit im Bett und schlief noch eine Stunde. Sie sagte: „Ich brauche viel Schlaf. Zwei Babys zu haben, das ist sehr anstrengend. Menawar – davon hast du keine Ahnung." Ich fand ihre Babys allerdings auch sehr anstrengend. Es gab bei einer so großen Familie sowieso immer viel dreckige Wäsche, aber neben der normalen Kleidung kamen noch jede Menge Stoffwindeln dazu. Pampers hatten wir keine. Ich weiß nicht, ob es so etwas damals überhaupt in Syrien schon gegeben hat, wir zumindest hatten keine. Also mussten alle Stoffwindeln vorgespült und dann ausgekocht werden – und das stinkt. Nun machte ich diese Arbeit ja nicht zum ersten Mal, auch zu Hause bei meinen Eltern hatte ich Windeln waschen müssen. Doch ich konnte mich nicht daran erinnern, dass bei uns jemals so viele Windeln an einem Tag zusammengekommen waren wie hier. Also begann ich, meine Schwägerin zu beobachten. Und tatsächlich – sie war andauernd damit beschäftigt, die Windeln und die Kleidung der kleinen Mädchen zu wechseln. Manchmal kam es mir vor, als würde sie dies mit Absicht machen, um mich zu ärgern. Zum Glück gab es eine Waschmaschine, ich musste die Wäsche nicht auch noch von Hand waschen. Zum Trocknen trug ich sie aufs Dach, wo Wäscheleinen gespannt waren.

Damals habe ich mich wirklich über Chanem geärgert, doch heute glaube ich, dass meine Schwägerin einfach nur unpraktisch veranlagt war und sich nie viele Gedanken darüber machte, was ihr Verhalten für die anderen Familienmitglieder bedeutete. Dies wurde auch beim Kochen deutlich. Ihre Aufgabe bestand darin, jeden Tag das Mittagessen für die ganze Familie zuzubereiten. Was sie kochte, schmeckte gut, aber sie verursachte jede Menge dreckiges Geschirr. Für jede Tätigkeit nahm sie einen neuen Teller oder eine andere Schüssel aus dem Schrank. Die gebrauchten Teile warf sie einfach in das Abwaschbecken, ohne darauf zu achten, wie dreckig das Geschirr war. So kam es häufig vor, dass hinterher alle Gläser im fettigen Wasser schwammen. Aber sie musste den Abwasch ja auch nicht selbst machen – dafür waren Elisabeth und ich zuständig. Im Gegenteil, sobald sie mit ihrer Arbeit fertig war, legte sie sich erst mal wieder schlafen. Elisabeth regte sich furchtbar darüber auf: „Das ist so ungerecht, Menawar", sagte sie, „wir machen die ganze Arbeit und sie tut fast nichts! Ich werde mit meiner Mutter darüber reden. So geht das nicht weiter." Ich versuchte, sie zu beruhigen: „Lass das besser, Elisabeth. Das gibt nur böses Blut auf dem Hof. Wir schaffen unsere Arbeit schon." Und wir mussten nicht lange warten. Auch meiner Schwiegermutter war aufgefallen, wie ungleich die Arbeit verteilt war. Und so beschloss sie, dass ich in Zukunft für das Kochen zuständig sein und Chanem die Wäsche machen sollte, die ja hauptsächlich von ihrer Familie stammte.

Je länger ich mich im Haushalt meiner neuen Familie aufhielt, desto mehr fiel mir auf, wie angespannt die Atmosphäre zwischen uns Frauen geworden war. Besonders zwischen Chanem und meiner Schwiegermutter gab es immer häufiger Streit. Die beiden kamen nicht mehr miteinander zurecht. Ich stand oft dazwischen und bekam mit, wie Chanem meiner Meinung nach häufig auch zu Unrecht getadelt wurde. „Du mischst dich da nicht ein!", hatte mir mein Mann eingeschärft. „Die Probleme zwischen den beiden gehen dich nichts an." Doch eines Tages wurde es mir zu viel. Chanem wurde wieder einmal etwas vorgeworfen, das sie nicht getan hatte. Da explodierte ich: „Was seid ihr nur für eine Familie, dass ihr so miteinander umgeht?", rief ich. „Immer habt ihr an Chanem etwas auszusetzen. Lasst sie doch in Ruhe!" Das hätte ich nicht tun sollen. Als mein Mann davon erfuhr, wie ich mit seiner Mutter gesprochen hatte, wurde er sehr ärgerlich. Doch ich war immer noch aufgebracht und so eskalierte der Streit auch zwischen uns. Ich war so wütend darüber, dass ich schweigend dasitzen und die Ungerechtigkeit hinnehmen sollte, dass ich Gabriel und seine ganze Familie auf das Übelste beschimpfte. Gabriel wurde rot vor Zorn und hätte mich beinahe geschlagen. Doch ich war schneller und lief weg. Da nahm er einen Schuh, der am Boden lag, und schleuderte ihn hinter mir her. Es war ein hochhackiger Schuh mit einer ganz harten Sohle, der mich am Knöchel traf. Ein Schmerz durchzuckte mich und ich stürzte. Mit Tränen in den Augen raffte ich mich wieder auf und humpelte ins Badezimmer. Dort begann ich den Knöchel zu kühlen und weinte hemmungslos vor Schmerz und Wut.

Auf einmal bemerkte ich Aufregung im Haus. Es schien Besuch gekommen zu sein. Ich hörte Elisabeths Stimme: „Menawars Familie steht vor der Tür." „Was sollen wir nur machen? Wenn sie Menawar weinen sehen, wird es Ärger geben." „Wir müssen sie auf jeden Fall ins Haus bitten und sie willkommen heißen", entschied meine Schwiegermutter. Ich hörte, wie die Gäste ins Haus gebeten wurden und im Wohnzimmer Platz nahmen. Vorsichtig schlüpfte ich aus dem Badezimmer und spähte um die Ecke. Tatsächlich, dort saßen meine Brüder Gabriel und Fahmi sowie mein Cousin Nadi. Als ich sie sah, wusste ich, dass meine Schwiegereltern sich zu Recht Sorgen machten. Wenn meine Brüder erfahren würden, dass ich geschlagen oder vielmehr mit dem Schuh verletzt worden war, dann würden sie mich rächen. Besonders Fahmi würde nicht lange zögern, sondern sofort zuschlagen. Es könnte ein regelrechter Krieg zwischen unseren Familien ausbrechen. Was sollte ich tun? Obwohl ich noch kurz zuvor so wütend gewesen war und solch schlimme Dinge über Gabriels Familie gesagt hatte, mochte ich sie im Grunde genommen alle. Besonders natürlich meinen Mann Gabriel. Ich wollte nicht, dass es zu Unstimmigkeiten kam. Also zog ich mich leise wieder ins Badezimmer zurück. Ich schaute in den Spiegel und erschrak. Ich sah furchtbar aus, völlig verheult, mit geschwollenen Augen. Schnell begann ich mein Gesicht zu waschen und meine Augen mit kaltem Wasser zu kühlen. Erneut sah ich in den Spiegel. Ja, das sah schon besser aus. Ich kämmte meine Haare und übte ein überzeugendes Lächeln. Vorsichtig setzte ich meinen Fuß auf. Obwohl er schrecklich schmerzte, versuchte ich tapfer, ohne zu humpeln, Richtung Wohnzimmer zu gehen.

Das Schauspiel begann. Meine Brüder sollten nicht merken, wie schlecht es mir ging. Als ich das Zimmer betrat, bemerkte ich, wie Gabriels Familie die Luft anhielt. In ihren Gesichtern konnte ich die Frage lesen: „Wie wird Menawar reagieren?"

Ich jedoch strahlte noch mehr, begrüßte und umarmte meine Brüder überschwänglich. Ich freute mich wirklich, sie zu sehen und Neuigkeiten von meiner Familie zu erfahren. Doch so sehr ich mich auch bemühte, fröhlich zu sein, so fiel es Fahmi doch sofort auf, dass etwas nicht stimmte. „Was ist los mit dir? Du hast geweint und du humpelst! Was ist passiert?" Aus dem Augenwinkel heraus sah ich, dass mein Mann kreidebleich geworden war. Von meiner Antwort hing nun alles ab. „Es ist nichts Schlimmes", hörte ich mich sagen. „Ich bin vorhin beim Wäschewaschen gestolpert und habe mir den Fuß verknackst. Das wird schon wieder." Fahmi kniete sich nieder und sah sich den Fuß an. „Der ist stark geschwollen. Er könnte gebrochen sein. Gabriel, warum seid ihr nicht zum Arzt gegangen?" Doch Gabriel gab keine Antwort. Er saß wie gelähmt auf dem Sofa und sagte kein Wort. Schließlich entgegnete mein Schwiegervater: „Das hatten wir gerade vor, doch da seid ihr gekommen. Wenn ihr weg seid, gehen wir zum Arzt." Die Situation war gerettet. Wir setzten uns, Elisabeth holte Kaffee und wir plauderten über dies und das und tauschten Neuigkeiten aus. Als meine Gäste schließlich gegangen waren, nahm mein Schwiegervater mich zur Seite und bedankte sich: „Meine Tochter, das hast du gut gemacht. Du hast Blutvergießen verhindert und unsere Familien nicht entzweit. Wir stehen in deiner Schuld. Danke!" Gabriel brauchte etwas länger. Doch am Abend, als wir allein in unserer kleinen Wohnung waren, nahm er mich in den Arm und entschuldigte sich: „Ich wollte dir nicht wehtun. Du hast mich so wütend gemacht. Tu das nicht wieder." Mutig entgegnete ich: „Ich verzeihe dir. Es tut mir auch leid, was ich über dich und deine Familie gesagt habe. Aber ich kann dir nicht versprechen, dass ich in Zukunft schweigen werde, wenn ich Ungerechtigkeit sehe." Nun waren die Fronten geklärt. Ich hatte den Eindruck, dass wir uns nach diesem Zwischenfall besser verstanden als zuvor. Außerdem war mir wieder einmal bewusst geworden, wie wichtig Vergebung ist. Nur wenn wir einander unsere Fehler vergeben, können wir liebevoll zusammenleben.

Das Leben in einer so großen Gemeinschaft ist wirklich nicht immer leicht und so geriet auch ich immer wieder mit meiner Schwiegermutter in Konflikt. Der Höhepunkt unserer Auseinandersetzungen war erreicht, als ich eines Tages dabei war, Wäsche auf dem Hausdach aufzuhängen. Meist sang ich dabei oder summte ein Lied vor mich hin. Wie ich schon erwähnt habe, grenzte unser Haus direkt an das Haus meines Onkels an. Man konnte mühelos von einem Hausdach zum anderen gehen. Plötzlich hörte ich die Stimme meines Onkels: „Hallo? Menawar, bist du da oben? Ich habe Neuigkeiten von deinen Eltern. Wenn du ein bisschen Zeit hast, dann komm doch schnell mal rüber. Sie haben mir auch frische Kräuter für dich mitgegeben." Es war keine Frage für mich – natürlich hatte ich Zeit, um von meinen Eltern zu hören. Ich ließ den Wäschekorb stehen, stieg hinüber auf das andere Hausdach, kletterte schnell die Leiter hinunter und schon stand ich bei meinem Onkel im Hof. Er berichtete mir, wie es meinen Eltern ging und was es Neues in unserem Dorf gab. Nach ungefähr zehn Minuten bedankte ich mich bei ihm, nahm die Kräuter und stieg fröhlich wieder auf das Dach. Als ich auf unserer Seite wieder vom Dach steigen und allen die Neuigkeiten erzählen wollte, blieb mir allerdings die Freude im Halse stecken. Ich sah in das erboste Gesicht meiner Schwiegermutter. Sie keifte mich an: „Menawar, wo bist du gewesen? Du darfst dich nicht ohne Erlaubnis einfach vom Grundstück entfernen! Du bringst Schande über die ganze Familie." Sie tat so, als hätte sie mich beim Ehebruch erwischt, dabei war ich doch nur kurz bei meinem Onkel gewesen und das war auch in Syrien keine Schande. Sie hatte auch schon meinen Schwiegervater gegen mich aufgebracht, der nun ebenfalls losschimpfte. Ich fühlte mich zu Unrecht angeklagt und begann mich zu verteidigen. Ein Wort ergab das andere und wir wurden immer lauter. Schließlich wurde Gabriel, der nach getaner Arbeit immer ein Mittagsschläfchen hielt, von unserem Streit geweckt. Müde und ärgerlich kam er aus dem Haus. „Was ist hier los? Menawar, was hast du schon wieder gemacht?" Ich erzählte ihm, dass ich nur kurz bei meinem Onkel gewesen war, um Neuigkeiten von meinen Eltern zu hören und dass dies meiner Meinung nach nichts Verbotenes gewesen sei. Als seine Mutter nun anfing, lautstark ihre Position zu vertreten, sagte Gabriel: „Es reicht! Ständig gibt es hier Streit. Ich brauche Ruhe und meinen Schlaf am Nachmittag. Es wird das Beste sein, wenn Menawar und ich ausziehen. Ich kenne eine schöne kleine Wohnung, in die wir ziehen können. Papa, kannst du dich darum kümmern?" Meine Schwiegermutter wurde bleich, als sie das hörte. Ausziehen? Nein, das durfte nicht sein! Sie begann zu jammern: „Gabriel, das kannst du mir doch nicht antun! Du weißt doch, wie sehr ich an dir hänge. Bitte überleg es dir noch mal. Bleibt hier." Dabei weinte sie so bitterlich, dass Gabriel schließlich nachgab und wir weiter bei meinen Schwiegereltern wohnen blieben. Von da an bemühte ich mich sehr, möglichst jedem Streit aus dem Weg zu gehen.

Kurz darauf passierte mir etwas Merkwürdiges. Gabriel und ich wurden zu einer Hochzeit eingeladen. Ich freute mich auf diesen Abend. Endlich würde ich mit meinem Mann gemeinsam ausgehen. Dazu blieb uns aufgrund seiner Arbeit sonst keine Zeit. Während wir uns drinnen zurechtmachten, unterhielt sich mein Schwiegervater auf unserem Hof mit einem Nachbarn. „Bete um Schutz für deine Schwiegertochter", sagte dieser. „Warum? Was ist los?", fragte mein Schwiegervater. „Ich weiß es nicht", erwiderte der Nachbar. „Ich habe so ein ungutes Gefühl, als ob heute Abend bei der Hochzeit etwas Schlimmes mit ihr passieren wird. Bete für sie, damit sie gesund nach Hause kommt." Wir wussten von diesem Gespräch nichts und machten uns vergnügt auf den Weg. Auf der Feier angekommen, stürzten wir uns ins Getümmel, plauderten hier und da und begaben uns schließlich zur Tanzfläche, um bei einem der traditionellen Gesellschaftstänze mitzutanzen. Ich genoss die Atmosphäre und fühlte mich frei und unbeschwert. Plötzlich war das Krachen von zerberstendem Mauerwerk zu hören. Die Betonwand, an der wir gerade entlangtanzten, bewegte sich. Ein großes Stück, etwa so groß wie ein Tisch, brach aus der Wand heraus. Es war so, als würde es direkt auf uns geworfen werden. Mich traf es am stärksten. Ich fiel hin und blieb bewusstlos liegen. Gabriel und die Frau an meiner anderen Seite blieben unverletzt, nur Gabriels Anzug war beschädigt. Alle waren geschockt, die Musik erstarb und die Hochzeitsgesellschaft scharte sich um uns. Keiner konnte sich erklären, wie und warum dieses Unglück geschehen konnte. Gabriel und einige der anwesenden Gäste untersuchten mich, um festzustellen, wie schwer ich verletzt worden war. Die Wand hatte vor allem mein Bein und den Fuß getroffen. Daher war mein Fuß stark angeschwollen. Da außerdem die Gefahr einer Gehirnerschütterung bestand, wurde ich mit einem Auto zum Arzt gebracht. Dieser stellte fest, dass die Knochen des Fußrückens gebrochen waren. Vier Wochen im Gipsverband, in denen ich meinen Fuß nicht belasten durfte, standen mir nun bevor. Ganz in Ordnung ist der Fuß aber danach nie wieder geworden. Noch heute spüre ich dort Schmerzen, wenn ich ihn zu sehr belaste oder wenn das Wetter wechselt. Woher der Nachbar wissen konnte, dass mir auf der Hochzeit ein Unglück geschehen würde, kann ich mir bis heute nicht erklären.

Diese Begebenheit war der Anfang einer echten Pechsträhne. Nachdem mein Fuß endlich wieder einsatzbereit war, stolperte ich über eine Türschwelle und fiel so unglücklich, dass ich mir einen Haarriss im Becken zuzog. Nun war ich ganz ruhiggestellt. Einen ganzen Monat lang musste ich fest im Bett liegen. Es war Sommer und sehr stickig im Haus. Alle anderen zogen bei diesen Temperaturen mit ihren Betten auf das Flachdach. Nur ich lag Tag und Nacht im Haus und konnte mich nicht rühren. Aber auch diese Zeit ging vorbei und inzwischen war ich schwanger geworden. Man sollte meinen, dass ich froh darüber war, doch zunächst war das genaue Gegenteil der Fall. Ich schämte mich und versuchte, mir nichts anmerken zu lassen. Allein die Vorstellung, dass alle wussten, wie ich schwanger geworden war, dass alle wussten, dass ich mit einem Mann in einem Bett schlief, war mir so unangenehm, dass ich mich über die Schwangerschaft nicht freuen konnte. Ich hatte, bedingt durch meine Erziehung, ein ziemlich verklemmtes Verhältnis zur Sexualität. Aufklärung hatte es in meiner Jugend nicht gegeben. Ich kann mich noch an den Tag erinnern, an dem ich das erste Mal meine Regel bekam. Ich war damals 15 Jahre alt und wusste überhaupt nicht, was los war. Ich war völlig schockiert und suchte nach der Ursache der seltsamen Blutung. Als ich nichts finden konnte, bekam ich Angst. Was war nur los mit mir? Warum blutete ich? Mir fiel die Warnung meiner Mutter ein: „Pass bloß auf, dass dich kein Mann anfasst. Dann fängst du an zu bluten und das wäre eine echte Katastrophe für unsere Familie. Du würdest große Schande über uns bringen." Aber ich war mir keiner Schuld bewusst. Es hatte mich doch kein Mann angefasst! Ich begann zu weinen. Ich traute mich nicht, meine Mutter deswegen anzusprechen. Doch Gott sei Dank kam an diesem Tag meine große Schwester zu Besuch. Als sie mich sah, wusste sie gleich, dass etwas nicht stimmte. Sie fragte: „Was ist los mit dir, Menawar? Warum weinst du?" Und als ich ihr alles erzählte, sagte sie: „Meinen Glückwunsch! Du musst nicht traurig sein. Du bist jetzt eine Frau." Nun begann sie mir alles zu erklären und schnitt aus alten Betttüchern Binden für mich zurecht. Ich war zwar immer noch reichlich verwirrt, aber auch ungemein darüber erleichtert, nichts falsch gemacht zu haben. Alles war ganz normal.

Im vierten Monat konnte ich die Schwangerschaft nicht mehr verbergen. Die anderen Frauen auf dem Hof sahen es und überhäuften mich mit Glückwünschen und aufmunternden Worten. Von ihrer Freude angesteckt, begann nun auch ich mich endlich auf das Baby zu freuen. Als ich im sechsten oder siebten Monat schwanger war, kamen wir auf die Idee, einen Familienausflug mit der ganzen Verwandtschaft zu machen. Wir wollten außerhalb der Stadt zu einer kleinen Kirche fahren, um dort ein Picknick zu veranstalten. Alle, mit Ausnahme von Gabriel und meinem Schwiegervater, waren von dieser Idee begeistert. Die beiden sagten: „Jetzt im Herbst ein Picknick zu veranstalten, noch dazu mit zwei hochschwangeren Frauen, das ist verrückt. Da machen wir nicht mit." Wir anderen ließen uns von ihrer Skepsis aber nicht die Vorfreude verderben. Ich wollte auf jeden Fall dabei sein. Endlich mal rauskommen und wieder etwas anderes sehen – darauf freute ich mich.

Wir bereiteten allerhand zu essen vor und dann konnte es auch schon los gehen. Mein Schwager, dessen Frau ebenfalls schwanger war, hatte einen Pick-up für uns gemietet. Wir Schwangeren und ein kleines Baby kamen zum Fahrer nach vorne in die Kabine und die anderen setzten oder stellten sich zusammen mit unserem ganzen Gepäck auf die Ladefläche. Das war in Syrien nicht verboten. Alle waren in bester Stimmung und so fuhren wir schließlich los. Als wir die Stadt hinter uns gelassen hatten, gab der Fahrer richtig Gas. Die Fahrt machte allen riesigen Spaß, denn Autofahren war damals noch etwas Besonderes für uns. Auf einmal knallte es, ein Reifen war geplatzt. Der Wagen fing an zu schlingern und überschlug sich schließlich mehrfach, bis er abseits der Straße liegen blieb. Es war ein schlimmer Unfall, doch wenn ich heute darüber nachdenke, kann ich Gott nur danken, dass so wenig dabei passiert ist. Die Leute auf der Ladefläche waren beim Überschlag weggeschleudert worden. Alle hatten zwar Schürfwunden und Brüche davongetragen, aber mit Ausnahme von Gabriels Tante, bei der der Darm geplatzt war, hatte keiner ernsthafte oder lebensgefährliche Verletzungen erlitten. Das größte Wunder war für mich das Baby. Ich hatte es vor dem Unfall auf dem Arm gehalten. Es war, wie bei uns üblich, fest in ein Tuch gewickelt gewesen, sodass es weder Arme noch Beine bewegen konnte. Beim Überschlag war es durch das geöffnete Fenster geschleudert worden und blieb mitten auf der Fahrbahn liegen. Als wir es dort fanden, stellten wir fest, dass es nicht eine Schramme abbekommen hatte. Es lag dort so, als ob es jemand behutsam abgelegt hätte. Man sagt ja, Kinder hätten ihren eigenen Schutzengel. Hier hatte er, so glaube ich, eingegriffen. Es war so, als hätte mir jemand das Kind aus dem Arm genommen und es auf die Straße gelegt. Zum Glück war es keine viel befahrene Straße. Doch bald schon kamen die ersten Autos, hielten an und halfen uns. Die Verletzten wurden mitgenommen und zum Krankenhaus gebracht. Ich selbst hatte, wie auch das Baby, keine Verletzungen, nur mein Bauch schmerzte etwas. Also half ich den anderen. Ich tröstete die Kinder, half dabei, unsere Sachen zusammenzusuchen und sie in eines der Autos zu laden. Schließlich hatten wir alles eingepackt und wurden ebenfalls von einem Autofahrer zurück nach Hause gebracht. Dort angekommen, erwartete Gabriel mich schon. „Gott sei Dank, dass es dir gut geht! Hast du wirklich keine Verletzungen?", fragte er. „Nein, verletzt bin ich nicht, aber ich habe Bauchschmerzen. Vielleicht ist etwas mit dem Baby nicht in Ordnung", erwiderte ich. „Dann lass uns schnell zum Arzt fahren." Dort angekommen, wurde ich untersucht und der Arzt stellte fest, dass sich das Baby bei dem Unfall in meinem Bauch gedreht hatte und nun so unglücklich lag, dass es mir Schmerzen verursachte. Mit ein paar präzisen und geschickten Bewegungen brachte er das Kind wieder in die richtige Position. Er war wirklich ein guter Arzt, obwohl er nur ein einfacher Hausarzt war.

Die restliche Schwangerschaft verlief glücklicherweise problemlos. Dann war es endlich so weit, der Geburtstermin rückte näher. Die ersten Wehen kamen abends kurz vor Mitternacht. Gabriel und ich waren ganz aufgeregt. Bald schon war es Zeit, dass er zur Arbeit gehen musste, aber das Baby machte noch immer keine Anstalten herauszukommen. Gabriel gab seinen Eltern Anweisung, wie sie sich um mich kümmern sollten, dass sie eine Hebamme rufen oder noch besser mich in ein Krankenhaus bringen sollten. Dann ging er zur Arbeit in die Bäckerei. Im Laufe der Nacht nahmen die Wehen weiter zu und meine Schwiegermutter ließ entgegen Gabriels Anweisungen keine gelernte Hebamme, sondern eine Frau aus der Nachbarschaft holen. Diese hatte aber schon bei vielen Geburten mitgeholfen und übernahm auch gleich das Kommando. Sie untersuchte den Muttermund, um festzustellen, wie weit dieser schon geöffnet war. Da sie lange, spitze Fingernägel hatte, tat mir diese Untersuchung weh und ich schrie auf. „Sie soll sich nicht so anstellen", sagte die „Hebamme" zu meiner Schwiegermutter. „Kinderkriegen ist mit Schmerzen verbunden." Immer wieder führte sie diese Untersuchung durch. Es tat schrecklich weh. Die andauernden Wehen begannen mich zu ermüden. Ich hatte keine Kraft mehr. „Weiterpressen!", wies sie mich an, aber ich konnte nicht mehr. Meine Schwiegermutter schlug vor, einen Arzt zu holen oder mich ins Krankenhaus zu bringen, doch die Frau lehnte ab. Alles sei in Ordnung, sagte sie. Sie schaffe das schon allein. Nun zog sie eine Spritze mit einem wehenverstärkenden Mittel aus der Tasche. Diese gab sie meiner Schwägerin Zamira, die als Altenpflegerin tätig war und daher Spritzen geben konnte, mit den Worten: „Gib ihr diese Spritze, dann werden die Wehen stärker und das Kind kommt endlich raus." Als auch dies nicht genügte, ließ sie mir eine weitere Spritze geben. Ich war völlig am Ende. Noch einmal zog sich mein Körper zusammen und dann kam tatsächlich das Kind heraus. Ich war erleichtert – endlich hatte ich es geschafft! Nach all der Anstrengung war mein Baby tatsächlich da. Doch da hörte ich die entsetzlichen Worte der Frau, die zu meiner Schwiegermutter sprach: „Meinen Glückwunsch, das Kind ist ein Junge, aber ich befürchte, er ist tot!" Meine Welt brach zusammen. Das konnte doch nicht wahr sein! Ich hatte das Baby doch die ganze Zeit über gespürt. Ich blickte auf und sah mein Kind. Es hatte wohl zum Schluss keine Luft mehr bekommen und war ganz blau angelaufen, richtig schwarz war sein Gesicht. Meine Schwiegermutter erbleichte. Wie sollte sie das Gabriel beibringen? Er hatte doch gesagt, ich solle in ein Krankenhaus gebracht werden. Und nun war sein Sohn bei der Geburt gestorben. „Tu was", schrie sie die „Hebamme" an, „vielleicht lebt er ja doch noch." Nun packte die Frau das Kind an den Füßen, hob es hoch und schlug ihm mehrfach auf die Füße und den Rücken. Schließlich begann sie es zu schütteln. Da auf einmal hörten wir ein leises Wimmern. Das Kind begann zu atmen. Gott sei Dank, es war doch nicht tot, es lebte! Ich stand durch die schwere Geburt aber dermaßen unter Schock, dass ich mich darüber nicht mehr freuen konnte. Ich wollte das Baby auch nicht sehen, sondern einfach nur meine Ruhe haben. Endlich kam Gabriel von der Arbeit. Er freute sich sehr, dass er einen Sohn bekommen hatte. Als er jedoch von dem Ablauf der Geburt hörte, wurde er sehr zornig auf seine Mutter und seine Schwester, weil sie nicht auf seine Anweisungen gehört hatten und unser Erstgeborener deshalb beinahe gestorben wäre.

Einen Namen für unseren Sohn hatten wir uns bis zu diesem Zeitpunkt noch nicht überlegt. Mein Schwiegervater hatte die Idee, ihn Milad zu nennen. Das ist ein gebräuchlicher Name bei uns, der „Jesus ist geboren" oder einfach „Weihnachten" bedeutet. Der Name war sehr passend, da er zwischen Weihnachten und Silvester zur Welt kam. Mein Schwiegervater sagte: „Das Baby hat sich seinen Namen selbst mitgebracht."

Also war es entschieden: Unser Sohn sollte Milad heißen. Nach einigen Wochen wurde er in einer Kirche in der Stadt getauft. Das ist eine viel längere Zeremonie, als sie z. B. in Deutschland bei einer Kindstaufe üblich ist. Zunächst hielt und schwenkte der Patenonkel das nackte Baby in bestimmter ritueller Weise über dem Taufbecken. Dabei sprach der Priester einen Segen über dem Kind und salbte es schließlich von Kopf bis Fuß mit heiligem Öl. Anschließend wurde das Baby drei Mal komplett im Taufbecken untergetaucht und danach abgetrocknet. Nach dieser Zeremonie wurden viele Loblieder gesungen. Das Baby wurde noch einmal gesegnet und erneut mit heiligem Öl gesalbt. Nun wurde Milad mit einem weißen Taufkleid und einer weißen Mütze bekleidet. Die nächsten sieben Tage durfte er nicht gewaschen werden. Es sollte kein Tropfen des heiligen Öls verloren gehen, sondern dieses sollte ganz in die Haut des Kindes einziehen. Die Windeln mussten natürlich auch in dieser Woche gewechselt werden. Sie wurden aber zusammen mit der Unterwäsche separat gewaschen und das Waschwasser, in dem sich noch Reste des heiligen Öls befanden, durfte nicht einfach in den Abfluss gegossen werden. Stattdessen wurde es im Garten an eine Stelle geschüttet, die aller Voraussicht nach von niemandem betreten werden würde. Dem Heiligen, dem Gottgeweihten, sollte somit der größtmögliche Respekt entgegengebracht werden. Auch das Handtuch, mit dem das Baby nach der Taufe abgetrocknet worden war, bewahrten wir aus demselben Grund auf. Es durfte nicht gewaschen werden, weil es voll heiligen Öls war. Ebenso wurde auch das Taufwasser nach dem Gottesdienst aus dem Taufbecken abgeschöpft und am Rand der Kirche in ein Loch gegossen.

Die Kette der Unglücke riss auch nach Milads Geburt nicht ab. Mein Sohn war ungefähr drei Monate alt, als mich mein Bruder Fahmi fragte, ob ich nicht Lust hätte, gemeinsam mit ihm und meinem Cousin unseren Bruder Gabriel in der etwa

70 Kilometer entfernten Stadt Al-Hasaka zu besuchen. Ich war gleich Feuer und Flamme für diese Idee. Mit meinem Mann konnte ich ja leider nur sehr selten etwas unternehmen, da er durch die Arbeit in der Bäckerei, in der die ganze Woche ohne Unterbrechung Brot gebacken und verkauft wurde, an zu Hause gebunden war. Ich hatte meinen Bruder schon lange nicht mehr gesehen und wollte gerne aus erster Hand erfahren, wie es ihm ging. Er war nämlich verhaftet worden und befand sich seit einiger Zeit im Gefängnis. Wie es dazu gekommen war, erzähle ich in einem späteren Kapitel. Wir mieteten uns also ein Taxi und mein Cousin Fahmi, Milad und ich fuhren los. Wir hatten die Stadt schon fast erreicht, als der Taxifahrer für einen Moment unaufmerksam wurde und von der Fahrbahn abkam. Das Auto überschlug sich und blieb in einem Wassergraben liegen. Und wieder hatten wir Glück, besser gesagt, wurden wir von Gott bewahrt. Wir purzelten zwar alle übereinander, denn angeschnallt war damals keiner, aber niemand hatte sich ernsthaft verletzt. Wir krochen aus dem Wagen und als wir uns das Taxi ansahen, wurde uns schnell klar, dass es nicht mehr fahrtüchtig war. Daher fuhren wir dann per Anhalter weiter. Der anschließende Besuch bei meinem Bruder wird mir immer in Erinnerung bleiben, da es das letzte Mal war, dass ich ihn gesehen habe.

# Kapitel 11
## Aufbruch ins Ungewisse

Wie ich schon erzählt habe, gehörte meinem Mann eine kleine Bäckerei, in der er mit zwei Angestellten arbeitete. Jeden Morgen um 3 Uhr begannen sie Brot zu backen und um 6 Uhr öffnete dann die Bäckerei. Die Arbeit an sich machte ihm viel Freude, doch zunehmende Unstimmigkeiten mit der herrschenden Partei machten ihm das Leben schwer.

Syrien war ein Einparteienstaat und die kommunistische Baath-Partei bestimmte damals alles im Land. Da Gabriel eine andere politische Meinung hatte, gab es mit der Zeit immer mehr Probleme in der Bäckerei. Die Zuteilung des Mehls wurde damals so ähnlich wie in der DDR gehandhabt. Da Gabriel nicht Mitglied der herrschenden Partei war, wurden ihm zur Strafe seine Zuteilungen so sehr gekürzt, dass er nicht mehr wirtschaftlich arbeiten konnte. Er hatte bald Schwierigkeiten, seine Mitarbeiter zu bezahlen. Aufgrund dieser Situation kam es immer häufiger zum Streit zwischen meinem Mann und seinen Lieferanten und auch mit der Parteizentrale. Hinzu kam noch, dass einige einflussreiche Leute unseres Bezirks Sonderrechte beim Brotkaufen einforderten. Sie wollten gerne, dass für sie eine gewisse Brotmenge beiseitegelegt werden sollte, damit sie immer ausreichend versorgt waren. Gabriel fand dies ungerecht und weigerte sich, auf ihre Forderungen einzugehen. Er war der Meinung, dass sich alle ab 6 Uhr an seiner Bäckerei zum Brotkaufen anstellen sollten und dass die, die zu spät kamen – egal ob arm oder reich –, eben Pech hätten, wenn kein Brot mehr da sei. Sonderrechte sollte keiner haben. Aber mit dieser Einstellung zog er sich den Zorn der betreffenden einflussreichen Leute zu.

Die Situation verschärfte sich, als eines Tages Gabriels jüngerer Bruder Daniel aufgeregt in die Bäckerei kam. „Gabriel, pass auf, wenn du nach Hause gehst. Ich habe mitbekommen, dass dir einige Leute auflauern wollen, um dir eine Lehre zu erteilen." „Geh zu Vater und dann informiert ihr die Polizei", erwiderte Gabriel. Das tat Daniel und die Polizei suchte daraufhin die ganze Gegend ab und gab schließlich Entwarnung. Alles sei in Ordnung, sagten sie. Es bestünde keine Gefahr. An diesem Tag stimmte das auch. Aber wenige Tage später kam mein Mann nicht pünktlich nach Hause. Wir machten uns Sorgen und gingen ihn schließlich suchen. Blutüberströmt fanden wir ihn auf der Straße liegen. Er war auf dem Heimweg überfallen und brutal mit Stöcken zusammengeschlagen worden. Wir erstatteten sofort Anzeige, mussten aber feststellen, dass niemand dieser nachging. Die Polizei begann überhaupt nicht nach den Tätern zu fahnden.

Gabriel war Mitglied in einer christlichen Organisation, die sich für mehr Demokratie in Syrien stark machte. Das war von der kommunistischen Partei nicht gerne gesehen. Andersdenkende Parteien und Organisationen waren entweder verboten oder ihre Mitglieder wurden so lange drangsaliert, bis sie die Organisation verließen. Dies passierte auch Gabriel. Häufig wurde er von der Polizei aus seiner Bäckerei geholt und ohne Grund verhaftet. Einmal wurde er dabei so stark an der Hand verletzt, dass er sie bis heute nur eingeschränkt benutzen kann. Die Polizei behauptete, dass die christliche Organisation, der Gabriel angehörte, vom Libanon unterstützt würde. Die Beziehungen zwischen Syrien und Teilen des Libanon waren damals recht angespannt. Gabriel wurde der Spionage verdächtigt, bloß weil er als fünfzehnjähriger Junge einmal im Libanon gewesen war. Diese Anschuldigung entsprach allerdings ganz und gar nicht der Wahrheit. Es gab zwar solche Organisationen, die mit dem Libanon gemeinsame Sache machten, aber diejenige, in der Gabriel Mitglied war, gehörte nicht dazu.

Ziel der Schikanen war es, Gabriel dazu zu bewegen, seine Bäckerei zu schließen. Es war nämlich vielen auch ein Dorn im Auge, dass er als Christ eine gut gehende Bäckerei besaß, während viele Muslime kein ausreichendes Einkommen hatten. Durch den politischen Druck und die täglichen Sorgen und Probleme wurde Gabriel krank. Er begann immer häufiger darüber nachzudenken, wie er unsere Situation verändern könnte und ob es vielleicht besser wäre, das Land zu verlassen und irgendwo anders neu anzufangen. Ich selbst hatte keine Probleme mit der Polizei, war politisch völlig ungebildet und desinteressiert. Aber es bedrückte mich, dass Gabriel nicht zufrieden war und so sehr unter dem Druck litt, der auf ihn ausgeübt wurde. Konkreter wurden Gabriels Überlegungen, nachdem er von seiner Schwester Nadja, die schon seit einiger Zeit in Deutschland lebte, einen Anruf bekam. Sie sagte: „Ich habe davon gehört, wie viele Probleme du zurzeit hast, dass du verhaftet und geschlagen wurdest. Geh weg aus Syrien! Versuche, auch nach Deutschland zu kommen." Und Gabriel befolgte ihren Ratschlag. Er beantragte ein 24-Stunden-Visum für Ostberlin und bekam dieses auch genehmigt, weil Syrien und die damalige DDR verbündete Staaten waren. Das klingt jetzt ziemlich verrückt, für 24 Stunden nach Deutschland zu reisen. Gabriel wusste, dass wir nicht in Ostberlin bleiben konnten, sondern versuchen mussten, in diesem kurzen Zeitraum nach Westdeutschland weiterzureisen. Wie wir das bewerkstelligen sollten, darüber hatte er sich aber vorab keine konkreten Gedanken gemacht. Er dachte, wenn wir erst einmal in Ostberlin wären, würde Gott uns sicherlich helfen und uns Ideen schenken, wie wir weiterverfahren konnten.

Als mein Vater von unserem Vorhaben hörte, war er damit überhaupt nicht einverstanden. Er sagte zu mir: „Ich möchte nicht, dass du das Land verlässt. Du siehst, wie es bei deinen beiden älteren Schwestern aussieht, die im Irak wohnen. Ständig gibt es irgendwelche Grenzprobleme und wir haben oft nicht die Möglichkeit, sie zu besuchen oder Kontakt mit ihnen zu halten. Wenn du jetzt bis nach Deutschland ziehst – wie soll dann die Familie noch zusammenhalten? Wenn alle wegziehen, wird der Kontakt abnehmen und die Familie nach und nach auseinanderbrechen. Willst du das?" Wieder einmal stand ich vor einer schwierigen Entscheidung. Auf der einen Seite war da mein Vater, der nicht wollte, dass ich Syrien verließ. Und auf der anderen Seite stand mein Mann, der fest entschlossen war wegzugehen. Gabriel ließ mir die Wahl: „Mir reicht es hier! Ich will hier nicht länger leben und werde Syrien in jedem Fall verlassen. Ich würde mich freuen, wenn du mitkommst, werde dich aber nicht dazu zwingen. Ich weiß, dein Vater ist dagegen. Denk darüber nach und entscheide dich." Aber wie sollte ich mich entscheiden? Ich dachte an unsere Hochzeit zurück und an das, was ich damals versprochen hatte. Ich wollte Gabriels Frau sein in guten wie in schlechten Tagen, so lange, bis der Tod uns scheiden würde. Außerdem war ich wieder schwanger und wollte nicht, dass die Kinder ohne Vater aufwachsen. Damit stand meine Entscheidung fest. Ich würde trotz der Bedenken meines Vaters mit Gabriel und unserem Sohn das Land verlassen. Nachdem ich das für mich geklärt hatte, teilte ich meinem Vater meine Entscheidung mit: „Vater, ich verstehe deine Bedenken, aber Gabriel ist mein Mann. Wenn er sich entscheidet zu gehen, dann gehe ich mit."

Bis dahin hatte sich mein Leben in einem kleinen Dorf und auf dem Hof meiner Schwiegereltern abgespielt. Verlassen hatte ich ihr Grundstück eigentlich nur, wenn meine Schwiegermutter mich mitnahm, um Leute zu besuchen, weil dort eine Hochzeit stattgefunden hatte oder ein Baby geboren worden war. In der Stadt war ich immer eine Fremde geblieben, neue Freunde hatte ich dort keine gewonnen. Ich war immer noch tief verwurzelt in meinem Heimatdorf Bab al-Hadid und bin dies bis heute geblieben. Daher war ich in keiner Weise auf das vorbereitet, was auf uns zukam. Ich weiß auch nicht, ob ich wirklich mitgekommen wäre, wenn ich vorher gewusst hätte, wie schwierig sich die nächsten Jahre gestalten würden. Von Weltpolitik oder den Sitten in anderen Ländern hatte ich keine Vorstellung. Als Gabriel davon sprach, nach Deutschland zu gehen, hatte ich geglaubt, das wäre so ein ähnliches Land wie Syrien. Ich dachte, die Leute würden unsere Sprache sprechen, wir würden in einer kleinen Wohnung glücklich und zufrieden leben und Gabriel könnte endlich ungestört seinem Bäckerhandwerk nachgehen. Also packte ich unsere Koffer, einen für mich und Milad und einen für Gabriel. Mehr hatten wir nicht dabei, als wir den Start in unser neues Leben wagten.

Was für ein Schock war es dann jedoch für mich, als wir in Ostberlin gelandet waren und aus dem Flugzeug stiegen! Alles sah so anders aus, so kalt und fremd. Es war April 1986 und es lag Schnee in Berlin. Auf Winterwetter waren wir überhaupt nicht eingestellt. Keiner von uns hatte eine warme Jacke oder einen dicken Pullover dabei. Aber zunächst sah es so aus, als würden wir sowieso nicht aus dem Flughafengebäude herauskommen, sondern schon am Zoll hängen bleiben. Dort wurden wir gefragt, was wir in der DDR vorhätten. Das einzige deutsche Wort, das Gabriel kannte, war „Asyl". Und so versuchte er mit Händen und Füßen dem Grenzbeamten klarzumachen, dass wir Asyl beantragen wollten. Der Zollbeamte erklärte uns, dass dies nicht möglich sei. Wir könnten nicht in der DDR bleiben, da Syrien ein kommunistisches Bruderland sei. Gabriel versuchte ihm nun zu erklären, dass wir nach Westberlin wollten und auf keinen Fall nach Syrien zurückkehren würden. Daraufhin setzten uns die Zollbeamten in einen Bus und fuhren uns zum Grenzübergang Bahnhof Friedrichstraße. Hier reisten wir nach Westberlin ein, wo uns bereits ein Verwandter von Gabriels Schwester, der aus der Türkei stammte und in Westberlin wohnte, erwartete und uns zu Hilfe kam. Er dolmetschte für uns und erklärte den Zollbeamten unsere Situation. Schließlich durften wir passieren und fuhren mit ihm zu seiner Wohnung. Doch Westberlin war nicht unser eigentliches Reiseziel gewesen. Wir wollten weiter zu Gabriels Schwester, die in Westfalen wohnte. Der türkische Bekannte hatte für uns eine Weiterreise in einem Kleinbus organisiert, denn auch Gabriels Mutter und seine jüngeren unverheirateten Geschwister waren mit uns auf die Reise ins Ungewisse gekommen. Nur sein Vater war in Syrien geblieben. Der Bekannte hatte auch Papiere für uns vorbereitet, die den Grund unseres Asylantrags nannten. Leider deckten sich die Angaben in diesen Papieren nicht mit unseren tatsächlichen Gründen, was später noch viele Schwierigkeiten im Laufe des Asylverfahrens nach sich ziehen sollte. Unser Bekannter kam aus der Türkei, wo er erlebt hatte, dass Christen aus religiösen Gründen benachteiligt oder gar verfolgt wurden. Dort kam es vor, dass Christen enteignet wurden oder ihr Viehbestand beschlagnahmt wurde. Diese Dinge hatte unser Freund dann einfach auch in unseren Asylantrag geschrieben, obwohl wir dieser Art von Repressalien nicht ausgesetzt gewesen waren. Wir wollten ja aufgrund der Schwierigkeiten, die Gabriel wegen seiner politischen Überzeugungen bekommen hatte, Asyl beantragen. Doch davon, dass unser Asylantrag diese zwar wohlgemeinten, aber falschen Angaben enthielt, hatten wir zu diesem Zeitpunkt noch keine Ahnung. Wir stiegen also hoffnungsvoll in den Kleinbus und bezahlten unsere Fahrt nach Westfalen.

Endlich setzte sich der Wagen in Richtung Westdeutschland in Bewegung. Bis dahin hatte alles gut geklappt. Erleichtert sah ich aus dem Fenster und ließ die fremde Umgebung an mir vorüberziehen. Bald schon würden wir bei Gabriels Schwester sein. Ich malte mir in meinem Kopf schon den Empfang aus und freute mich auf eine warme Mahlzeit und ein weiches Bett. Doch es sollte ganz anders kommen. Nach einiger Zeit sahen wir die Grenzanlagen vor uns. Die Ausreise aus der DDR verlief unproblematisch, dann aber stand der Wagen am westdeutschen Zoll und wir wurden gefragt, was wir dort wollten. „Asyl, Asyl!" war alles, was wir sagen konnten, und Gabriel überreichte die Papiere. Nun wurden wir aufgefordert, den Bus zu verlassen und dem Grenzbeamten zu folgen. Er führte uns zu einem Gebäude in der Nähe und ließ uns eintreten. Aus den Augenwinkeln sah ich, dass der Kleinbus, mit dem wir gekommen waren, weiterfuhr. Der Fahrer ließ uns in dieser Situation einfach im Stich. Er hatte wahrscheinlich nie vorgehabt, uns bis nach Westfalen zu bringen. Mein Herz klopfte wie wild und mir wurde richtig schlecht vor Angst. Wo waren wir? Warum hatte der Mann uns alleine gelassen? Würde alles gut gehen? Würden wir Asyl beantragen können oder würde dies die Endstation unserer Reise sein? Wieder wurden wir gefragt, was wir wollten, und schließlich wurden wir getrennt und jeder einer Leibesvisitation unterzogen. Wir mussten uns ausziehen und diese allzu gründliche Untersuchung über uns ergehen lassen. Es war erniedrigend und ich fühlte mich furchtbar. Ich zitterte am ganzen Körper, zum einen aus Angst und zum anderen vor Kälte und Schmerz. Durch den Schneematsch waren meine Schuhe und Strümpfe durchnässt und meine Füße, die barfuß auf dem eisigen Boden standen, waren so kalt, dass sie schmerzten. Endlich durfte ich mich wieder anziehen und wurde zu den anderen in einen Raum geführt. Das einzige Möbelstück war hier eine braune Holzbank, auf die wir uns setzten. Dort saßen wir die ganze Nacht hindurch und warteten ängstlich ab, was kommen würde. Meinen kleinen Sohn hatte ich die ganze Zeit über auf dem Arm. Später erfuhren wir, dass die Zollbeamten Anweisungen hatten, alle Araber besonders streng zu kontrollieren. Denn wenige Tage zuvor, in der Nacht vom 4. auf den

5. April 1986, hatte es auf eine Diskothek in Westberlin einen schweren Anschlag mit Todesfolgen gegeben. Die Polizei ging davon aus, dass u. a. Syrer als Täter infrage kamen. Wir hatten von all dem natürlich keine Ahnung und ich war verwirrt, weil uns hier überhaupt niemand willkommen zu heißen schien.

Endlich hatte das Warten ein Ende. Gegen 6 oder 7 Uhr morgens kam ein Beamter zu uns und brachte uns etwas zu essen. Seit unserer Ankunft in Deutschland war dies unsere erste Mahlzeit. Es gab Brötchen und Bockwürstchen. Nach einiger Zeit kam er wieder in den Raum und forderte uns auf, ihm zu folgen. Er führte uns zu einem Kleinbus, in den wir einsteigen sollten. Wohin würde er uns bringen? Wir hatten keine Ahnung, aber wir hatten auch keine Wahl, also stiegen wir ein. Der Bus fuhr uns eine Weile durch die verschneite Landschaft, bis wir schließlich in eine Stadt kamen – heute weiß ich, dass es Helmstedt war. Dort wurden wir zu einem großen Haus gebracht. Es war ein Asylbewerberheim, in dem viele Menschen aus unterschiedlichen Ländern untergebracht waren. Ich hörte viele mir unbekannte Sprachen, aber außer uns sprach keiner Arabisch. Wir waren auf uns allein gestellt. Wir verstanden niemanden und niemand verstand uns. Aber wir hatten es geschafft. Wir waren in Westdeutschland und niemand hatte uns zurückgeschickt. Nun wurden wir in unsere Zimmer eingewiesen. Gabriel und ich mit Milad erhielten ein Zimmer und Gabriels Mutter mit ihren Kindern ebenfalls. Die Einrichtung war sehr einfach. Wir waren aber froh, ein Dach über dem Kopf zu haben. Unser Aufenthalt hier endete nach einer Woche, dann ging es mit dem Bus weiter in das Auffanglager nach Friedland.

# Kapitel 12
## Eine schreckliche Nachricht

Unsere Unterkunft in Friedland war der in Helmstedt sehr ähnlich, mit dem Unterschied, dass es hier noch viel mehr Gebäude und Menschen aus vielen verschiedenen Ländern und Kulturen gab. Das ganze Gelände erinnerte mich von seiner Art her an eine Kaserne. Die Häuser glichen Baracken und schienen extra für den Zweck, möglichst viele Menschen auf engem Raum unterzubringen, gebaut worden zu sein. Die Zimmer waren klein und mit Doppelstockbetten, einem Tisch, Stühlen und einem Schrank ausgestattet. Waschräume und Toiletten mussten wir uns mit anderen teilen. Zum Essen gingen wir über das Gelände an einer kleinen Kirche vorbei zu einer Mensa.

In all dem Fremden freute ich mich ganz besonders an der Kirche und ihrer Glocke. Wie sehr hatte ich mich schon als Kind darüber gefreut, wenn ich mal eine Kirchenglocke gehört habe. Das Läuten von Glocken ist in Syrien nämlich nur selten zu vernehmen, da es ein mehrheitlich muslimisches Land ist. Kirchen mit Glocken gibt es nur in der Stadt und da läuten sie ausschließlich am Sonntag oder an wichtigen christlichen Feiertagen. Während der Woche konnte man stattdessen mehrmals täglich den Ruf des Muezzins von der Moschee hören. Ich hatte immer davon geträumt, irgendwann einmal direkt neben einer Kirche zu wohnen und täglich das Läuten der Glocken zu genießen. Nun war dieser Traum Wirklichkeit geworden. Täglich hörte ich die Glocke läuten. Es klang für mich wunderschön und gab mir das erste Gefühl von „Willkommen sein" in dem fremden Land. Auch nach vielen Jahren in Deutschland ist dies so geblieben: Ich liebe das Läuten der Glocke. Leider wohne ich jetzt nicht mehr so nahe neben einer Kirche. Doch wenn ich im Badezimmer meines Hauses stehe und gerade die Kirchenglocke im Nachbarort läutet – das Badezimmer ist der einzige Raum, von wo aus ich die Glocke hören kann –, dann öffne ich das Fenster weit und genieße das Läuten, bis der letzte Ton verklungen ist. Kirchen geben mir eine besondere Art von Geborgenheit. Wenn ich zum Beispiel in die Stadt fahre, dann nehme ich mir gerne Zeit, um mich in eine Kirche zu setzen und dort mit Gott zu reden. Andere Leute meditieren oder machen Yoga, um zur Ruhe zu kommen, ich finde diese in der Kirche. Ich weiß, dass ich überall mit Gott reden kann, aber die Atmosphäre in einer Kirche hilft mir, Gott ganz nahe zu sein.

Nicht alle Bewohner des Auffanglagers waren von der Glocke so begeistert wie ich. Als wir eines Tages zum Essen gingen, läutete sie wieder einmal. Hinter uns ging ebenfalls eine arabische Familie. Sie waren im Gegensatz zu uns aber Muslime. Auf einmal hörte ich, wie das Kind auf Arabisch über die Glocke zu schimpfen begann und dabei sehr hässliche Worte benutzte. Das war zu viel für mich. Ich empfand die Worte des Kindes einerseits als persönliche Beleidigung meines Glaubens, aber auch als Unverschämtheit gegenüber den Deutschen. Die Familie suchte hier im deutschen Gastland Asyl und beleidigte gleichzeitig die hier lebenden Menschen und ihre Kultur. Ich hätte das Kind am liebsten geohrfeigt, riss mich aber zusammen, drehte mich stattdessen um und sagte so laut zu ihm, dass auch seine Eltern mich verstehen konnten: „Hör auf, so zu reden! Was nennst du dieses Land ‚Schweineland'? Warum bist du nach Deutschland gekommen? Um unter ‚Schweinen' zu leben? Wenn es euch hier nicht gefällt, dann geht doch zurück in eure Heimat!" Seine Mutter, die mich gehört hatte, ergriff die Hand des Jungen und sagte: „Er meinte das nicht so." „Doch", antwortete ich, „er spricht das laut aus, was ihr zu Hause sagt. Schämt ihr euch denn gar nicht, euch hier versorgen zu lassen und gleichzeitig das Land und die Leute schlechtzumachen? Passt auf, was ihr sagt!"

Vier Wochen blieben wir in Friedland. Hier hatten wir viel Zeit zum Reden und zum Spazierengehen. Richtige Aufgaben hatten wir keine. Wir, ganz besonders Gabriel, nutzten aber die Zeit und lernten die ersten deutschen Worte. Durch die ungewohnte Kälte und Feuchtigkeit wurde ich krank. Ich fühlte mich ganz elend. Erschwerend kam noch hinzu, dass ich im dritten Monat schwanger und in Gedanken ständig bei meiner Familie in Syrien war. Wir hatten bislang keine Möglichkeit gehabt, Kontakt mit ihnen aufzunehmen, und ich hatte zunehmend das ungute Gefühl, dass bei ihnen irgendetwas Schlimmes passiert sei. Sprechen wollte ich aber mit niemandem über meine Ängste. Wir hatten genug durchgemacht, da wollte ich die anderen nicht auch noch mit meinen vagen Ängsten belasten.

Dann mussten wir wieder aufbrechen. Von Friedland aus wurden die Asylsuchenden auf das ganze Land verteilt. Wir und Gabriels Schwester Elisabeth wurden dazu eingeteilt, in einen kleinen Ort in der Nähe von Hamburg zu ziehen. Meine Schwiegermutter mit ihren zwei Söhnen Toni und Simon wurde etwa 10 km entfernt untergebracht. Der Grund für diese Trennung bestand in unseren unterschiedlichen Nachnamen. In Syrien behält die Frau auch nach der Heirat ihren Familiennamen. Daher hieß Gabriels Mutter mit Nachnamen Elias, während Gabriel und seine Geschwister Safar hießen. So kam es zu der grotesken Situation, dass Elisabeth, die schon volljährig war, uns zugewiesen wurde, ihre Mutter mit den beiden kleineren Geschwistern aber einen anderen Wohnort zugeteilt bekam. Ich durfte zum Glück bei Gabriel bleiben, weil ich seine Frau war, obwohl ich eigentlich auch einen anderen Nachnamen habe. Da in Deutschland aber die meisten Ehefrauen den Nachnamen ihres Mannes annehmen, trage ich Gabriels Namen und bin überall als Menawar Safar bekannt.

Als wir diese Nachricht bekamen, brach meine Schwiegermutter in Tränen aus. So hatte sie sich den Aufenthalt in Deutschland nicht vorgestellt. Sie schluchzte: „Gabriel, nur wegen dir habe ich Syrien verlassen. Ich wollte immer bei dir sein und nun soll ich hier in diesem fremden Land an einem anderen Ort wohnen als du? Das halte ich nicht aus!" Meine Schwiegermutter hatte eine beinahe fanatische Liebe zu Gabriel. Sie bevorzugte ihn vor all seinen Geschwistern. In seiner Nähe zu sein war ihr sogar wichtiger gewesen, als weiterhin mit ihrem Mann in Syrien zu leben. Ihr wurde durch diese Entscheidung förmlich der Boden unter den Füßen weggezogen. Es ging ihr doch gar nicht darum, in Deutschland zu sein, sondern darum, in der Nähe ihres Sohnes zu bleiben. Sie tat uns leid und ich versuchte, sie zu beruhigen: „Mama", sagte ich, „wir werden eine Lösung finden. Ich werde noch mal mit dem verantwortlichen Mann sprechen. Er wird das bestimmt verstehen und barmherzig sein und uns alle zusammenwohnen lassen." Also ging ich gemeinsam mit ihr zur Heimleitung und versuchte, dem Leiter mit Händen und Füßen klarzumachen, dass wir als Familie alle zusammengehören und dass meine Schwiegermutter nicht alleine leben will. Ich weiß nicht, ob er mich nicht verstanden hat oder nicht verstehen wollte, er ließ sich jedenfalls nicht beeindrucken und änderte die Entscheidung nicht. Nun schlug der Kummer meiner Schwiegermutter in Wut mir gegenüber um: „Du bist doch froh, dass es so gekommen ist!", giftete sie. „Du wolltest doch in Syrien schon am liebsten woanders wohnen. Tu jetzt nicht so, als würde es dir leidtun!" Dieser Vorwurf war ungerecht und gemein von ihr. Ich sah aber, wie verzweifelt sie war und dass sie im Augenblick keinen anderen Weg wusste, um ihrer Angst Luft zu verschaffen, als mich zu beschimpfen. Also schluckte ich meinen Ärger hinunter und versuchte erneut, mit dem Heimleiter zu sprechen. Ich bettelte und flehte ihn an, uns als Familie zusammenwohnen zu lassen. Und diesmal konnte ich sein Herz erweichen. Er sagte: „Ich werde versuchen, eine größere Wohnung für euch zu finden, sodass ihr alle zusammenleben könnt. Aber dann müsst ihr noch eine Weile hier in Friedland bleiben. Ich weiß nicht, wie lange das dauern wird." Aber das war uns egal. Wir waren glücklich. Wir durften als ganze Familie zusammenbleiben. Nach schon etwa zwei Wochen erhielten wir dann die Nachricht, dass er eine Wohnung gefunden habe. Wir kamen nun als ganze Familie in den Landkreis Gifhorn nach Rothemühle.

Dort zogen wir in eine große, aber schäbige Wohnung. Hier war eigentlich nichts schön. Alles war alt, die Türen und Betten knarrten und Schimmel überzog die Wände. Wir hatten aber keine Wahl und mussten mit dieser Unterkunft zufrieden sein. Außer uns lebten hier noch fünf oder sechs tamilische Familien aus Sri Lanka und eine kurdische Familie. In Rothemühle versorgten wir uns selbst, was gar nicht so einfach war, denn im Dorf gab es keinen Einkaufsladen. Nur im Nachbardorf befand sich ein kleiner Sparmarkt. Dort fuhr mein Mann mit dem Fahrrad hin und kaufte ein. Die Fahrräder hatten wir von Gabriels Cousin aus Hamburg geschenkt bekommen. Dieser kam aus der Türkei und lebte schon seit vielen Jahren in Hamburg. Gabriels ganze Familie stammte nämlich ursprünglich aus der Türkei. Mit 17 Jahren war sein Vater nach Syrien ausgewandert und hatte dort eine Familie gegründet. In dem kleinen Supermarkt fanden wir allerdings fast nur Lebensmittel, die wir aus Syrien nicht kannten, und die Lebensmittel, die wir suchten, fanden wir nicht. In den Städten gab es auch damals schon türkische Läden, in denen man die uns bekannten Lebensmittel bekommen konnte, aber nicht auf dem Dorf. So probierten wir viele für uns neue Lebensmittel aus: Schweinefleisch, Würstchen aus der Dose und anderes mehr. Eine echte Herausforderung war für uns das Schwarzbrot. So etwas hatten wir überhaupt noch nicht gesehen, geschweige denn gegessen. Aber mit

Der Vater mit Menawar auf dem Schoß.

Menawar kocht in der Küche ihres Elternhauses (1983).

Menawar vor ihrem Dorf in Syrien (1984).

Hochzeit von Gabriel und Menawar (1984).

Menawar und ihre Schwiegermutter mahlen
Bulgur mit einer Handmühle (1984).

Gabriel in seiner Bäckerei.

Menawar rudert Gabriel über den Stausee (1984).

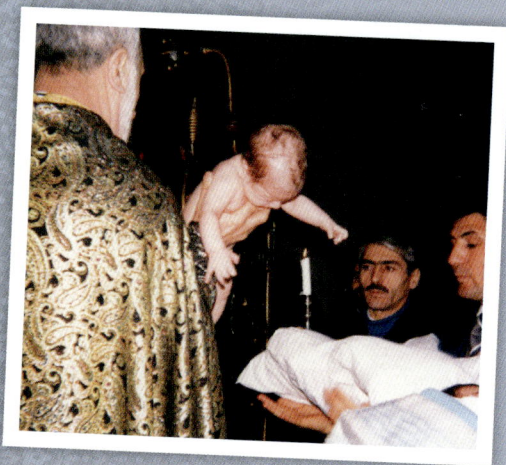

Milad wird vor der Taufe mit
heiligem Öl gesalbt (1985).

Milads Taufe.

Milad im Taufkleid.

Menawars Geschwister Fahmi und Naima
mit Wassermelonen (1986).

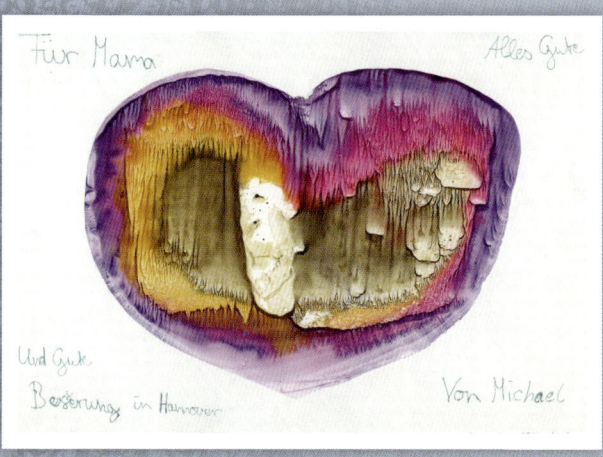

Das Herz, das Michael malte, als Menawar zur
Strahlentherapie im Krankenhaus war (1998).

In Jordanien, wo Menawar als Dolmetscherin für eine deutsche Delegation tätig war (1998).

Menawar besucht ein palästinensisches Flüchtlingslager in Jordanien.

Besuch des Elternhauses von Menawar, das sie selbst gebaut hatte (2000).

Auf dem Grundstück: Letzte Fahrt in dem alten Fischerboot (2000).

Menawar besucht gemeinsam mit ihren Kindern das Grab ihres Vaters und ihres Bruders Gabriel (2000).

Auf einem Olivenbaum (2000).

Milad und Michael besuchen die ehemalige Bäckerei ihres Vaters Gabriel (2000).

Michael vor Gabriels alter Schule (2000).

Michael auf dem Dach von Gabriels Elternhaus (2000).

Die Kirche in Kubur al-Bid, in der Menawar und Gabriel Hochzeit feierten und Milad getauft wurde.

Syrische Trachtengruppe (2000).

In Syrien: Menawar und ihre Verwandten essen Abendbrot (2005).

Im Wohnzimmer von Menawars Schwester (2005).

Menawar und ihre Schwester Djamile
vor dem selbstgebauten Haus (2005).

Menawar gibt einen Kochkurs. Hier ist schon alles fertig und sie dekoriert noch die Speisen.

Das Vaterunser in drei verschiedenen Sprachen:
deutsch, aramäisch und arabisch.

der Zeit gewöhnten wir uns auch daran. Nur meine Schwiegermutter kam mit dem ungewohnten Essen überhaupt nicht zurecht. Sie weigerte sich, all die unbekannten Sachen zu probieren, und bestand darauf, Rind- und Lammfleisch zu essen. Diese Fleischsorten waren aber sehr teuer und wir hatten nicht viel Geld zur Verfügung. Trotzdem kaufte Gabriel, um weiteren Ärger zu vermeiden, extra für seine Mutter dieses Fleisch ein.

Nachdem wir in Rothemühle angekommen waren, gelang es uns auch, wieder Kontakt zu unseren Familien in Syrien aufzunehmen. Das war aber nicht einfach. Meistens schrieben wir Briefe und manchmal telefonierten wir auch. Da wir kein eigenes Telefon besaßen, mussten wir immer von einer Telefonzelle aus telefonieren. In unserem Ort gab es zwar eine, die war aber nur für Inlandsanrufe geeignet. Eine Zelle für internationale Anrufe gab es nur im Nachbarort. Also setzte sich Gabriel auf sein Fahrrad und fuhr dorthin, wenn wir mal daheim anrufen wollten. Häufig konnten wir uns das sowieso nicht leisten, denn telefonieren war zu dieser Zeit noch sehr teuer. Es war außerdem schwer, eine Durchwahl zu bekommen. Manchmal verbrachte Gabriel Stunden in der Telefonzelle und wählte und wählte immer wieder, bis er endlich ein Freizeichen bekam. Später fanden wir heraus, dass es frühmorgens einfacher war, mit dem Anruf durchzukommen. So stand Gabriel dann schon mitten in der Nacht auf, wenn wir mal telefonieren wollten, um möglichst gegen 4 Uhr früh in der Telefonzelle zu sein.

Nach kurzer Zeit schon bekam meine Schwiegermutter schreckliches Heimweh. Sie wollte unbedingt zurück nach Syrien. Sie vermisste ihren Mann und das Haus und all ihre Freunde und Bekannten. Sie sagte uns, dass sie keinen Wert mehr auf Asyl in Deutschland lege, sondern nur noch nach Hause wolle. Auf unsere Einwände hin, dass ihre Rückkehr nach Syrien unser Asylverfahren negativ beeinflussen würde, nahm sie keine Rücksicht. Sie war ununterbrochen nur noch am Jammern. Sie wurde vor Heimweh richtig krank und bekam schwere Magen-Darm-Probleme. Schließlich wandte sich Gabriel an die Behörde und erklärte die Situation. Ihr Asylverfahren wurde gestoppt und die Mitarbeiter der Ausländerbehörde besorgten Flugtickets für ihren Rückflug. Kurz vor ihrem Abflug hatte Gabriel das Gefühl, er solle noch mal mit seinem Vater telefonieren. Also machte er sich frühmorgens auf den Weg zur Telefonzelle. Ich lag noch im Bett und schlief. Als er gegangen war, hatte ich einen merkwürdigen Traum. Ich sah mich, ganz in Schwarz gekleidet, so als ob ich in Trauer wäre, mit meinem kleinen Sohn auf dem Arm. Milad war ganz in Weiß mit Strickjäckchen und Hose gekleidet. Wir saßen in einem Bus in Syrien und waren auf dem Weg in mein Heimatdorf. Als wir ankamen, gingen wir zu meinem Elternhaus, und als ich die Tür öffnete und in den Flur hineinkam, sah ich dort einen Sarg stehen. Meine Eltern, ebenfalls ganz in Weiß gekleidet, saßen neben dem Sarg und lachten. Mein Vater saß am Kopfende und meine Mutter bei den Füßen. Ich sah sie irritiert an und fragte: „Was ist das für ein Sarg? Wer liegt darin?" Doch meine Eltern antworteten nicht, sondern lachten wieder. Jetzt sah ich auch meine Geschwister dort stehen, ebenfalls weiß gekleidet. Auch sie waren am Lachen. Ich sagte zu ihnen: „Ihr dürft doch nicht lachen! Da liegt ein Toter, da dürft ihr doch nicht lachen." Nun antwortete mein Vater: „Dort im Sarg liegt ein Heiliger." Da hörte ich eine Tür knarren und wachte auf. Gabriel war vom Telefonieren zurück. Ich sah ihn an und sagte: „Warum musstest du ausgerechnet jetzt zurückkommen und mich wecken? Ich habe gerade geträumt und hätte gleich erfahren, wer bei uns zu Hause gestorben ist." Mein Mann wurde ganz bleich, als er das hörte, denn er hatte gerade am Telefon erfahren, dass tatsächlich jemand gestorben war. Mein Lieblingsbruder, der ebenfalls Gabriel hieß, war ermordet worden. Wir waren nicht nur Geschwister, sondern auch beste Freunde gewesen. Er war ganz anders als meine großen Brüder

George und Fahmi, vor denen ich immer auch etwas Angst hatte, da sie in meiner Kindheit so barsch zu mir gewesen waren und uns Mädchen manchmal geschlagen hatten. Mit Gabriel dagegen hatte ich über alles reden können und wir hatten als Kinder und Jugendliche viel zusammen unternommen. Er war es, der mir Motorrad- und Treckerfahren beigebracht hatte, mit ihm zusammen hatte ich meine erste Zigarette geraucht. Er war wirklich mein bester Freund.

Da nun mein Mann wusste, wie sehr ich meinen Bruder mochte und wie groß meine Trauer sein würde, hatte er beschlossen, mir erst mal noch nichts von dem Todesfall zu verraten. Er wollte verhindern, dass ich mich aufregte und dadurch das ungeborene Kind in Gefahr brachte. Daher sagte er nur: „Ach du mit deinen Träumen! Andauernd träumst du etwas Merkwürdiges und glaubst, dass das eine Bedeutung hätte. Hör auf, darüber nachzudenken und schlaf weiter." Ich konnte aber nicht mehr einschlafen und da es sowieso schon Morgen war, stand ich auf und zog mich an. Nun erzählte mir Gabriel die andere Neuigkeit, die er erfahren hatte. Sein Vater habe vor, uns nach Deutschland zu folgen. Wir sollten daher Gabriels Mutter auf jeden Fall hierbehalten. Einige Zeit später reiste dieser tatsächlich ebenfalls über Ostberlin in die Bundesrepublik ein und bezog gemeinsam mit seiner Frau und ihren drei Kindern eine eigene Wohnung im Nachbarort. Damit hatte sich dieses Problem auf unerwartete Weise gelöst. Wie sollte Gabriel aber wegen der anderen Nachricht vorgehen, die unmittelbar mich und meine Familie betraf? Wie lange konnte er den Tod meines Bruders vor mir geheim halten? Mein Mann beschloss, unseren Hausarzt um Rat zu fragen. Dieser riet ihm aufgrund meiner Schwangerschaft dazu, mir erst einmal nichts vom Tod meines Bruders mitzuteilen. Nun versuchte Gabriel, mich mit allen Mitteln vor dieser Nachricht zu schützen. Besonders gefährlich waren natürlich Briefe aus Syrien von meiner oder seiner

Familie. In jedem konnte etwas über den Mord oder über die Trauer geschrieben stehen. Gabriel versuchte nun, jeden Brief als Erster in die Hand zu bekommen. Da die Briefe aus Syrien nicht einfach in den Briefkasten gesteckt wurden, sondern per Einschreiben kamen, stürzte er immer zur Haustür, wenn es klingelte, um den Briefträger abzufangen. Einmal bekam ich das mit und fragte: „Gabriel, ist ein Brief gekommen? Gib ihn mir! Ich möchte lesen, was zu Hause los ist." Doch Gabriel wich mir aus und sagte: „Ich habe jetzt noch etwas Dringendes zu erledigen. Wir lesen den Brief gemeinsam, wenn ich wiederkomme." Als er wiederkam, las er mir den Brief vor und ich freute mich über die Nachrichten von zu Hause. Ich konnte ja nicht wissen, dass Gabriel in der Zwischenzeit den Brief überarbeitet hatte. Er hatte ihn neu geschrieben und alle Passagen, die mich auf das Unglück zu Hause hätten aufmerksam machen können, weggelassen. Doch eines Tages war Gabriel nicht in der Wohnung, als der Briefträger kam. Er war mit seiner Mutter und seinen Geschwistern beim Gesundheitsamt in Gifhorn. Alle Ausländer mussten sich dort von Zeit zu Zeit untersuchen lassen. Als es klingelte, ging ich also zur Tür und unterschrieb das Einschreiben. Ein Brief von meinen Eltern. Sofort riss ich ihn auf, um ihn zu lesen. Ich stutzte, denn die Schrift war verwischt, so als ob Tränen beim Schreiben daraufgetropft wären. Ich begann zu lesen und verstand zunächst gar nicht, was mein Vater dort schrieb: „Liebe Tochter, du bist in einem fremden Land und ich kann dich nicht trösten. Bitte trage keine schwarze Kleidung, auch wenn der Verlust deines Bruders dich bestimmt schwer getroffen hat. Gott wird dein und unser Trost sein. Er ist trotz allem gut zu uns. Er ist barmherzig und hat uns lieb. Vertraue ihm in deiner Trauer." In diesem Stil war der ganze Brief geschrieben. Ich verstand nicht. Wovon sprach mein Vater? Welchen Bruder meinte er? Ich las den Brief wieder und wieder und plötzlich wusste ich, wer gestorben war – mein Bruder Gabriel.

Mir fiel mein Traum wieder ein. Er war also doch kein Hirngespinst gewesen. Als mir bewusst wurde, dass der Tod meines Bruders schreckliche Realität war, fiel ich in Ohnmacht. Ich hatte die ganze Zeit über noch in der Tür gestanden und unsere tamilischen Nachbarn hatten so mitbekommen, wie ich zusammenbrach. Sofort kamen sie mir zu Hilfe, trugen mich ins Haus und betteten mich auf das Sofa. In diesem Augenblick kam mein Mann zurück. Als er mich sah, wusste er Bescheid. Ich hatte von dem Todesfall erfahren. Er schickte unsere Nachbarn aus dem Zimmer und setzte sich zu mir. Nun begann er, mir alles zu erzählen.

Mein Bruder war frühmorgens direkt vor unserem Haus erschossen worden. Die weißen Kleider, die meine Familie im Traum trug, waren also wohl ein Sinnbild für ihre Schlafanzüge gewesen. Mein Bruder wollte wie jeden Morgen mit meinem Vater zum Fischen fahren. Mein Vater war bereits vorausgefahren. Als mein Bruder das Haus verließ, wurde er von einer Gewehrsalve niedergestreckt. Meine Mutter und Geschwister, von den Schüssen aufgeschreckt, rannten sofort aus dem Haus, um zu sehen, was vorgefallen war. Da sahen sie meinen Bruder in einer Blutlache liegen. Sie knieten sich zu ihm und stellten erleichtert fest, dass er noch am Leben war. Schnell besorgten sie sich ein Fahrzeug und brachten meinen Bruder ins Krankenhaus. Die Krankenhäuser in Syrien waren zu dieser Zeit allerdings anders organisiert als in Deutschland. Es war früher Morgen und daher war noch kein Arzt anwesend, denn die Nachtschicht wurde nur von Krankenschwestern bestritten. Diese nahmen meinen Bruder auf, gaben ihm ein Bett und verbanden seine Wunden. Wirklich helfen konnten sie ihm aber nicht. Statt eines Arztes kam dann erst einmal die Polizei ins Krankenhaus und verhörte meine gesamte Familie. Sie ging wohl davon aus, dass es einen Streit innerhalb der Familie gegeben hätte, der schließlich eskaliert sei. Als sich dieser Verdacht bei dem Verhör nicht bestätigte, zogen sie den Schluss, dass sich mein Bruder selbst umgebracht habe. Meine Familie war schockiert. Warum sollte Gabriel das getan haben? Fahmi stürzte in das Krankenzimmer und schrie meinen Bruder an: „Warum hast du das getan? Die Polizei sagt, du wolltest dich selbst umbringen?" Gabriel war schon ganz schwach, doch er nahm alle seine Kräfte zusammen und flüsterte: „Nein, das stimmt nicht." Das waren seine letzten Worte, bevor er an seinen schweren Verletzungen verstarb, ohne dass ihn ein Arzt behandelt hätte. Trotz dieser Information verfolgte die Polizei den Fall jedoch nicht weiter und somit wurde der Täter nie ermittelt oder gar bestraft.

Wir als Familie gehen davon aus, dass er aus Rache erschossen wurde. Mein Bruder hatte sich während seiner Zeit beim Militär die Feindschaft von zwei Söhnen eines hohen Generals zugezogen. Er leistete, wie alle jungen Männer, seinen vierjährigen Wehrdienst. In seinem letzten Jahr musste er zwei Gefangene von Damaskus in ein Sicherheitsgefängnis außerhalb der Stadt transportieren. Für solche Transporte wurden in Syrien ganz normale Linienbusse, in denen auch Fahrgäste saßen, benutzt. In der Reihe vor ihm saßen, wie er anhand ihrer Kleidung erkennen konnte, zwei christliche Mädchen. Schräg vor ihm saßen zwei muslimische junge Männer. Diese begannen während der Fahrt, die beiden Mädchen in eindeutiger Weise zu bedrängen und sie zu beleidigen. Christlichen Mädchen wurde von ihren Eltern immer eingeschärft, auf keinen Fall Kontakt zu muslimischen Jungen aufzunehmen. Denn schnell konnte dies als Zeichen der Bereitschaft, sich auf eine Beziehung mit ihnen einzulassen, gewertet werden. Eine Hochzeit mit einem muslimischen Mann aber führte unweigerlich dazu, dass das Mädchen seinen christlichen Glauben und damit verbunden auch seine Familie aufgeben musste und selbst Muslima wurde. Dies wollten alle christlichen Eltern natürlich verhindern. Aufgrund dieser Erziehung wehrten sich die beiden Mädchen im Bus nicht, sondern versuchten die Jungen zu ignorieren und ließen schweigend alle Beleidigungen über sich ergehen. Das reizte die beiden jungen Männer nur umso mehr, sie noch schlimmer zu beleidigen. Mein Bruder hörte sich das Ganze eine Weile an und wurde immer ärgerlicher. Schließlich wurde es ihm zu viel. Er griff sich die beiden jungen Männer und ging mit ihnen nach vorne zum Busfahrer. Da mein Bruder inzwischen schon befördert worden war und seine Uniform einige Abzeichen aufwies, konnte er anordnen, den Bus zu stoppen. Draußen machte mein Bruder seinem Ärger über die beiden jungen Männer leider nicht nur mit Worten Luft. Dann stieg er wieder in den Bus und ließ die beiden draußen vor der Tür stehen. Sie riefen ihm noch nach, dass er das bereuen würde und dass sie ihn ganz bestimmt finden würden. Und so war es auch. Ihr Vater war ein hochrangiger Offizier in der syrischen Armee und dieser setzte es durch, dass mein Bruder im Anschluss an seinen Wehrdienst verhaftet wurde und für ein paar Monate ins Gefängnis musste. Dort hatte ich ihn noch vor meiner Abreise zusammen mit Milad besucht. Doch diese Strafe hatte den beiden jungen Männern wahrscheinlich nicht ausgereicht. So lauerten sie ihm zu Hause auf und erschossen ihn wenige Tage nach seiner Entlassung aus dem Gefängnis.

Die Nachricht über den Tod meines Bruders warf mich völlig aus der Bahn. Wie mein Mann befürchtet hatte, wurde ich krank. Jeden Tag wurde es schlimmer mit mir. Ich wollte und konnte nichts essen und fühlte mich einfach nur noch elend. Alles schien so ungerecht und so sinnlos. Bis zur Geburt meines zweiten Sohnes war ich sehr deprimiert. Doch durch das neugeborene Baby wurde ich schließlich ein wenig abgelenkt. Die große Trauer über den Tod meines Bruders hat mich allerdings noch viele Jahre begleitet und mich vielleicht auch anfällig für so manche Krankheiten gemacht.

# Kapitel 13
## Wer ist ein Freund?

Der Anfang in Deutschland war für mich nicht leicht. Zu der Trauer um meinen Bruder kam noch hinzu, dass ich mich in dem Haus in Rothemühle überhaupt nicht wohlfühlte. Es war alt, feucht und roch nach Schimmel. Um mich herum waren viele fremde Menschen, deren Sprache ich nicht verstand. Und diese kamen nicht aus Deutschland, sondern aus Sri Lanka, und hatten eine so dunkle Hautfarbe, wie ich es noch nie zuvor gesehen hatte. Obwohl sie eigentlich sehr nett waren, hatte mein Sohn Angst vor ihnen und wollte nicht allein vor die Tür gehen, um mit ihren Kindern zu spielen. Auch mich verwirrte die Situation. Ich war in Deutschland und doch irgendwie nicht in Deutschland.

Die einzigen Deutschen, die ich in dieser ersten Zeit kennenlernte, waren unser Hauswirt und seine Frau sowie deren alkoholabhängiger Sohn. Sie vermittelten nicht gerade den Eindruck von Herzlichkeit, sondern führten sich auf, als seien sie die Herren und wir Asylsuchenden ihre Diener. Die Tamilen arbeiteten in ihrem Garten und im Haushalt und taten alles, was von ihnen verlangt wurde. Wenn sie unseren Hauswirt ansprachen, nannten sie ihn „Papa" und seine Frau „Mama". Zu Anfang dachte ich, „Papa" wäre sein Name, doch nach einiger Zeit begriff ich, dass dies nicht der Fall war und dass „Papa" die Bezeichnung für einen Vater ist. Nun wollte ich ihn aber nicht so nennen, denn ich hatte ja einen Papa in Syrien. Als ich ihn dann das erste Mal mit seinem Namen ansprach, wurde er sehr ärgerlich und sagte mir, ich solle ihn „Papa" nennen, so wie alle anderen auch. Ich versuchte ihm klarzumachen, dass ich das nicht könne, doch er wollte mich nicht verstehen. Von dem Zeitpunkt an begann er uns zu schikanieren. Er beschimpfte unseren Sohn oder schubste ihn im Vorbeigehen.

Eines Tages verweigerte er uns den Zugriff auf unsere Fahrräder. Wir hatten sie in seinem Keller untergestellt. Doch nun war die Tür abgeschlossen und wir kamen nicht an unsere Räder heran. Wir suchten unseren Vermieter und baten ihn, den Keller aufzuschließen. Er aber weigerte sich und sagte: „Das Unterstellen der Fahrräder kostet ab sofort Miete. Zahlt erst, dann schließe ich euch auf." So wollten wir uns aber nicht behandeln lassen. Von Miete war bislang keine Rede gewesen. Außerdem hatten wir auch gar nicht genug Geld, um auch noch Miete für den Fahrradkeller zu bezahlen. Was sollten wir nun machen? Wir brauchten einen Dolmetscher, um das Problem zu lösen. Also rief Gabriel seinen Cousin in Hamburg an und schilderte ihm unsere Situation. Dieser versprach, uns in den kommenden Tagen zu besuchen und mit unserem Hauswirt zu sprechen. Aber was sollten wir in der Zwischenzeit tun? Wir mussten doch einkaufen fahren! Also versuchte ich, noch einmal mit unserem Vermieter zu sprechen. Ich hatte aber keinen Erfolg. Im Gegenteil, er wurde sehr wütend und beschimpfte mich und meinen Sohn. Da konnte auch ich nicht mehr an mich halten und schrie zurück. Damit hatte er wohl nicht gerechnet. Die Asylsuchenden aus Sri Lanka ließen sich alles von ihm gefallen, ich aber nicht. Ich kam auf ihn zu, er aber wich zurück. Als er die Flucht ergreifen wollte, versuchte ich, ihn an seinem Hemd festzuhalten. Da riss er sich los und lief davon. Dieser Vorfall verbesserte unsere Situation nicht gerade. Da wir dringend einkaufen mussten, machte sich Gabriel schließlich zu Fuß auf den Weg in den Nachbarort und schleppte anschließend die vollen Plastiktüten wieder nach Hause. Am nächsten Tag kam Gabriels Cousin und auch die Polizei, denn unser Hauswirt hatte Anzeige gegen mich erstattet, weil ich ihn tätlich angegriffen hätte. Der Cousin erklärte den Polizisten, was wirklich vorgefallen war. Zum Glück waren diese sehr verständnisvoll und erklärten uns, dass sie unseren Vermieter schon kennen würden. Er würde häufiger wegen irgendwelcher Dinge Anzeige erstatten. Wir sollten versuchen, ihm möglichst aus dem Weg zu gehen. Danach redeten sie lange mit dem Hauswirt, woraufhin dieser uns unsere Fahrräder zurückgab. Wir hatten einen kleinen Sieg errungen, uns war aber auch klar, dass wir hier auf Dauer nicht wohnen bleiben konnten. Wir mussten anfangen, uns nach einer anderen Wohnung umzusehen.

In dieser Zeit lernten wir zwei deutsche Frauen kennen. Sie besuchten uns häufig und wir bekamen das Gefühl, sie wären Freunde und wollten uns helfen, uns in Deutschland einzuleben. Sie kamen beinahe täglich, aßen bei uns zu Mittag und zu Abend und beobachteten unser Leben. Unterhalten konnten wir uns mit ihnen natürlich noch nicht. Aber wir freuten uns anfangs immer, wenn sie kamen. Nach einiger Zeit wurden mir diese häufigen Besuche aber zu viel. Manchmal hatte ich das Gefühl, sie waren nur noch zum Schlafen zu Hause. Sonst saßen sie bei uns im Wohnzimmer und ließen sich von mir bedienen. Die eine brachte auch noch ihre Kinder mit, zwei Jungen und ein Mädchen. Auch sie versorgte ich jeden Tag mit allem, was ich so im Haus hatte. Diese Art von Gastfreundschaft war bei uns in Syrien üblich gewesen. Wenn jemand zu Besuch kam, dann wurde er mit allem versorgt, was er braucht. In Deutschland dagegen machte ich nun die Beobachtung, dass nur geladene Gäste ausgiebig bewirtet wurden. Spontaner Besuch erhielt, wenn er Glück hatte, eine Tasse Kaffee oder ein Glas Wasser, aber kein Essen.

Einer dieser Tage mit unseren ersten deutschen Gästen bleibt mir in besonderer Erinnerung. Wieder saß eine der Frauen im Wohnzimmer und ich stand in der Küche und bereitete Tee vor. Da kam mein neunjähriger Schwager Toni, der mit seinen Geschwistern bei uns wohnte, von draußen herein. Er hatte im Hof Fußball gespielt. „Darf ich ein paar von den Kernen haben?", fragte er. Ich antwortete: „Natürlich. Du weißt, wo sie liegen. Nimm dir welche." Ich war gerade dabei, Kürbiskerne auf der Fensterbank im Wohnzimmer zu trocknen. Auf die Idee, diese einfach in den Backofen zu schieben, war ich noch nicht gekommen. Im Wohnzimmer saß aber die Frau. Sie und Toni mochten sich nicht besonders. Sie hatte zwar noch nie etwas gegen ihn gesagt, doch ich konnte es an ihrem Gesicht ablesen, dass sie ihn nicht leiden konnte, weil er ein sehr unruhiger und lauter Junge war. „Nein", sagte er, „gib du mir welche." In diesem Moment wachte mein Sohn von seinem Mittagsschlaf auf und begann zu weinen. Schnell ging ich zu ihm und nahm ihn hoch. Er musste gewickelt werden. Da fing Toni wieder an zu quengeln: „Ich will Körner haben. Gib mir welche!" Wieder versuchte ich ihn abzuwimmeln und zu überreden, sich selbst welche zu nehmen. Da wurde er bockig und begann zu schreien. Ich rief seine Schwester Elisabeth, die im Nebenzimmer saß und ein Buch las: „Gib deinem Bruder ein paar Kerne." „Nein, mache ich nicht. Der ist doch nur zu bockig, um sich selbst welche zu nehmen", kam es als Antwort zurück. Toni begann an meinem Arm zu zerren, um mich zu der Fensterbank zu ziehen. In dem Moment begann auch noch der Teekessel zu pfeifen. Meine Nerven lagen blank, ich wusste nicht mehr, wo mir der Kopf stand. Ich riss mich los und sagte gereizt zu ihm: „Jetzt reicht's. Nimm sie dir allein!" Da wurde auch Toni aggressiv. Er war für sein Alter schon ein recht großer und kräftiger Junge. Er riss das Bein hoch und trat mir mit seinem Fußballschuh direkt in den Bauch. Dann lief er weg. Ich weiß nicht, was in ihn gefahren war. Vielleicht hatte er das Gefühl, dass ich mich mehr um die Fremden kümmerte als um ihn oder vielleicht hatte er auch wirklich Angst gehabt, alleine an der Frau vorbei zum Fenster zu gehen? Ich weiß es nicht. Auf jeden Fall krümmte ich mich vor Schmerzen und merkte, dass ich Blut verlor. Ich war schwanger. Vielleicht hatte der Fußtritt eine Fehlgeburt eingeleitet? Ich bekam Angst. Die Frau, die die ganze Zeit über auf dem Sofa gesessen und alles beobachtet hatte, sprang vom Sofa auf und schnappte sich den Jungen. Ihre Vermutung, dass Toni ein ganz furchtbares Kind sei, hatte sich nun in ihren Augen bestätigt. Sie schüttelte ihn und schrie ihn an: „Bist du verrückt? Willst du Menawar und das Baby töten?" Dann kam sie zu mir, setzte mich in ihr Auto und fuhr mich zum Hausarzt. Dieser untersuchte mich, so gut es ging, und empfahl mir, mich ins Bett zu legen und mich ruhig zu halten. Als wir wieder zu Hause angekommen waren, kam Gabriel gerade zurück. Er war zum Einkaufen gewesen. Noch bevor er etwas sagen konnte, stürzte die Frau schon auf ihn zu und begann Toni zu beschimpfen: „Der Junge ist verrückt. Er hat deine Frau getreten und das ungeborene Baby verletzt. Du solltest die Polizei holen. Es wäre besser, wenn der Junge in ein Heim käme." Doch mein Mann antwortete nur: „Das ist mein kleiner Bruder. Ich werde nicht die Polizei holen. Es war sicherlich falsch, was er getan hat, aber er ist und bleibt mein Bruder." Mit dieser Einschätzung lag er richtig. Aus dem frechen Toni ist ein gut ausgebildeter, netter Mann und fürsorglicher Familienvater geworden.

Von jenem Tag an verlief meine zweite Schwangerschaft sehr problematisch. Mit der damaligen Technik konnten die Ärzte nicht genau lokalisieren, wo das Kind den Tritt abbekommen hatte. Ich bekam aber furchtbare Nierenschmerzen. Diese waren zeitweise so schlimm, dass ich nur noch schrie und mir selbst auf die Nieren schlug, um den Schmerz zu vertreiben. Daraufhin wurde ich ins Krankenhaus nach Gifhorn eingeliefert. Dort banden mich die Krankenschwestern auf dem Bett fest, damit ich mich nicht selbst schlagen konnte. Den Ärzten war unklar, woher diese Schmerzen kamen. Sie vermuteten, dass das Baby so ungünstig liege, dass es mir auf die Nieren drücke. Als die Schmerzen etwas nachließen, wurde ich entlassen, musste aber häufig zur Kontrolle ins Krankenhaus kommen. Es war für uns allerdings immer sehr schwierig, dorthin zu gelangen. Das Krankenhaus lag ungefähr 25 Kilometer von uns entfernt und die Busverbindungen dorthin waren nicht gut. Um genauere Untersuchungen vornehmen zu können, wurde ich auch an die Medizinische Hochschule nach Hannover (MHH) überwiesen, wo ich mehrere Tage bleiben sollte. Ich erinnere mich noch gerne an einen besonders netten Mitarbeiter vom Sozialamt in Gifhorn. Die Terminvergabe für meinen Aufenthalt in der MHH lief nämlich über das Sozialamt. Eines Tages rief mich der Herr an und teilte mir den Termin mit. Gleichzeitig fragte er mich, wie ich denn dort hinkommen würde. Als ich sagte, dass ich das noch nicht wüsste, bot er an, mich von zu Hause abzuholen und mich nach Hannover zu fahren. Dies tat er dann auch. Er blieb dort auch während der Wartezeit noch bei mir und kümmerte sich um mich wie ein Bruder. Das werde ich nie vergessen.

An einem kalten und frostigen Tag Ende November machte ich mich wieder einmal auf den Weg zum Krankenhaus nach Gifhorn. Dieses Mal teilten mir die Ärzte mit, dass es so weit sei – das Baby komme. Ich wurde in den Kreissaal gebracht. Da ich keine Tasche mit Wäsche dabeihatte, musste ich ein Krankenhausnachthemd anziehen. Darin fühlte ich mich sehr unwohl, denn es war hinten offen. Soweit ich mich erinnern kann, hatte der Raum zum Gang hin große Fenster. Jeder, der vorbeiging, konnte in den Raum hineinsehen. Es war eine fürchterliche Vorstellung für mich, dass mich jemand im Vorübergehen so halb nackt, wie ich war, sehen könnte. Die Krankenschwestern hatten mich allein in dem Zimmer zurückgelassen und ich lief barfuß auf dem kalten Linoleumboden herum, weil ich vor Schmerzen im Rücken und den Nieren nicht liegen konnte. Da ich nicht damit gerechnet hatte, im Krankenhaus bleiben zu müssen, hatte ich auch keine Hausschuhe dabei. Nach einiger Zeit hatte ich daher eiskalte Füße und wollte mich wieder hinlegen. Doch das ging nicht. Das Bett war so hoch, dass es mir in meinem Zustand nicht möglich war, alleine wieder hineinzusteigen. Also lief ich weiter auf dem kalten Fußboden herum und zitterte am ganzen Körper. Nun verspürte ich auch noch das Bedürfnis, zur Toilette gehen zu müssen. Ich wusste aber nicht, wo sich eine befand. Meine Verzweiflung wuchs. Endlich kam eine Krankenschwester ins Zimmer. In gebrochenem Deutsch und mit Händen und Füßen versuchte ich ihr klarzumachen, dass ich dringend zur Toilette muss. Doch sie sagte nur: „Du musst nicht. Das ist das Baby, das rausmöchte." „Nein", sagte ich, „Toilette, Toilette!" Aber es hatte keinen Zweck. Sie half mir wieder ins Bett und verließ den Raum. So vergingen mehrere Stunden. Immer wieder kamen die Schwestern in den Raum und sahen nach mir, aber die meiste Zeit lag ich alleine mit meinem Druck und den Schmerzen. Irgendwann hielt ich es nicht mehr aus. Ich sprang aus dem Bett und fiel auf meine Knie. Ich konnte nicht mehr. Selbst zum Aufstehen war ich zu schwach. Da betrat eine Ärztin den Raum. Als sie mich sah, begann sie zu schimpfen: „Was machen Sie da auf dem Boden? Das ist doch viel zu kalt. Oh, diese Ausländer!" Wieder versuchte ich zu erklären, dass ich dringend zur Toilette musste. Doch erneut hatte ich keinen Erfolg. Sie hievte mich ins Bett und verließ den Raum. Ich begann zu weinen. Sollte das ewig so weitergehen? In meiner Not begann ich zu beten. „Bitte, Jesus, hilf mir!", rief ich, und auch: „Mama, wo bist du?" Wie sehr wünschte ich mir, dass Gabriel in dieser Situation bei mir wäre. Er hätte bestimmt einen Ausweg gefunden. Er konnte viel besser Deutsch und hätte mit den Schwestern sprechen können. Doch er war zu Hause, denn Milad war schwer krank. Er lag mit einer Lungenentzündung im Bett und brauchte seinen Papa auch dringend. Nach einiger Zeit kam eine Schwester und schloss mich, damit die Geburt schneller vonstattengehen sollte, an einen Wehentropf an. Von da an ging alles ganz schnell. Die starken Wehen und das Pressen in Verbindung mit meinem vollen Darm führten aber dazu, dass zuerst nicht das Baby, sondern etwas anderes herauskam. Es stank fürchterlich. Ich wäre vor Scham am liebsten im Boden versunken. Was hätte ich dafür gegeben, mich jetzt in Luft aufzulösen! Zu allem Überfluss begannen die Krankenschwestern auch noch zu lachen. Ich musste weinen. Nur der Arzt blieb ernst. Er streichelte mich und sagte: „Nicht so schlimm! Das kann passieren. Nicht weinen." Nachdem die Schwestern alles sauber gemacht hatten, kam mein zweiter Sohn zur Welt. Morgens um acht war ich ins Krankenhaus gekommen und um 15 Uhr hatte ich es geschafft: Das Baby war da.

Es stellte sich jedoch schnell heraus, dass es schwer krank war. Zum einen hatte es bereits im Mutterleib eine Lungenentzündung davongetragen und zum anderen war eine seiner Nieren beschädigt. Mein Körper hatte dies mit seinen Schmerzen offenbar schon gemeldet, bevor die Ärzte in der Lage waren, dies herauszufinden. Ich durfte mein Baby nur kurz halten, dann kam es in einen Brutkasten. Wenig später kam ein Kinderarzt zu mir ans Bett. Erstaunt hörte ich, dass er mich in gebrochenem Arabisch ansprach. Es war schön, die vertrauten Klänge zu hören und endlich mal richtig zu verstehen, was gesagt wurde. Als ich ihn fragte, woher er die Sprache könne, erzählte er mir, dass er in Jerusalem aufgewachsen sei und dort Arabisch gelernt habe. Gott hatte mir in dieser schwierigen Situation jemanden an die Seite gestellt, den ich verstand und der mich verstand. Ich war ihm von Herzen dankbar. Nun begann der Arzt mir zu erklären, wie es um mein Baby stand. Er sagte: „Frau Safar, Sie müssen heute eine Entscheidung treffen, wie Ihr Kind behandelt werden soll. Seine Niere ist stark geschädigt. So, wie sie jetzt aussieht, kann er damit nicht weiterleben.

Es gibt zwei Möglichkeiten, wie wir verfahren könnten. Zum einen könnte Ihr Sohn mit Spritzen und Tabletten behandelt werden. Diese Medikamente müsste er dann täglich bekommen, bis er ungefähr neun Jahr alt ist. Sie erhalten seine Niere weitestgehend funktionsfähig, sodass er mit Einschränkungen ein normales Leben führen könnte. Sein Immunsystem wird aber nicht richtig arbeiten, sodass mit vielen Infektionen und Lungenentzündungen gerechnet werden muss. Wenn er neun Jahre alt ist, muss die Niere entfernt werden und Sie oder Ihr Mann müssten sich überlegen, wer von Ihnen bereit wäre, eine Niere für ihn zu spenden. Die andere Möglichkeit ist eine Sofortoperation. Diese ist aber gefährlich für das Kind. Ich sage es Ihnen ganz offen: Seine Überlebenschancen liegen bei 30 Prozent. Ich kann Ihnen diese Entscheidung nicht abnehmen. *Sie* müssen entscheiden, wie wir vorgehen sollen. Überlegen Sie gründlich."

Diese Nachricht traf mich völlig unvorbereitet. Sie war wie ein Schlag ins Gesicht. Ich war doch schon am Ende meiner Kräfte, fühlte mich einsam und verlassen. Und nun sollte ich auch noch eine Entscheidung von dieser Tragweite treffen? Oh Gott, wie sollte ich entscheiden? Ich beschloss, erst einmal meinen Mann anzurufen. Nachdem ich ihm die Situation erklärt hatte, sagte ich: „Gabriel, was sollen wir tun? Entscheide du! Ich kann nicht mehr." Und was antwortete mir mein Mann darauf? „Menawar, du hast so viel durchgemacht in dieser Schwangerschaft. Mehr als dreißig Tage hast du im Krankenhaus verbracht. Du hast schon so viel mit dem Kind gelitten. Diese Entscheidung musst du treffen. Du wirst das Richtige tun." *Oh nein,* dachte ich, *jetzt liegt die Entscheidung doch ganz allein bei mir.* Gabriel fügte noch hinzu: „Leg die Entscheidung in Gottes Hand. Er weiß, was am besten für das Kind ist. Wenn ich sage, das Kind soll operiert werden und es geht schief, dann gibst du mir vielleicht später die Schuld daran. Wenn ich sage, wir probieren es mit den Medikamenten und nach den neun Jahren können wir ihm aus irgendwelchen Gründen keine Niere spenden, dann werden wir sagen: Warum haben wir das dem Kind angetan? Hätten wir es doch bloß operieren lassen!" Auch diese Aussagen meines Mannes halfen mir nicht gerade weiter. Ich war hin- und hergerissen und wusste einfach nicht, was ich tun sollte. Ich betete innerlich, Gott möge mir helfen. Da wurde mir die Entscheidung abgenommen. Der Arzt kam wieder auf mich zu und teilte mir mit: „Frau Safar, der Gesundheitszustand Ihres Sohnes hat sich verschlechtert. Er muss sofort operiert werden. Sonst stirbt er innerhalb der nächsten Tage." Das war zwar einerseits eine schlechte Mitteilung, aber auf der anderen Seite wusste ich nun, wie es weitergehen würde. Ich fühlte mich erleichtert, dass ich keine Entscheidung zu treffen brauchte. Da eine solch schwierige Operation nicht in Gifhorn durchgeführt werden konnte, wurde das Baby nach Braunschweig in das Krankenhaus an der Holwedestraße verlegt. Ich konnte meinen kleinen Sohn nicht begleiten. Dafür versprach mir der Arzt, dass er sich persönlich um meinen Sohn kümmern würde. Er würde im Krankenwagen mitfahren, bei der Operation dabei sein und ihn auch wieder zurück nach Gifhorn begleiten. Ich dankte Gott, dass er mir diesen Arzt an die Seite gestellt hatte. In einer stundenlangen Operation wurde meinem Sohn die halbe Niere entfernt. Mir kamen diese Stunden wie Tage vor. Endlich klingelte das Telefon und der Arzt war in der Leitung: „Frau Safar, die Operation ist geglückt! Ihr Sohn hat alles gut überstanden. Ich bringe ihn gleich wieder zurück nach Gifhorn, wo er auf der Intensivstation weiterbehandelt wird." Ich freute mich. Mein Kind lebte. Gott sei Dank.

Nun überlegte ich, welchen Namen ich dem Baby geben sollte. Der Tradition nach wäre Gabriel eine gute Möglichkeit gewesen, da mein Bruder Gabriel vor Kurzem gestorben war und so die Erinnerung an ihn weiterleben könnte. Aber mein

Mann hieß ja auch Gabriel. Zwei Gabriels in der Familie – das wäre zu viel und würde nur Verwirrung stiften. Ich dachte weiter nach und dann fiel mir der Name Hasni ein, das bedeutet Traurigkeit. Hatten das Kind und ich nicht schon viel Trauriges erlebt? Diese fürchterliche Zeit der Schwangerschaft, die Plagen bei der Geburt und nun auch noch die Krankheit und die schwere Operation. Ja, Hasni passte. Nach einiger Zeit jedoch rief mein Vater aus Syrien an, der von Gabriel erfahren hatte, welchen Namen unser neugeborener Sohn tragen sollte. „Tochter", sagte er, „das ist kein guter Name für das Kind. Soll er sein Leben lang mit diesem Namen herumlaufen und immer das Gefühl haben, nur Traurigkeit gebracht zu haben? Denk noch mal darüber nach! Ich würde den Namen Michael vorschlagen. Das bedeutet ‚Gott hat uns lieb', und das passt doch auch gut zu eurer Situation mit der geglückten Operation." Nachdem er aufgelegt hatte, dachte ich über seine Worte nach. Ich erkannte, dass er recht hatte, und nannte unseren Sohn Michael!

Nach neun Tagen wurde ich aus dem Krankenhaus entlassen, das Baby musste aber noch dableiben. Das war hart für mich, meinen kleinen Schatz dort allein im Krankenhaus zurückzulassen. Jeden Morgen bin ich dann mit dem Bus nach Gifhorn zum Krankenhaus gefahren. Zu Hause hatte ich Milch abgepumpt, um damit meinen Sohn zu versorgen. Ich saß dann an seinem Bettchen und betete verzweifelt. Warum war nur alles so schwierig? Ich fühlte mich so allein und hilflos. Bis 15 Uhr musste ich dann im Krankenhaus warten, denn vorher fuhr kein Bus zurück. Meine kleine Familie war in dieser Zeit ganz auf sich allein gestellt.

Es gab aber auch eine positive Veränderung in unserem Leben. Während ich im Krankenhaus gelegen hatte, war meine Familie in eine neue Wohnung umgezogen. Es handelte sich um eine kleine Dreizimmerwohnung im 1. Stock. Sie lag am Ortsrand von Groß Schwülper und war Bestandteil eines alten

Hospitals aus dem 17. Jahrhundert. Die ganze Anlage war im Viereck um einen großen Innenhof herumgebaut. Außer unserer Wohnung gab es noch vier weitere Mietwohnungen auf dem Hof, die hauptsächlich von älteren Leuten bewohnt wurden. Die Anlage gehörte der Baptistengemeinde in Schwülper, deren kleine Kapelle ebenfalls auf dem Gelände stand. Diese hatte sogar einen Glockenturm, aber leider wurde die Glocke fast nie geläutet. Die Gemeinde und besonders die Familie Koberstein halfen uns sehr, in Deutschland Fuß zu fassen. Sie waren für mich wie Engel Gottes auf Erden. Wann immer wir Hilfe brauchten, waren sie zur Stelle. Als Herr Günther Koberstein davon erfuhr, dass ich jeden Tag mit dem Bus nach Gifhorn fuhr, kümmerte er sich darum, dass mir ein Taxi zur Verfügung gestellt wurde. Nun war alles viel einfacher. Jeden Morgen holte mich das Taxi ab und fuhr mich zum Krankenhaus. Dort versorgte ich das Baby und wenn ich damit fertig war, konnte ich gleich mit dem Taxi wieder nach Hause fahren. Dies habe ich einen ganzen Monat lang gemacht. Dann war ich am Ende. Ich bat den Arzt, mir eine Spritze zu geben, um den Milchfluss zu stoppen. Nun brauchte ich nicht mehr jeden Tag ins Krankenhaus zu fahren.

Nach drei Monaten wurde der kleine Michael endlich entlassen und wir konnten ihn mit nach Hause nehmen. Gott sei Dank hat Michael dies alles gut überstanden! Wir mussten zwar noch häufig mit ihm ins Krankenhaus, da er sehr anfällig für Lungenentzündungen war. Immer wieder lag er dort wegen der hohen Ansteckungsgefahr meist in einem isolierten Zimmer. Es tat mir leid, ihn so zu sehen, eingesperrt in einem Zimmer, während die anderen Kinder spielen konnten. Nur wir Eltern durften während der Besuchszeiten mit einem Mundschutz zu ihm hineinkommen. Außerdem mussten wir in regelmäßigen Abständen Kontrolluntersuchungen der Niere durchführen lassen. Wir waren jedes Mal erleichtert, wenn wir die Diagnose „Alles ist in Ordnung!" erhielten. Nach diesem schweren Start ins Leben kann ich Gott wirklich nur danken, dass Michael heute ein gesunder junger Mann ist, der sogar seinen Dienst bei der Bundeswehr leisten konnte.

Auch nach unserem Umzug nach Groß Schwülper besuchten uns die beiden Frauen regelmäßig. Die eine kam jeden Tag und brachte auch ihre Kinder mit. Meist kochte ich für sie und gab ihnen auch noch Essen für zu Hause mit. Ich weiß heute gar nicht mehr, wie ich das finanziell überhaupt geschafft habe. Aber es war immer genug Essen für alle da. Die Frau muss wohl gedacht haben, dass wir Asylbewerber viel Geld erhielten, dass wir uns so etwas leisten konnten. Sie selbst war nämlich nicht so großzügig, wie ich eines Tages feststellen musste. Wir hatten wieder einmal einen wichtigen Brief von einem Anwalt bekommen. Obwohl unser Deutsch inzwischen schon besser geworden war, reichte es noch lange nicht aus, um amtliche Texte zu verstehen. Inzwischen ging mein ältester Sohn schon in den Kindergarten. Da uns der Brief sehr wichtig erschien, hatten wir die Idee, dass ich bei der Frau vorbeigehen sollte, bevor ich Milad vom Kindergarten abholte. Ich wollte sie bitten, mir den Inhalt des Briefes zu erklären. Gesagt, getan. Sie wohnte nicht weit entfernt vom Kindergarten. Obwohl sie fast jeden Tag bei uns gewesen war, war es nun das erste Mal, dass ich an ihrer Haustür klingelte. Noch nie zuvor war ich in ihrem Haus gewesen. Ich hörte, dass jemand zur Tür kam. Diese öffnete sich einen Spalt und die Frau schaute heraus: „Oh, Menawar!", sagte sie, ohne die Tür weiter zu öffnen. Ich sagte „Hallo" und reichte ihr den Brief. Sie nahm ihn mir aus der Hand und überflog ihn schnell. Dann gab sie ihn mir wieder zurück und sagte: „Lauf nach Hause. Ich habe noch etwas zu erledigen. In einer halben Stunde komme ich zu dir." Dann schloss sich die Tür vor meiner Nase. Mir wurde heiß und kalt. Ungläubig starrte ich auf die geschlossene Tür. Die Frau, die jeden Tag bei mir ein und aus ging und wie selbstverständlich bei uns zu Mittag aß, hatte mich an der Tür abgewiesen. Sie hatte mich nicht einmal ins Haus gebeten, als ich ihre Hilfe brauchte. Langsam drehte ich mich um. Dann begann ich zu laufen, während mir die Tränen in die Augen schossen. Ich rannte, so schnell ich konnte, nach Hause. Gabriel sah mich verwundert an: „Was ist los?", wollte er wissen. „Ich denke, du bist bei der Frau und holst dann Milad aus dem Kindergarten ab?" Nun machte ich meiner Enttäuschung und meinem Ärger Luft und schimpfte über das Verhalten dieser Frau. Gabriel, der sich auch ärgerte, versuchte aber, mich zu beruhigen. „Du sagst, sie will in einer halben Stunde kommen? Es ist gleich so weit. Wir müssen uns überlegen, wie wir reagieren wollen, wenn sie vor der Tür steht." Da wir uns nicht trauten, sie wegen ihres Verhaltens zur Rede zu stellen und dies auch wegen unserer mangelnden Deutschkenntnisse nicht konnten, beschlossen wir einfach, die Tür nicht zu öffnen, wenn sie kam. Gabriel holte noch schnell Milad aus dem Kindergarten ab. Dann verbarrikadierten wir uns in der Wohnung. Durchs Fenster sahen wir sie kommen. Sie klingelte und klingelte, aber wir öffneten die Tür nicht. Schließlich verließ sie den Hof wieder. Von diesem Tag an hatte sich unser Verhältnis verändert. Sie kam immer seltener zu uns und schließlich haben wir den Kontakt zu ihr ganz abgebrochen.

Ähnliches erlebten wir einige Zeit später mit der anderen Frau, die uns am Anfang unserer Zeit in Deutschland häufig besuchte. Sie hatte für uns einen Deutschkurs in Braunschweig organisiert und brachte uns dort mit ihrem Auto hin. An zwei oder drei Stunden hatten wir inzwischen teilgenommen. Außer uns besuchten hauptsächlich Türken diesen Kurs. Ich selbst bekam nicht viel von dem Unterricht mit, da ich ständig durch Michael abgelenkt wurde, den ich zu den Stunden mangels Babysitter mitnehmen musste. Eines Morgens wollte sie uns wieder um 8 Uhr zum Unterricht abholen. Am Abend vorher allerdings hatten wir überraschend Besuch bekommen. Gabriels Cousin aus Worms war gekommen. Wir freuten uns riesig. Damals hatten wir nicht viel Besuch von Familienangehörigen. Die meisten lebten in Syrien, und die, die in Deutschland waren, wohnten weit entfernt von uns. Wir freuten uns riesig und saßen bis spät in die Nacht hinein zusammen und tauschten Neuigkeiten und alte Erinnerungen aus. Unseren Deutschkurs am nächsten Tag vergaßen wir dabei völlig. Als es morgens um 8 Uhr klingelte, ging Gabriel schlaftrunken im Schlafanzug zur Tür und öffnete. Er blickte in das ungläubige Gesicht der Frau, die uns abholen wollte. Ihre Miene verwandelte sich von Unglauben in Wut. Sie fragte nicht, was der Grund für unser Verhalten war, sondern begann sofort zu schimpfen: „Das ist typisch. Es ist kein Verlass auf euch Ausländer! So etwas wie Zuverlässigkeit und Pünktlichkeit werdet ihr wohl nie lernen. Da opfere ich meine Zeit für euch und was ist der Dank dafür?" Gabriel war inzwischen ganz wach geworden und erwiderte: „Hör auf, mich anzuschreien. Bislang bin ich still gewesen. Ständig versuchst du uns und unsere Kinder zu erziehen. Wenn wir dir eine so große Last sind, dann hau ab und lass uns in Ruhe." Die Frau war völlig verdattert. Sie hatte nicht damit gerechnet, dass Gabriel etwas erwidern würde. Bislang hatten wir uns, aus Respekt gegenüber ihrem Alter, alles gefallen lassen, was sie sagte. Auch wenn sie unsere Kinder barsch behandelte, was oft der Fall gewesen war. Aber ihr Wutausbruch hatte das Fass nun zum Überlaufen gebracht. Sie verließ den Hof und kam nie wieder.

Im Nachhinein erfuhren wir auch, dass die beiden Frauen uns die ganze Zeit über falsch beraten hatten. Wir hatten ihnen jedes Mal die Briefe gezeigt, die wir von Behörden bekamen, damit sie uns diese übersetzen oder, besser gesagt, erklären sollten, was es mit ihnen auf sich hatte. Sie sahen sich die Briefe auch immer an und sagten: „Ach, der ist nicht so wichtig. Hebt ihn auf und legt ihn in die Schublade. Es ist nur eine Mitteilung." Unwissend, wie wir waren, befolgten wir ihren Rat, nicht ahnend, dass sie uns falsch informierten. Erst ein Jahr nach der Geburt meines zweiten Sohnes erfuhr ich durch eine andere Asylbewerberin, dass uns viel Unterstützung durch den Landkreis entgangen war. Wie sich nun herausstellte, waren es wichtige Informationen gewesen, die uns zugeschickt worden waren. Wir hätten Gelder für die Anschaffung für Kinderbetten beantragen können und zusätzliches Unterhaltsgeld während der Schwangerschaft, um die notwendigen Dinge für das Baby kaufen zu können. Inzwischen waren die Fristen verstrichen und wir hatten keinen Anspruch mehr darauf. Wir waren schockiert. Wir hatten diesen Frauen doch vertraut! Wir waren immer freundlich zu ihnen gewesen. Warum hatten sie uns falsch informiert? Ich war tief verletzt und dachte so manches Mal: „Die Deutschen scheinen alle schlechte Menschen zu sein. Warum sind wir nur in dieses Land gekommen?" Heute denke ich, dass dieser schwere Start uns geholfen hat, schnell selbst für uns verantwortlich zu werden und uns nicht zu sehr auf fremde Menschen zu verlassen. Nach und nach haben wir falsche Freunde erkannt und sie aus unserem Leben verabschiedet. Der Einzige, der sich immer als zuverlässig herausgestellt hat, war Gott. Er hat immer für uns gesorgt und uns weitergeholfen. So hatte er mir z. B. im Krankenhaus den Arzt an die Seite gestellt und uns die neue Wohnung geschenkt. Und immer wieder erlebten wir es, dass wir Hilfe von Menschen erhielten, die wir gar nicht kannten. So spendete uns zum Beispiel eine Pfarrerin aus Braunschweig Geld, als sie erfuhr, dass wir uns den Beitrag für den Kindergarten nicht leisten konnten.

# Kapitel 14
## Heilsame Begegnungen

Kontakt zu der Baptistengemeinde hatten wir bereits in Rothemühle bekommen. Da wir jetzt in einem mehrheitlich christlichen Land lebten, verspürten wir den Wunsch, regelmäßig zur Kirche zu gehen, um Kontakt zu anderen Christen zu bekommen. Gottesdienste in arabischer Sprache gab es natürlich nicht, aber im Nachbarort war eine evangelische Kirche und so machten wir uns am Sonntagmorgen zu Fuß auf den Weg dorthin. Verstanden haben wir nichts, aber allein schon das Wissen, mit anderen Christen gemeinsam Gottesdienst zu feiern, half uns. An einem anderen Sonntag nahm uns eine Frau aus dem Dorf mit zu einer Freikirche nach Braunschweig. Sie erzählte uns, dass es im Nachbarort ebenfalls eine Freikirche der Baptisten gäbe. So besuchten wir in unregelmäßigen Abständen verschiedene Gottesdienste. Dann lernten wir Pastor Rudolf Albilt kennen. Er war der Pastor der Baptistengemeinde im Nachbarort Schwülper und wohnte schräg gegenüber von uns in Rothemühle. Eines Tages, als Gabriel dabei war, die Straße zu fegen, sprach ihn Pastor Albilt an und erkundigte sich, wo wir herkämen. Als er hörte, dass wir syrische Christen waren und dass Gabriel sogar Aramäisch sprechen konnte, wuchs sein Interesse, uns näher kennenzulernen. Aramäisch ist die Sprache, in der sich auch Jesus zu seinen Lebzeiten auf der Erde ausdrückte. Heute allerdings wird sie nur noch von wenigen Menschen gesprochen.

Von da an nahm uns der Pastor häufig mit zu seiner Gemeinde in Groß Schwülper. Er besuchte uns auch oft zu Hause. Wir saßen dann bei einer Tasse Kaffee im Wohnzimmer und versuchten uns, so gut es ging, zu unterhalten. Dabei ließ er immer wieder seinen Blick durch unser Haus schweifen und sah, wie heruntergekommen alles wirkte. Inzwischen lebten wir auch nur noch zu dritt in der Wohnung, denn meine Schwiegermutter und ihre Kinder waren ausgezogen. Dadurch war die Wohnung nun viel zu groß für uns. Wir freuten uns immer auf die Besuche von Pastor Albilt, denn wir spürten, dass er echtes Interesse an unserem Leben hatte. Eines Tages stand er gemeinsam mit einem älteren Mann vor unserer Tür. „Das ist Herr Koberstein. Er ist der Gemeindeleiter der Baptistengemeinde in Schwülper", stellte er uns den Mann vor. Wir baten die beiden herein und als wir im Wohnzimmer saßen, kamen sie auf den Grund ihres Besuches zu sprechen. „Auf dem Gelände der Freikirche ist eine Mietwohnung frei. Wenn ihr mögt, könnt ihr dort einziehen." Wir waren begeistert, als wir diese Nachricht hörten. Gott hatte wieder einmal für uns gesorgt! Nachdem wir uns die Wohnung angesehen hatten, stand unsere Entscheidung fest – dort wollten wir wohnen. Diese Wohnung wurde ein richtiges Zuhause für uns und für mich persönlich immer mehr zu einem Ort der Geborgenheit. Das ganze Gebäude war für mich ein heiliger Ort, eine Stätte, an der Christen zusammenkamen, um gemeinsam das Abendmahl zu feiern. Noch heute denke ich gerne an die Zeit dort zurück. An diesem Ort veränderte sich viel in meinem Glaubensleben. Dort lernte ich Gott erst richtig kennen. Doch bevor es dazu kam, musste ich noch durch ein tiefes Tal der Depression gehen.

Ich konnte und wollte es einfach nicht akzeptieren, dass mein Bruder tot war. Alle meine Gedanken kreisten immer wieder nur um dieses Geschehen. Ich hätte mich gerne mit jemandem über meinen Bruder unterhalten, aber es war niemand da. Mein Mann kannte ihn kaum. Er war dafür nicht der geeignete Gesprächspartner. Das Leben verlor für mich immer mehr seinen Sinn. Alles sah nur noch düster und grau aus. Ich konnte nichts mehr essen. Ich hatte einfach keinen Appetit und wurde immer magerer. Innerhalb von zwei Monaten verlor ich fast 15 Kilogramm. Ich sah aus wie eine alte, verhärmte Frau. Schlafen konnte ich auch nicht. Entweder lag ich stundenlang wach und drehte mich von einer Seite auf die andere oder ich verfiel in unruhige Träume, aus denen ich wie gerädert erwachte. Ich bekam Albträume, in denen ich meinen Bruder sah. In meinen Träumen ging ich mit ihm spazieren, aber plötzlich versank er im Sumpf oder steckte in der Erde fest. Ich versuchte, ihn daraus zu befreien, und zog an seinem Arm. Doch mein Bruder sagte: „Lass mich los. Du erwürgst mich." Da begann ich bitterlich zu weinen. Ich wurde regelrecht von Weinkrämpfen geschüttelt. Manchmal wurde ich auch in meinen Träumen von bösen Menschen gejagt, die mich quälten und zu erwürgen versuchten. Wenn Gabriel dies mitbekam, weckte er mich vorsichtig auf. Manchmal war mein Kopfkissen nass, wenn ich aus diesen Träumen erwachte. Mein Mann begann sich große Sorgen um mich zu machen und wurde selbst auch immer trauriger. Manchmal saß er einfach da und weinte, weil er keinen Ausweg mehr für mich und meine Depressionen sah. Er ging mit mir zu vielen Ärzten, die mir aber auch nicht wirklich helfen konnten. Ich erhielt Tabletten, die mich ruhig stellen sollten, doch ich merkte, dass damit die Ursache meiner Depressionen nicht beseitigt werden konnte. Durch den ständigen Schlafentzug war ich sehr reizbar. Mir wurde alles zu viel. Die Kinder gingen mir auf die Nerven und mehr als einmal schlug ich sie mit voller Wucht ins Gesicht. Ich war einfach nicht mehr ich selbst.

Sonntags gingen wir meistens in den Gottesdienst der Baptistengemeinde. Anfangs konnte ich gar nicht glauben, dass dies wirklich eine Kirche sein sollte. Sie sah so anders aus als die Kirchen, die ich von zu Hause kannte. Es gab keinen Altar und keine Bilder an der Wand. Alles war einfach und schlicht, fast wie ein großes Wohnzimmer eingerichtet. Einzig das Kreuz an der Stirnseite des Raumes wies für mich darauf hin, dass es sich um eine Kirche handeln könnte. Und das Gebäude hatte einen Glockenturm – vielleicht war es also tatsächlich eine Kirche? Verstanden haben wir von den Gottesdiensten nichts. Der Ablauf und die Rituale des Gottesdienstes waren völlig anders, als wir es aus Syrien kannten. Es herrschte aber eine gute Atmosphäre in der Versammlung und die Leute begegneten uns freundlich. Mit den anderen Hofbewohnern kamen wir gut zurecht. Die älteren Leute regten sich zwar manchmal auf, wenn die Kinder zu viel Lärm machten, aber im Großen und Ganzen kamen wir gut miteinander aus. Ja, gerade unsere älteren Nachbarn gaben letztlich den Ausschlag, dass sich mein Leben wieder zum Besseren wendete.

Es war im Sommer des Jahres 1988. Die Gemeinde hatte ein Missionszelt auf dem Marktplatz in Groß Schwülper aufgestellt. Es sah aus wie ein Zirkuszelt. Innen standen Holzbänke und vorne gab es eine kleine Bühne, auf der ein Pastor stand und predigte. Es war nicht der Pastor der Gemeinde, sondern ein anderer Pastor, der extra für diese Veranstaltung angereist war und eine Woche lang jeden Abend in dem Zelt auf dem Marktplatz predigte. Die älteren Leute auf unserem Hof gingen dort jeden Tag hin und sie luden mich ein, sie zu begleiten. Ich war mir zunächst nicht sicher, ob ich dies tun sollte, denn ich würde ja sowieso nichts verstehen. Als ich Gabriel davon erzählte, sagte er: „Geh doch mit. Dann hast du ein bisschen Abwechslung und kommst unter Leute. Ich bleibe zu Hause und passe auf die Kinder auf." So kam es, dass ich von da an jeden Abend mit drei älteren Leuten zu dem Missionszelt ging. Ich setzte mich auf eine Bank und hörte zu.

Verstanden habe ich eigentlich nichts. Eine Sache fiel mir aber auf. Jedes Mal, wenn der Pastor seine Predigt beendet und Amen gesagt hatte, fügte er noch etwas hinzu. Ein paar Wörter verstand ich: Schlaf, Traum, beten ... Was erzählte er da bloß?

Ich fragte meine Begleiter danach und sie erklärten mir, dass diejenigen zu ihm nach vorne kommen sollten, die Probleme hatten oder schlecht schlafen konnten. Er wollte mit ihnen gemeinsam für ihre Probleme beten. Denn, so sagte er, es gäbe keine Sache, die für Gott zu schwierig wäre. Gott könnte bei allen Dingen helfen. Nun begannen die Gedanken in meinem Kopf zu kreisen. Sollte ich zu ihm gehen? Ich war genau so eine Person, die er genannt hatte. Nein, an jenem Abend wollte ich noch nicht nach vorne gehen. Erst wollte ich dies mit meinem Mann besprechen. Aufgeregt kam ich nach Hause und erzählte ihm davon. Gabriel sagte: „Warum nicht? Geh doch morgen zu ihm hin und bete mit ihm."

So ermutigt, vertraute ich mich einer meiner älteren Begleiterinnen an und bat sie, mich am nächsten Tag zu dem Pastor zu begleiten. Um noch weitere Rückenstärkung zu erhalten, bat ich auch noch eine der jüngeren Frauen aus der Gemeinde, ihr Name ist Annette, mir beim Dolmetschen zu helfen. Sie hatte mich schon einige Male besucht und mir geholfen. Später ist sie mir eine wirklich gute Freundin geworden. Nach dem Gottesdienst begleiteten die beiden mich zu dem Pastor und halfen mir, mich ihm verständlich zu machen. Ich erzählte ihm von meinen Träumen und wie sie mich quälten. Nachdem er sich dies angehört hatte, sagte er: „Jetzt will ich dafür beten. Ich lege meine Hand auf dich und bitte Gott, dir zu helfen. Bete anschließend in deiner eigenen Sprache. Wenn du nicht weißt, was du Gott sagen sollst, dann bete einfach das Vaterunser." *Okay*, dachte ich, *das hört sich nicht so schwer an. Wenn ich dadurch tatsächlich gesund werden kann, dann will ich das versuchen.* Als wir dann anfingen zu beten, begann ich zu zittern. Was würde jetzt passieren? Was wäre, wenn ich mein Problem nicht genau genug erklärt hätte? Als das Gebet beendet war, schaute ich ihn erwartungsvoll an und er sagte: „Jesus wird sich um dich kümmern. Wenn du heute Nacht wieder schlecht träumst

– und ich bin sicher, du wirst schlecht träumen –, dann rufe Jesus um Hilfe an." Ich versprach ihm, dies zu tun, und ging nach Hause.

Dort erzählte ich meinem Mann ganz genau, was der Pastor zu mir gesagt hatte und wie wir gemeinsam gebetet hatten. Dann gingen wir zu Bett. Ich war kaum eingeschlafen, da kam auch schon wieder der Albtraum. Ich sah vier schwarz gekleidete Männer vor mir, die mich angriffen. Ihre Hände waren wie Klauen, die sich um meinen Hals legten. Ich fühlte mich, als wäre ich in einem Horrorfilm. Ich merkte, wie mir die Luft knapp wurde. Ich schrie im Traum: „Gabriel, hilf mir!" Immer stärker wurde der Druck um meinen Hals. Ich konnte kaum noch atmen. Da hörte ich eine leise Stimme, wie aus der Ferne. Es war Gabriels Stimme, die sagte: „Rufe nicht mich. Ich kann dir nicht helfen. Rufe Jesus, so wie es dir der Pastor gesagt hat." Ich gehorchte. Mit letzter Kraft presste ich ein leises „Jesus, Jesus, hilf mir!" hervor. Und dann passierte etwas, das ich mein ganzes Leben lang nicht vergessen werde. Plötzlich öffnete sich unsere Schlafzimmerdecke und ein hell bekleideter Mann stand im Zimmer. Seine ganze Erscheinung strahlte, sodass das Zimmer von Licht durchflutet wurde. Seine Haare glänzten wie Gold. Das Gesicht konnte ich nicht genau erkennen, denn es war etwas wie ein Schleier oder Nebelschwaden davor. Doch es strahlte und seine Augen waren freundlich auf mich gerichtet. Ich habe ihn nicht sprechen gehört, doch ich merkte, dass er Autorität über die schwarzen Männer hatte. Sie lockerten ihren Griff um meinen Hals und verschwanden. Jetzt war ich wach und setzte mich im Bett auf. Der weiße Mann war noch immer bei mir im Zimmer. Ich sah ihn vor mir stehen. Mir war sofort klar: Das musste Jesus sein. Ich hatte ihn um Hilfe gebeten und er war gekommen und hatte mich befreit, als ich ihn gerufen hatte. Nun sah ich, wie er sich langsam erhob und durch die noch immer geöffnete Zimmerdecke entschwand. Ich konnte ihn sehen, bis er oben im Himmel war. Ich schaute zu meinem Mann hinüber. Er schlief und hatte von all dem gar nichts mitbekommen. Schnell rüttelte ich ihn wach. „Siehst du, was ich sehe? Die Zimmerdecke ist offen und da ist Jesus. Siehst du ihn?" Mein Mann strahlte. Er konnte zwar nicht sehen, was ich sah, doch er nahm mich in den Arm und sagte: „Jesus hat dich befreit." Und das stimmte tatsächlich. Nachdem sich die Decke langsam wieder geschlossen hatte, beteten wir gemeinsam das Vaterunser und ich fiel in einen tiefen Schlaf. Schon lange hatte ich nicht mehr so gut geschlafen. Am Morgen war ich frisch und munter und fühlte neue Energie in meinem Körper. Ich war aus meinen Depressionen zu neuem Leben erwacht.

Am nächsten Tag, einem Sonntagmorgen, machten wir uns nach dem Frühstück gemeinsam auf den Weg zum Zelt. Dort fand der Abschlussgottesdienst der Evangelisationswoche statt. Viele Menschen waren gekommen. Nachdem der Gottesdienst vorbei war, winkte mich der Pastor zu sich. Da er mir am Tag zuvor gesagt hatte, dass ich bestimmt wieder schlecht träumen würde, ging ich davon aus, dass er auch alles wusste, was in der vergangenen Nacht geschehen war. Ich war ganz aufgeregt. Zusammen mit Gabriel und meiner „Dolmetscherin" Annette ging ich zu ihm. Als er nun fragte, wie es mir in der letzten Nacht ergangen sei, konnte ich gar nicht antworten, sondern Gabriel sprudelte freudig alles hervor, was passiert war. Am Abend zuvor hatte ich auch von meinem toten Bruder gesprochen, wie sehr er mir fehlte und dass er jede Nacht in meinen Träumen erschien. Nun sagte der Pastor zu mir: „Jesus hat dich befreit. Lass jetzt auch deinen Bruder los. Sprich noch ein letztes Gebet für ihn und dann erwähne ihn nicht mehr im Gebet. Lass seine Seele in den Himmel ziehen." Ich erklärte mich damit einverstanden und wir beteten noch einmal miteinander. Dann sagte er zu mir: „Du sollst dich taufen lassen." Ich war verwirrt. Was sollte denn das nun wieder bedeuten? Ich war doch schon als Baby getauft! Er sah meinen fragenden Blick und erklärte: „Die Taufe ist wie eine Waschung für deine Seele. Damit kannst du die Krankheit ganz von dir abwaschen." Aber wie sollte so eine Taufe ablaufen? Ich hatte nur die Taufen in unserer Kirche in Syrien vor Augen, bei denen Säuglinge im Taufbecken nackt ganz untergetaucht wurden. Auch meine Kinder waren so getauft worden – Milad noch in Syrien und Michael von einem alten aramäischen Pastor in der evangelischen Kirche „St. Ulrici-Brüdern" in Braunschweig.

Nachdem meine Bedenken zerstreut waren und mir versichert wurde, dass ich bei der Taufe ein weißes Taufkleid tragen würde, versprach ich, darüber nachzudenken. Wenig später wurde ein Taufkurs in der Gemeinde angeboten, an dem ich teilnahm. Hier wurden noch mal die wichtigsten Zusammenhänge aus der Bibel erklärt und welche Bedeutung die Taufe hat. Da ich aber nur wenig Deutsch verstand, bekam ich eigentlich nichts davon mit. Am Ende sollte ich ein Papier unterschreiben. Ich wusste zwar nicht, wofür das gut war, aber ich unterschrieb, ohne weiter nachzufragen. So kam der Tag meiner Taufe. Meine „Dolmetscherin" war meine Taufbegleiterin und somit die Person, die mich in Glaubensfragen beraten und unterstützen sollte. Sie gab sich auch viel Mühe, mir alles zu erklären, und ich habe immer genickt, obwohl ich nichts verstanden habe.

Etwa einen Monat später sah ich, was ich unterschrieben hatte. In der Gemeinde war ein neues Mitgliederverzeichnis verteilt worden und ich wurde ganz blass, als ich meinen Namen in dem Verzeichnis fand. Ich war auf einmal Mitglied der Freikirche geworden. Das hatte ich nicht gewollt. Ich hatte der Taufe doch nur zugestimmt, um meine Krankheit abzuwaschen, wie es mir vom Pastor der Evangelisationswoche empfohlen worden war. Aber ich hatte nicht meine Konfession ändern wollen. Ich fühlte mich hereingelegt und war sauer und enttäuscht. Konnte man denn in diesem Land überhaupt niemandem trauen? Ärgerlich zeigte ich Gabriel das Mitgliederverzeichnis. Er sah mich an und versuchte, mich zu beruhigen: „Ist doch nicht so schlimm. Sie sind auch Christen. Es ist doch egal, in welchem Mitgliederverzeichnis du stehst. Die Gemeinde Jesu ist überall." Doch so schnell ließ ich mich nicht versöhnen. Am liebsten hätte ich mit dem Pastor gesprochen und ihm seinen Betrug vorgeworfen. Aber aufgrund meiner Sprachprobleme traute ich mich nicht und so ließ ich die Sache dann doch auf sich beruhen. Nach und nach gewöhnte ich mich an meine neue Konfession. Es war wie eine Wunde, die langsam zuheilte. Ich bin noch immer Mitglied dieser Gemeinde und fühle mich dort sehr wohl. Heute denke ich auch nicht mehr, dass ich damals ausgetrickst wurde. Sie hatten es gut mit mir gemeint. Der Pastor im Missionszelt hatte mir den Weg gezeigt, um gesund zu werden, und ich hatte alles getan, was er mir gesagt hatte. Sie hatten mich auch, als ich den Zettel unterschrieb, darauf hingewiesen, dass ich nach der Taufe Mitglied ihrer Gemeinde sein würde. Doch da ich nicht zugeben wollte, nichts verstanden zu haben, hatte ich, ohne nachzufragen, unterschrieben.

Nach diesen Ereignissen ging es mit meiner Gesundheit wieder bergauf. Auch mein Glaube hatte eine neue Qualität erhalten. Sicher, ich hatte immer geglaubt, dass es Gott gibt, und hatte auch schon oft seine Bewahrung in meinem Leben verspürt. Doch jetzt war Jesus erst richtig in mein Leben eingezogen. Ich hatte das erlebt, wovon in der Bibel geschrieben steht: „Siehe, ich stehe vor der Tür und klopfe an. Wenn jemand meine Stimme hören wird und die Tür auftun, zu dem werde ich hineingehen und das Abendmahl mit ihm halten und er mit mir." (Offenbarung 3,20)

## Kapitel 15
## Bedrohliche Telefonanrufe

An den meisten Wochenenden spielte Gabriel als Trommler auf türkischen, kurdischen und syrischen Hochzeiten. Er war ein sehr guter Trommler und wurde an vielen Orten in Norddeutschland engagiert. Das bedeutete für mich, dass ich an den Wochenenden mit den Kindern oft alleine war. Eigentlich machte mir das nicht viel aus. Doch Anfang der Neunzigerjahre veränderte sich in Deutschland gegenüber Ausländern merklich das Klima. Es war die Zeit der Wiedervereinigung. Die Freude darüber war einerseits groß, aber auf der anderen Seite führten die vielen damit verbundenen Probleme zu einer zunehmend ablehnenden Haltung der Deutschen gegenüber Ausländern. Berichte von brennenden Asylbewerberheimen bestimmten die Nachrichtensendungen und wir bekamen Angst, dass auch uns etwas passieren könnte. Zu dieser Zeit versammelte sich die Dorfjugend am Wochenende gerne im Tor der Stiftsanlage, in der wir wohnten. Sie saßen dort bis spät in die Nacht hinein, machten Lärm und tranken Alkohol. Mir war immer unwohl bei ihrem Anblick, denn ich hatte Angst, dass sie eines Tages auf den Gedanken kommen könnten, etwas gegen uns Ausländer zu unternehmen.

Eines Abends klingelte das Telefon. Mein Mann ging an den Apparat und es meldete sich eine heisere Stimme. Sie sagte, dass sie die Lehrerin unseres Sohnes Milad sei und ihm noch etwas wegen des nächsten Schultages mitteilen wolle. Das passierte häufiger. Oft fiel die erste Stunde aus, weil eine Lehrkraft erkrankt war. In solchen Fällen rief die Klassenlehrerin, die oft selbst erkältet und heiser war, bei uns an. Milad ging in die erste Klasse und sprach inzwischen besser Deutsch als wir. Daher fanden wir es auch nicht ungewöhnlich, dass die Lehrerin lieber mit ihm sprechen wollte, und so riefen wir ihn an den Apparat. Während Milad zuhörte, sahen wir, wie er auf einmal kreidebleich wurde. Was war passiert? Was erzählte sie unserem Sohn am Telefon? Wir hörten, dass die Stimme in der Leitung sehr laut geworden war. „Nein, so spricht meine Lehrerin nicht!", sagte Milad noch, dann sackte er ohnmächtig zusammen. Gabriel sprang schnell zum Telefon und griff zum Hörer. Er hörte aber nur noch ein Klicken in der Leitung. Der Anrufer hatte aufgelegt. Nun kümmerten wir uns erst einmal um unseren Sohn. Er hatte die Augen merkwürdig verdreht und rührte sich zunächst nicht. Vorsichtig trugen wir ihn zurück in sein Bett. Endlich kam wieder Leben in ihn. „Was hat sie gesagt?", fragten wir besorgt. Milad zitterte vor Angst, als er antwortete: „Das war nicht meine Lehrerin. Das war ein Mann. Der schimpfte und schrie mich an, morgen würde er mich umbringen. Er würde ein Seil mitbringen und mich erwürgen. Ich habe Angst." Erschöpft sank er in sein Kissen und wenig später wurde er von hohem Fieber geschüttelt. Wir saßen noch lange an seinem Bett, ehe wir besorgt ebenfalls schlafen gingen. Am nächsten Morgen ging es Milad noch nicht besser. Daher beschlossen wir, ihn erst einmal nicht zur Schule zu schicken. Am Nachmittag rief der Mann wieder an und stieß erneut Drohungen gegen unseren Sohn aus. Als dies am folgenden Tag wieder passierte, entschieden wir uns, die Polizei einzuschalten. Diese unternahm aber zunächst nichts. Sie teilte uns lediglich mit, dass keine konkrete Gefahr bestünde und wir mit den Drohanrufen klarkommen müssten. Wir sollten erst einmal abwarten, denn der Telefonterror würde wahrscheinlich bald wieder aufhören. Über diese Antwort waren wir verärgert. Wir fühlten uns nicht ernst genommen. Es gab doch Fangschaltungen. Warum setzte die Polizei diese nicht ein, um den Anrufer zu identifizieren? Auf unsere Anfrage hin erhielten wir die Antwort, dass wir selbstverständlich auf eigene Kosten eine Fangschaltung installieren lassen könnten.

Nach ein paar Tagen ging Milad wieder zur Schule, hatte aber verständlicherweise große Angst. Daher brachten wir ihn jeden Morgen zum Schultor, wo schon seine Lehrerin stand und ihn in die Klasse begleitete. Nach Schulschluss nahm die Frau unseres Pastors, die ebenfalls als Lehrerin an der Schule tätig war, Milad und auch seinen Bruder Michael mit zu sich nach Hause. Dort blieben die beiden bis zum Abend. Auf diese Weise bekamen sie nicht mit, wie oft Drohanrufe bei uns eingingen. Manchmal rief der Mann bis zu viermal am Tag an. „Wir wissen, wo ihr wohnt", sagte er. „Wir werden euer Haus niederbrennen und euch alle aus dem Land jagen oder töten." Wir nahmen diese Drohungen ernst. Da unsere Wohnung am Dorfrand lag und drei Fenster zur Wiese hinausgingen, erschien es uns durchaus möglich, dass jemand, ohne Aufsehen zu erregen, Brandsätze in unser Haus werfen könnte. Um dies zu verhindern, verbarrikadierten wir die Fenster zum Abend hin mit Brettern. Wir konnten nicht mehr ruhig schlafen. Jedes Geräusch von draußen ließ uns aufschrecken. Die Angst lag wie ein großer Stein auf unseren Herzen. Schließlich hielten wir nachts sogar Wache. Wir wechselten uns mit dem Schlafen ab. Einer von uns saß immer im Wohnzimmer und lauschte, ob draußen irgendwelche verdächtigen Geräusche zu hören waren. Unsere schlimmste Angstvorstellung war eine brennende Wohnung, wie wir sie im Fernsehen gesehen hatten. In diesen Nächten gingen uns viele Gedanken durch den Kopf: *Wo sind wir hier gelandet? Warum hassen uns manche Leute? Wir haben doch niemandem etwas getan. Wir versuchen, alle Leute freundlich und mit Respekt zu behandeln.*

Als die Anrufe auch nach einer Woche noch nicht aufgehört hatten und die Polizei bis dahin nichts unternommen hatte, wussten wir, dass wir selbst tätig werden mussten. Da wir kein

Auto besaßen, setzte sich Gabriel auf sein Fahrrad und fuhr zur Hauptpost nach Braunschweig. Dort schilderte er unser Problem und beantragte eine Fangschaltung. Der Postbedienstete versprach, sich umgehend darum zu kümmern. Gabriel musste noch ein Kennwort hinterlegen, das für die Freischaltung der Fangschaltung benötigt wurde, und machte sich dann auf den Heimweg. Er war noch nicht zu Hause angekommen, da klingelte schon bei uns das Telefon. Jemand von der Post rief an und fragte mich nach dem Kennwort. Ich wusste überhaupt nicht, was er von mir wollte, und betete innerlich: „Bitte Gott, lass Gabriel schnell kommen. Ich verstehe nicht, was der Mann von mir will." Der Anrufer erklärte es mir erneut. Ich verstand jedoch immer noch nichts und kam auch nicht auf die Idee, ihm zu sagen, dass er später noch einmal anrufen solle, wenn Gabriel von Braunschweig zurück sei. So ging unser Gespräch noch einige Zeit hin und her. Endlich hörte ich das Türschloss klacken. Gabriel war zurück. Sofort rief ich ihn und teilte ihm mit, wer am Apparat war und was der Postbeamte von uns wollte. Mein Mann grinste und sagte: „Das Kennwort ist **Menawar**." Daraufhin wurde die Fangschaltung aktiviert. Schon nach kurzer Zeit ging wieder ein Drohanruf bei uns ein. Dieses Mal legte Gabriel nicht einfach auf, sondern versuchte, den Anrufer in ein Gespräch zu verwickeln. Um den Standort des Anrufers ermitteln zu können, musste das Gespräch mindestens eine Minute lang dauern. Ich bewundere Gabriel bis heute, wie er so ruhig bleiben konnte. Er redete auf den Anrufer ein und fragte ihn, welche Probleme er denn mit Ausländern hätte, und warum? Er bot ihm sogar ein Treffen an, um über seine Probleme reden zu können. Der Anrufer wurde dadurch immer aggressiver und Gabriel immer ruhiger. Nach etwa drei Minuten sagte Gabriel, er müsse jetzt auflegen, da er Besuch habe. Wenn der Anrufer noch etwas auf dem Herzen hätte, könne er sich aber in etwa einer Stunde wieder melden. Kurz nachdem das Gespräch beendet war, rief ein Mitarbeiter der Post an und teilte uns mit, dass sie die Nummer und Adresse des Anrufers hatten ermitteln können.

Nun wussten wir, wer der Anrufer war, und konnten es zunächst nicht glauben. Es war ein junger Mann aus unserem Ort, dessen Eltern wir kannten. Sie betrieben einen kleinen Laden, in dem wir hin und wieder einkauften. Ihre Tochter ging mit unserem Sohn Milad in eine Klasse. Wie sollten wir jetzt reagieren? Sollten wir zur Polizei gehen und den Jungen anzeigen? Was würde dann mit ihm geschehen? Diese Fragen schossen uns durch den Kopf. Wir beschlossen, das Wochenende abzuwarten und am Montagmorgen die Kriminalpolizei zu verständigen. Diese reagierte auch endlich. Die Beamten fuhren gemeinsam mit Gabriel zu der Schule, auf die der Junge ging. Der Rektor war schockiert, als er von den Vorfällen erfuhr. Er hatte es nicht für möglich gehalten, dass ein Schüler seiner Schule zu so etwas fähig sein würde. Er war entschlossen, sofort einen Schulverweis für den Jungen auszusprechen, wenn wir dies wünschen sollten. Gabriel erwiderte jedoch, dass er erst selbst mit dem Jungen sprechen wollte, um die Motive für seine Taten zu verstehen und um ihn wieder zur Vernunft zu bringen. Der Schulleiter und die Polizisten stimmten dem zu und der Junge wurde aus seiner Klasse geholt. Zunächst weigerte er sich, mit Gabriel zu sprechen. Stattdessen ließ er Schimpftiraden über Ausländer los. Die Polizisten ermahnten ihn, damit aufzuhören, und dann fuhren alle gemeinsam zu seinem Elternhaus. Als die Mutter des Jungen die Haustür öffnete und ihren Sohn in Polizeibegleitung vor der Tür stehen sah, wurde sie ganz blass. „Was hast du getan?", fragte sie. Sie bat alle, ins Haus zu kommen, und dort erzählten ihr die Polizisten, was vorgefallen war. Sie war fassungslos und begann zu weinen. Gabriel bekam Mitleid mit ihr und versuchte, sie zu trösten: „Haben Sie keine Angst, wir wollen keine Vergeltung. Ihr Sohn hat unserem

Sohn viel Schlimmes angetan. Sie haben es gerade gehört. Wir möchten aber nicht, dass dies vor Gericht geregelt wird. Mein Wunsch wäre es, dass Sie mit Ihrem Sohn zu uns kommen und er sich bei meinem Sohn entschuldigt und verspricht, so etwas nie wieder zu tun. Wenn Sie dann auch noch die Kosten für die Fangschaltung übernehmen, wäre der Fall für uns erledigt. Ich glaube, ein Treffen und eine Aussprache würde uns allen guttun. Wenn Sie aber nicht zu uns kommen möchten, bleibt mir nichts anderes übrig, als Anzeige zu erstatten."

Tatsächlich stand die Mutter mit ihrem Sohn am nächsten Tag vor unserer Tür. Ich weiß noch, dass sie eine Tafel Schokolade für die Kinder mitgebracht hatten. Mir fiel es schwer, sie ins Wohnzimmer zu führen und ihnen einen Platz anzubieten. Da saß er nun, der Junge, der meinem Sohn so viel seelischen Schaden zugefügt hatte. Die Atmosphäre war angespannt. Keiner wusste so recht, was er sagen sollte. Da rettete mein kleiner vierjähriger Sohn Michael die Situation. Er hatte vorher getönt: „Wenn der Junge kommt, dann wird er mich kennenlernen. Ich werde ihn verprügeln, weil er meinem Bruder wehgetan hat!" Doch jetzt ging er auf den Jungen zu und sagte: „Komm mit ins Kinderzimmer. Dort ist mein Bruder." Zögernd stand der Junge auf und ging mit Michael zum Kinderzimmer. Ich begleitete die beiden. Zunächst blieb der Junge eine Weile in der Tür stehen, dann setzte er sich zu meinen Kindern auf den Boden und fing an, mit ihnen zu spielen. Eine richtige Entschuldigung hat er nicht ausgesprochen, aber sein Verhalten zeigte uns, dass es ihm leidtat. Man kann sagen, dass dieser Tag zum Wendpunkt im Leben des Jungen und seiner Familie wurde. Die Eltern gaben als Folge dieser Ereignisse ihren Laden auf und suchten sich eine andere Arbeit, um mehr Zeit für ihre Kinder zu haben. Davon profitierten die schulischen Leistungen des Jungen. Er schaffte seinen Hauptschulabschluss, holte den Realschulabschluss nach und hat heute eine gute Stelle im VW-Werk. Seine

Lehrerin hat uns später einmal gesagt: „Ihr habt den Jungen gerettet. Er hat sich danach sehr zum Guten verändert und seine schulischen Leistungen stark gesteigert." Ich dankte Gott, als ich das hörte. Er kann wirklich aus allen Situationen noch etwas Gutes machen.

Für unseren Sohn Milad war es jedoch nicht einfach. Er hatte noch lange mit starken Ängsten aufgrund der Drohanrufe zu kämpfen. Jahrelang mussten wir deswegen psychologische Behandlung für ihn in Anspruch nehmen. Er konnte schlecht schlafen und fürchtete sich vor allen größeren Jungen. Wenn er ihnen auf der Straße begegnete, machte er immer einen großen Bogen um sie. War ich dabei, fasste er meine Hand und versteckte sich hinter mir. Oft wurde er wegen seiner Ängstlichkeit von anderen Kindern und auch von seinem kleinen Bruder ausgelacht. Michael begann, den Beschützer seines großen Bruders zu spielen, und manchmal denke ich, er hat dieses Verhalten bis heute beibehalten.

# Kapitel 16
## Schummeln lohnt sich nicht

Unser Asylverfahren zog sich über elf Jahre hin. In dieser Zeit empfand ich es als besonders belastend, dass unsere Bewegungsfreiheit stark eingeschränkt war. Wir durften den Landkreis Gifhorn nur mit amtlicher Genehmigung verlassen. So wurde jeder Einkauf in dem benachbarten Braunschweig, das unserem Wohnort viel näher liegt als Gifhorn, zu einem illegalen Unternehmen, das mit einer Geldstrafe geahndet wurde, falls uns die Behörden dabei erwischten. Zum Glück ist dies nie passiert. Fuhren wir zu Freunden oder Verwandten in anderen Landkreisen, mussten wir die genaue Adresse bei der Ausländerbehörde in Gifhorn angeben und auch im Voraus schon mitteilen, welche Orte wir während unseres Aufenthalts noch besuchen würden. Das war oft nicht einfach. Jede Terminänderung konnte so schnell zu einer illegalen Handlung werden.

Während dieser ganzen Zeit hatten wir keine richtige Arbeitserlaubnis, sondern lebten von Sozialhilfe. Wir versuchten immer wieder, durch kleine Arbeiten das Geld aufzustocken. Ich nahm Putzstellen an und Gabriel bekam einen Minijob bei der Gemeinde Schwülper als Gemeindearbeiter. An dieser Stelle möchte ich dem Bürgermeister danken. Er hat sich sehr für uns eingesetzt. Als er mitbekam, dass Gabriel ein zuverlässiger Arbeiter war, besorgte er ihm eine temporäre Arbeitserlaubnis, sodass er auch ein entsprechendes Gehalt beziehen durfte. Alle fünf Monate musste diese Arbeitserlaubnis erneuert werden. Der Bürgermeister fuhr dafür jedes Mal mit meinem Mann in das 40 Kilometer entfernte Helmstedt. All unsere Asylangelegenheiten wurden von dort beschieden, weil das der Ort war, an dem wir damals nach unserer Einreise den Asylantrag gestellt hatten.

Solange wir nicht als Asylberechtigte in Deutschland anerkannt waren, mussten wir ständig unsere Ausweisung fürchten. Zweimal im Jahr bekamen wir Post, in der uns diese angedroht wurde. Der Zeitpunkt dieser Zustellungen grenzte schon an böse Ironie. Die Briefe kamen immer kurz vor Weihnachten und Ostern. Andere Leute bekamen dann Geschenke und wir eine Mitteilung, dass unsere Abschiebung bevorstehe. In dem Schreiben war immer eine Frist gesetzt, in der wir Widerspruch einlegen konnten. Dazu mussten wir die Gründe benennen, die einer Abschiebung im Wege ständen, und schildern, was uns bei einer Rückkehr in Syrien drohen würde. Der Widerspruch musste von einem Anwalt beglaubigt werden und wurde dann vor Gericht verhandelt. In diesen Verhandlungen fühlten wir uns völlig hilflos. Jedes Mal waren wir voller Hoffnung, endlich die Anerkennung zu bekommen, und gleichzeitig voller Angst, dass unser Antrag wieder abgelehnt werden würde. Unsere Nerven waren aufs Äußerste gespannt. Wir wussten, dass wir nicht wieder zurück nach Syrien konnten. Dort würde uns eine Haftstrafe und vielleicht auch Folter drohen. Freunde von uns und insbesondere Pastor Claus Köller, der inzwischen Pastor der Baptistengemeinde geworden war, setzten sich sehr für uns ein und sammelten Unterschriften, um unsere Abschiebung zu verhindern. Es kam vor, dass Asylbewerber nachts aus ihren Wohnungen geholt und in ein Flugzeug Richtung „Heimat" gesetzt wurden. Darum tauchten wir jedes Mal, wenn der angekündigte Termin näher rückte, unter und versteckten uns für mehrere Tage. Das waren bange Stunden und wir atmeten auf, wenn die Abschiebung ein weiteres Mal verschoben worden war.

Nach etwa vier Jahren erfuhren wir, dass es hilfreich war, wenn man ein offizielles Schreiben eines syrischen Anwalts bei

Gericht vorlegen konnte, das bescheinigte, dass man bei einer etwaigen Rückkehr nach Syrien dort mit Repressalien zu rechnen hatte. Solche Schreiben konnten illegal in Deutschland gegen viel Geld erworben werden. Uns war nicht wohl bei der Sache und so ließen wir unsere Hände davon. Wenig später reiste ein deutscher Freund von uns nach Syrien. Er besuchte dort auch meine Eltern und hatte den Wunsch, uns in unserem Asylverfahren zu unterstützen. Mein Bruder brachte ihn auf die Idee, ein amtlich beglaubigtes Schreiben nach Deutschland zu schmuggeln, mit dem wir dann unsere Situation darlegen konnten. Als wir miteinander telefonierten, erzählte er uns davon, und mein Vater teilte uns mit, dass er einen Freund habe, der Richter sei. Dieser würde uns ein solches Schreiben beglaubigen. Gabriel war nicht wohl bei der Sache. Obwohl er unter dem offenen Asylverfahren litt, wollte er keine illegalen Mittel zur Beschleunigung des Verfahrens einsetzen. Doch als alle auf ihn einredeten und auch ich der Meinung war, wir sollten diese Chance nutzen, willigte er schließlich ein.

Nach einigen Wochen kam unser Freund tatsächlich mit solch einem Schreiben und vier beglaubigten Blankoformularen aus Syrien zurück. Um keine Schwierigkeiten an der Grenze zu bekommen, hatte er die Papiere in seine Unterhose eingenäht und nach Deutschland geschmuggelt. Das ausgefüllte Original war für einen Verwandten des syrischen Richters, der in Hamburg lebte, bestimmt. Wir sollten eines der Blankoformulare nehmen. Dort musste neben dem Gesetzestext, auf den wir uns bezogen, unsere individuelle Geschichte der Unterdrückung eingetragen werden. Gabriel war immer noch unwohl bei der Sache. Doch nachdem unser Freund uns versichert hatte, dass er vor Gericht bezeugen würde, dass er diese Papiere ausgefüllt in Syrien erhalten und von dort nach Deutschland gebracht habe, füllten wir unser Formular aus. Die anderen Blätter erhielten meine Schwiegereltern, die inzwischen beide in Deutschland lebten, sowie Gabriels Bruder Simon und mein Bruder Matthias, die ebenfalls ausgewandert waren. Wir gaben die Papiere bei unserem Anwalt in Braunschweig ab und waren zuversichtlich, dass es nun mit der Anerkennung klappen würde.

Leider kam es dann zu einem Streit zwischen uns und unserem deutschen Freund und seiner Frau. Soweit ich mich erinnern kann, war der Grund dafür völlig banal. Es ging um das Fernsehprogramm. Die beiden waren bei uns zu Besuch und die Frau wollte eine Vorabendserie im Fernsehen sehen, während unsere Kinder gerne das Sandmännchen anschauen wollten. Als mein Mann zugunsten unserer Kinder Partei ergriff, wurde die Frau ausfällig und beschimpfte uns. Der Streit eskalierte und endete damit, dass Gabriel beide aus unserer Wohnung verwies. Als der Tag unserer Gerichtsverhandlung näher rückte, begannen wir, uns Sorgen zu machen. Würde unser Freund zu seinem Wort stehen und für uns Zeugnis vor Gericht ablegen? Oder würde er aus Ärger über unseren Streit sein Wort brechen? Eigentlich brauchten wir uns keine Sorgen zu machen. Er hatte in Anwesenheit unseres Anwalts mit seiner Unterschrift bestätigt, dass das Schreiben der Wahrheit entspräche. Kurz vor der Verhandlung erhielten wir jedoch einen Anruf von meiner Schwiegermutter. Sie hatte mit der Frau unseres Freundes gesprochen und teilte uns nun mit, dass es zu Problemen bei der Verhandlung kommen würde, wenn Gabriel sich nicht entschuldigen und die Frau auf Knien um Verzeihung bitten würde. Mein Mann weigerte sich jedoch, dies zu tun. Er meinte, es sei einfach lächerlich und er würde vor keinem Menschen auf die Knie fallen. Der Einzige, dem diese Ehre zustehe, sei Gott.

Als der Verhandlungstermin heranrückte, gingen wir daher mit gemischten Gefühlen zum Gericht. Außer uns waren auch noch meine Schwiegereltern sowie Simon und Matthias anwesend. Ihre Anträge waren unserem Antrag zugeordnet worden und alle unsere Anträge wurden nun als eine Angelegenheit verhandelt. Außerdem war auch Pastor Köller im Gerichtssaal anwesend. Er hatte wieder Unterschriften für uns gesammelt und wollte zu unseren Gunsten aussagen. Später erfuhren wir, dass der Richter unsere Anerkennung schon auf dem Tisch liegen gehabt hatte. Doch so weit sollte es nicht kommen. Unser Freund sagte auf einmal, dass er sein Gewissen erleichtern wolle und seine Aussage zurückziehen müsse. Die Dokumente seien nicht echt. Er habe auf Gabriels Geheiß in Syrien Blankodokumente besorgt, die dieser in Deutschland weiterverkauft habe. Alle im Gerichtssaal hielten den Atem an. Damit hatte keiner gerechnet. Der Richter fragte nach, ob das der Wahrheit entspräche, und Gabriel musste zugeben, dass er ein Blankoformular von dem Freund erhalten habe. Er selbst habe damit aber keinen Handel betrieben, sondern alle Beteiligten hätten das Formular von seinem Freund kostenlos erhalten. Nach dieser Wendung war an eine Anerkennung nicht mehr zu denken. Wir waren alle am Boden zerstört. Wieso hatte unser Freund das getan? Alles nur wegen der Unstimmigkeiten über eine Fernsehserie? Er hatte damit ja nicht nur uns, sondern auch meinen Schwiegereltern und unseren Brüdern geschadet. Betroffen gingen wir nach Hause. Gabriel sah sich in seiner Ansicht bestätigt, dass es falsch sei, Dinge auf illegale Weise selbst in die Hand zu nehmen. Noch im Gerichtssaal hatte Gabriel daher um Verzeihung für das gebeten, was wir getan hatten, und den Richter ersucht, Gnade walten zu lassen und uns noch eine Chance zu geben. „Von eurer Gesetzgebung werden wir in die Kriminalität getrieben. Seit vielen Jahren leben wir in der Angst davor, abgeschoben zu werden. Inzwischen waren wir zu allem bereit, um unser Leben zu retten und hier in Deutschland bleiben zu können", ergänzte er.

Der Richter gab uns diese Chance, doch es sollten noch einmal sieben Jahre und sechs Verhandlungen vergehen, bis wir unsere Anerkennung in den Händen hielten. Jahre, in denen wir von einem Gericht zum anderen zogen. Wir waren in Braunschweig, in Lüneburg, beim Bundesamt für Migration und Flüchtlinge in Zirndorf bei Nürnberg und in Berlin, ja, bis zum Bundesverfassungsgericht sind wir gegangen. Für meinen Mann stand fest, dass er auf keinen Fall zurück nach Syrien gehen würde. Er war entschlossen, bis zum letzten Atemzug für seine und unsere Anerkennung zu kämpfen. Immer wieder mussten wir unsere Geschichte erzählen und die Gerichte forderten immer mehr und immer genauere Informationen von uns. Gabriel versuchte, alle nur irgendwie zugänglichen Informationen über die Situation in Syrien in Erfahrung zu bringen. Er las Bücher, hörte Nachrichten und schrieb sich alle Informationen auf, die er bei Telefonaten oder von Neuankömmlingen aus Syrien erhielt. Doch so viel er auch recherchierte, es schien nie genug zu sein. Die Richter glaubten zwar seinen Ausführungen, doch es reichte nie für eine Anerkennung. Die Ungewissheit forderte ihren Tribut. Wir waren mit unseren Nerven am Ende. Oft wussten wir nicht, wo wir die Kraft hernehmen sollten, um den nächsten Tag zu überstehen. Immer wieder waren wir von Abschiebung bedroht.

Zu den Gerichtsverhandlungen nahmen wir unsere Kinder nie mit. Sie sollten möglichst wenig unter der ungewissen Situation leiden und nicht mitbekommen, wie sehr wir bei den Gerichtsverhandlungen unter Druck gesetzt wurden. Als jedoch eines Tages wieder einmal eine Verhandlung in Braunschweig angesetzt war, hatte ich den Eindruck, die Kinder dieses Mal mitnehmen zu sollen. Alles verlief wie immer, und gerade wollte der Richter bekannt geben, dass er dem Antrag auch dieses Mal nicht stattgab. Da meldete sich auf einmal mein Sohn Milad und fragte, ob er auch etwas sagen dürfte. Der Richter gestattete es ihm. Nun fing er an zu erzählen. Er redete wie ein Wasserfall und erzählte, wie er die Situation erlebte – wie die Ungewissheit seine Kindheit belastete, von der Ungerechtigkeit, dass wir nicht in den Urlaub fahren dürften, ja, nicht einmal ohne Erlaubnis die nächste Stadt besuchen könnten und dass seine Mutter schwer krank geworden sei. Schließlich fing er an zu weinen. Ich nahm ihn in den Arm und verließ mit ihm den Gerichtssaal. Nun meldete sich Michael zu Wort und auch er durfte erzählen. Er schilderte, dass seine Eltern immer kränker werden würden, dass wir schlecht schliefen und immer traurig seien. „Wir wollen doch einfach nur hier leben", schloss er.

Die Worte der Kinder hatten den Richter angerührt und er gab bekannt, dass die Verhandlung für einen Augenblick unterbrochen werde, da er sich beraten müsse. In all den Jahren hatte Gabriel die Argumentation für unseren Asylantrag immer darauf aufgebaut, dass wir in Syrien wegen unserer politischen Ansichten verfolgt würden. Aus Erfahrungen anderer Asylbewerber wussten wir, dass dieses eine höhere Erfolgsaussicht hatte, als auf religiöse Verfolgung zu plädieren. Jetzt kam jedoch der Richter wieder in den Gerichtssaal und teilte uns mit, dass unserem Antrag aus politischen Gründen nicht stattgegeben werden könnte. Die einzige Möglichkeit, die er sähe, um uns zu helfen, sei eine Anerkennung aus religiösen Gründen. Diese könnte mit Gnade und Barmherzigkeit gegenüber der Familie begründet werden. Wir waren froh und erleichtert, dies zu hören. Umso erstaunter war ich, als ich Gabriel in diesem Moment sagen hörte: „Wenn das so ist, dann wollen wir auch gleich die deutsche Staatsbürgerschaft beantragen. Wir leben nun schon so lange Zeit in Deutschland, haben uns hier eingelebt und Freunde gefunden. Wir möchten ganz dazugehören." Auch diesem Antrag wurde stattgegeben und schon wenige Wochen später hielten wir unsere neuen Ausweise und Pässe in den Händen. Auch hier hatte Gott wieder rechtzeitig eingegriffen, denn wie wir später erfuhren, sollte bei dieser letzten Verhandlung eigentlich unsere Abschiebung bekannt gegeben werden, für die schon alles vorbereitet gewesen war.

# Kapitel 17
## Ich will strahlen – aber doch nicht so!

Im Frühjahr 1998 hatten wir nun endlich die Anerkennung als Asylbewerber und unsere deutsche Staatsbürgerschaft bekommen. Wir hatten alles erreicht, wofür wir die letzten Jahre gekämpft hatten. Wir waren erleichtert und freuten uns, nun endlich unbeschwert leben zu können. Doch das sollte nicht sein. Schon Ende Februar 1998 hatte ich eines Morgens ein seltsames Erlebnis, das mein Leben und unsere Zukunftsplanung durcheinanderbringen sollte. Ich lag noch im Bett, als ich auf einmal das Gefühl hatte, es würde mir jemand auf den Rücken klopfen. Ich hörte eine Stimme, die zu mir sagte: „Steh auf, es wird etwas passieren!" Ich erschrak. Wer redete da? Gabriel war doch schon zur Arbeit gegangen. Na, vielleicht war es ja auch nur ein Traum gewesen. Ich stand auf und vergaß im Laufe des Tages das merkwürdige Erlebnis wieder. Doch am nächsten Morgen erlebte ich das Gleiche. Ich wurde unruhig. Wer oder was war das? Sollte ich meinem Mann davon berichten? Ich wusste, er fürchtete meine Träume, denn schon häufiger war das eingetreten, was ich geträumt hatte. Ich beschloss, erst einmal nichts zu sagen und abzuwarten. Als sich das Klopfen und die Stimme jedoch auch am nächsten Morgen wiederholten, erzählte ich Gabriel schließlich davon. Er überlegte eine Weile und sagte dann: „Vielleicht bist du krank? Geh doch mal zum Arzt und lass dich untersuchen."

Zu dieser Zeit hatten wir einen Arabisch sprechenden Arzt in Gifhorn. Er kam aus dem Irak und war uns zum Freund geworden. Als ich ihm von meinem Erlebnis erzählte, sagte er zunächst nur: „Menawar, du spinnst! So etwas habe ich ja noch nie gehört." Doch auf mein Drängen hin untersuchte er mein Blutbild. Es gab keine Auffälligkeiten. Alles schien in Ordnung zu sein. Erleichtert fuhr ich nach Hause. Meine innere Stimme ließ mir aber keine Ruhe. Irgendetwas war mit mir nicht in Ordnung. Ich musste mich noch einmal genauer untersuchen lassen. Der Arzt sah dazu zwar keine Veranlassung, aber schließlich schickte er mich ins Krankenhaus, wo eine Computertomografie durchgeführt wurde. Aber wieder wurde nichts Auffälliges gefunden. In der folgenden Nacht kam der Traum wieder. Ich spürte ganz deutlich das Klopfen und hörte die Stimme, die mich warnte. Von diesem Moment an war ich überzeugt, dass die Ärzte etwas übersehen hatten. Ich fuhr wieder zu meinem Arzt nach Gifhorn. Doch er nahm meine Sorgen nicht ernst. Er tat so, als sei ich übergeschnappt und nicht mehr ganz zurechnungsfähig. Das machte mich wütend und ich sagte zu ihm: „Gib mir meine Krankenakte. Ich nehme sie mit nach Hause." „Was willst du denn damit?", fragte er spöttisch. „Ich werde sie mir unter das Kopfkissen legen und darauf schlafen. Vielleicht zeigt Gott mir, was mir fehlt." Der Arzt lachte und gab mir dann die Kopie meiner Akte mit nach Hause. Was sollte ich nun tun? Durch Gabriels Arbeitskollegen hörten wir von einer Ärztin im Nachbarort, die er uns sehr empfahl. Also rief ich dort an und bekam auch gleich einen Termin. „Was fehlt Ihnen?", fragte die Ärztin. „Wo haben Sie Schmerzen?" „Mir geht es gut", antwortete ich „Ich fühle mich gesund, doch meine innere Stimme sagt mir, dass etwas nicht in Ordnung ist." Ich erzählte ihr von meinen Träumen mit dem Klopfen und der Stimme. Da wurde die Ärztin auf einmal ganz hellhörig und sagte: „Ich glaube, das ist die Stimme Gottes, die Sie hören. Er will Sie warnen. Wir müssen diese Warnung ernst nehmen. Haben Sie schon einmal irgendwelche Erkrankungen gehabt?" Da fielen mir meine Probleme mit der Schilddrüse wieder ein. Ich fing an zu berichten. Doch schon nach wenigen Sätzen begann ich zu weinen. Stockend erzählte ich, was sich vor vielen Jahren ereignet hatte:

„Es ist nun schon 10 Jahre her, da wurden in meiner Schilddrüse Knoten gefunden. Da meine Schilddrüse auch eine Unterfunktion hatte, wurde sie mitsamt den Knoten entfernt. So weit war damals alles gut verlaufen. Die Nachbehandlung ging dann aber daneben. Mein damaliger Hausarzt weigerte sich, mir die Medikamente zu verschreiben, die mir die Ärzte im Krankenhaus verordnet hatten. Er untersuchte mein Blutbild und teilte mir mit, dass alles in Ordnung sei und ich keine Medikamente bräuchte. Als ich dann nach drei Monaten zur Kontrolluntersuchung ins Krankenhaus kam, war der Arzt entsetzt. Vier neue Knoten hatten sich gebildet. Ärgerlich sagte er zu mir: ‚Wie konnte das denn passieren? Nehmen Sie Ihre Medikamente nicht regelmäßig?' Ich antwortete: ‚Ich nehme keine Medikamente. Mein Hausarzt hat mir keine verschrieben.' Der Arzt wurde wütend über so viel Nachlässigkeit seines Kollegen. Daraufhin verschrieb er mir Tabletten, die ich seitdem täglich nehme. Die Knoten mussten zum Glück nicht operativ entfernt werden, sondern konnten durch die Medikamente in Schach gehalten werden."

Die Ärztin unterbrach mich nicht und hörte sich meine Geschichte an. Zum ersten Mal fühlte ich mich von einem Arzt ernst genommen. Am Ende schrieb sie mir eine Überweisung an das „Herzogin Elisabeth Hospital", ein Krankenhaus in Braunschweig. Da ich keine Zeit verschwenden wollte und mein Mann arbeiten musste, fuhr ich ganz alleine dorthin. Ich kannte mich nicht aus und stand daher verwirrt im Eingangsbereich des Krankenhauses, als auf einmal ein älterer Herr auf mich zukam. Ich sah gleich, dass er auch Ausländer war, und vermutete, dass er als Reinigungskraft im Krankenhaus arbeite. Er fragte, ob er mir helfen könne, und ich erklärte ihm, dass ich die Hals-Nasen-Ohren-Abteilung suche und meine Überweisung und meine Krankenakte dabeihabe. „Folgen Sie mir", sagte er freundlich, „ich bringe Sie auf die Station." Dort führte er mich in ein kleines Zimmer und ließ mich allein. Nach kurzer Zeit kam er wieder in den Raum und nahm sich meine Krankenakte, holte die Röntgenbilder hervor und sah sie sich an. Fragend sah ich ihn an. Was machte er da? Langsam begriff ich, dass er keine Reinigungskraft, sondern Arzt war. Später stellte sich heraus, dass er sogar der Chefarzt der Klinik war. Gott hatte mir zur richtigen Zeit den richtigen Mann über den Weg geschickt. Besser hätte es nicht laufen können. Nachdem er sich die Bilder angesehen hatte, setzte er sich zu mir und fragte: „Warum sind Sie hier? Auf dem Bild sind ein paar Knoten zu sehen, aber die sind nicht gefährlich. Ihr Blutbild ist auch in Ordnung. Was führt Sie also her?" „Ich will mich operieren lassen, damit die Knoten entfernt werden", erwiderte ich und erzählte ihm von meinen Träumen und meiner inneren Stimme. „Wenn Sie das unbedingt machen wollen, können wir das gerne tun. Ich möchte aber zu bedenken geben, dass sich die Knoten nahe bei den Stimmbändern befinden, die nur sehr dünn sind. Es kann passieren, dass Sie nach der OP stumm sind." Ich begann zu zittern, doch innerlich war ich fest davon überzeugt, dass diese OP notwendig sei, und so antwortete ich: „Das ist mir egal. Operieren Sie und entfernen Sie alle Knoten." Daraufhin vereinbarten wir einen Operationstermin für Anfang April. Die Unterlagen mit den Belehrungen über die Gefahren und möglichen Komplikationen einer Operation gab er mir mit nach Hause. Ich sollte mir alles in Ruhe durchlesen und noch einmal darüber nachdenken. Ich habe aber keinen einzigen Blick in diese Papiere geworfen. Mein Mann und ich waren uns einig, dass Gott uns auf dieses Problem aufmerksam gemacht hatte, und nun wollten wir auch die Operation in seine Hand legen. Er würde schon alles richtig führen.

Am Operationstag begleitete mich Gabriel ins Krankenhaus. Der Arzt half mir beim Ausfüllen der Papiere und ich unterschrieb sie. Nun konnte die Operation durchgeführt werden. Nach einigen Stunden erwachte ich auf der Intensivstation. Es war gerade Visite und ich hörte, wie die Ärzte über die einzelnen Patienten sprachen. Sie kamen auch zu mir und schauten kurz, wie es mir ging, dann wollten sie weitergehen. Da nahm ich alle meine Kraft zusammen und rief leise: „Herr Doktor, bitte sagen Sie mir, was mir fehlt." Zunächst versuchte der Arzt, mich abzuwimmeln, doch als ich nicht lockerließ, teilte er mir mit, dass sie Krebs gefunden hatten. Eine Probe war bereits zur Bestimmung der Krebsart zur Medizinischen Hochschule nach Hannover geschickt worden. Obwohl ich die ganze Zeit davon überzeugt gewesen war, krank zu sein, traf mich diese Diagnose doch schwer. Ich fühlte mich, als hätte mir jemand einen Eimer kaltes Wasser über den Kopf gegossen. Leise begann ich zu weinen. Am Nachmittag kam mein Mann zu Besuch. Auch er fand keine Worte des Trostes und so weinten wir gemeinsam.

Nach einigen Tagen kam das Untersuchungsergebnis aus Hannover. Es war so alarmierend, dass die Ärzte sofort eine weitere OP ansetzten. Diesmal fragte keiner nach meinen Stimmbändern. Ich kam noch einmal unter das Messer. Das kranke Gewebe wurde entfernt und zusätzlich wurden noch Proben von den Lymphdrüsen und der Speicheldrüse genommen, um gleich erkennen zu können, ob sich dort eventuell Metastasen gebildet hatten. Als ich dieses Mal aus der Narkose erwachte, war ich an viele Schläuche angeschlossen. Ein Schlauch kam aus meinem Hals und durch ihn lief eine weiße Flüssigkeit, die wie Milch aussah, in eine Flasche. Die Ärzte erklärten mir, dies sei Lymphflüssigkeit. Nach kurzer Zeit würde diese aber aufhören zu fließen. Doch es bildete sich immer neue Flüssigkeit. Nach zwei Tagen waren schon mehrere Flaschen gefüllt. Die Ärzte begannen sich Sorgen zu machen, wussten aber nicht, wie sie die Lymphflüssigkeit stoppen sollten. Einer der Ärzte kam auf eine etwas merkwürdige Idee. Er sagte, dass eine bestimmte Margarinesorte helfen könne, die Flüssigkeit zu stoppen. Ich sollte nun zu den Mahlzeiten Brot essen, das dick mit dieser Margarine bestrichen war. Es muss wohl eine sehr seltene Sorte gewesen sein, zumindest gab es in der Krankenhausküche kein frisches Päckchen. Stattdessen schickten sie von dort ein seit etwa zwei Jahren abgelaufenes Margarinestück hinauf auf die Station, das wohl eingefroren gewesen sein musste. Als die zuständige Krankenschwester – ich weiß noch, ihr Name war Maria – das Verfallsdatum sah, machte sie mich darauf aufmerksam und sagte: „Ich an Ihrer Stelle würde diese Margarine nicht essen." Ich beschloss abzuwarten und den Arzt zu fragen. Als ich ihm das Verfallsdatum auf der Margarinepackung gezeigt hatte, wurde er richtig wütend. Er nahm die Margarine und schmiss sie sofort in den Mülleimer in meinem Krankenzimmer. Dann verließ er mich wortlos. Ich lag da und begann zu beten: „Vater im Himmel", flehte ich, „du hast mich auf die Krankheit aufmerksam gemacht. Du hast in der ganzen Zeit gut für mich gesorgt. Du kannst auch jetzt weiterhelfen. Bitte stoppe die Flüssigkeit. Dann muss ich auch die Margarine nicht mehr essen." Dieses Gebet wurde beinahe sofort erfüllt. Kurz nach diesem Gebet versiegte der Strom einfach und am nächsten Morgen bei der Visite teilte Schwester Maria dies dem Arzt mit. Dieser war sogleich sehr besorgt und begann mich gründlich zu untersuchen, da er glaubte, die Flüssigkeit habe sich einen anderen Weg gesucht und würde irgendwo in meinem Körper versickern. Er drückte an allen möglichen Stellen auf meinem Körper herum, konnte aber nichts finden. Zur Sicherheit ließ er den Schlauch noch einen weiteren Tag in meinem Hals, doch es kam kein einziger Tropfen mehr. Als der Schlauch endlich entfernt wurde, tat mir der Hals furchtbar weh. Alles hatte sich entzündet und meine Nackenmuskulatur war völlig verkrampft. Doch ich war glücklich. Gott hatte die Wunde geheilt! Ich dankte ihm, dass er, der große Gott, sich um mich kleinen unbedeutenden Menschen gekümmert hatte, und versprach, ihm mein ganzes Leben aus Dankbarkeit zur Verfügung zu stellen.

Noch einige Zeit musste ich im Krankenhaus in Braunschweig bleiben. Vor meiner Entlassung fragte ich den Arzt: „Sagen Sie mir, wo haben Sie den Krebs gefunden und warum konnte man ihn zuvor nicht sehen?" Er antwortete mir: „Er war in den Schilddrüsen und im Halsbereich. Zum Glück waren die Tumore noch sehr klein. Darum konnte man sie weder auf dem Röntgenbild noch beim Ultraschall erkennen. Diese Krebsart gehört aber zu den aggressivsten Formen, die wir kennen. Die Tumore breiten sich sehr schnell im ganzen Körper aus. Schon einen Monat später hätte Ihr ganzer Organismus davon befallen sein können. Dann wären wir machtlos gewesen." Erneut konnte ich Gott nur danken. Er hatte mein Leben gerettet. Für ein Wochenende durfte ich nun nach Hause. Dann kam ich Anfang Mai zur Strahlentherapie nach Hannover ins Krankenhaus. Ich habe seitdem viele Bestrahlungen über mich ergehen lassen müssen, doch die erste war die schlimmste. Ich fühlte mich, als sei ich in der Hölle gelandet. Auf meiner Zimmertür prangte von außen ein Totenkopfzeichen, um auf die Gefahr der Verstrahlung hinzuweisen. Dieses Zeichen hatte sich sofort in meinem Kopf festgebrannt. *Was machen die hier mit mir? Bin ich nun eine Gefahr für die Menschheit? Bin ich nun ansteckend? Darf ich meine Kinder nie wieder in den Arm nehmen?* Solche und ähnliche Fragen gingen mir die ganze Zeit durch den Kopf. Sie ängstigten mich und raubten mir den Schlaf.

Am Anfang der Behandlung bekam ich eine Kapsel mit radioaktivem Jod, dessen Strahlung die eventuell noch vorhandenen Krebszellen in meinem Körper abtöten sollte. Denn auch nach der OP waren noch mehrere etwa erbsengroße Knoten im Hals zurückgeblieben. Hierfür wurde ich in einen gesonderten Raum geführt. Über meine Kleidung musste ich einen Schutzanzug aus Plastik ziehen, außerdem trug ich Plastikhandschuhe. Nun reichte mir der Arzt durch eine Luke hindurch einen Becher, in dem die Kapsel lag. Ich durfte diese auf keinen Fall anfassen, sondern musste sie aus dem Becher heraus schlucken. Anschließend warf ich den Becher sofort in den Sondermüll. Es dauerte anschließend mehrere Tage, bis die Strahlung im Körper wieder abgebaut war. So lange musste ich isoliert in einem etwa 4 m² großen Zimmer bleiben. Der Raum war mit einem Bett, einer Toilette und einem Waschbecken ausgestattet. Die Schwestern, die mir das Essen brachten, und auch die Ärzte trugen besondere Schutzkleidung, um nicht selbst verstrahlt zu werden. Um möglichst wenig nukleare Abfälle zu produzieren, durfte ich nicht duschen und die Toilettenspülung nur nach „größeren Geschäften" betätigen. Das Wasser in der Toilette war deshalb so stark gechlort, dass der Raum wie ein Schwimmbad roch. Das Abwasser aus den Zimmern für die Radiojodtherapie wurde in großen Tanks im Krankenhauskeller gesammelt, vor Ort gereinigt und in den Isolierzimmern wieder für die Toilettenspülung in Umlauf gebracht. Die herausgefilterten Rückstände mussten als radioaktiver Abfall entsorgt werden.

Damit die Radioaktivität schnell aus dem Körper herausgespült wurde, sollte ich viel trinken. Zusätzlich bekam ich jeden Tag drei bis vier klein geschnittene Zitronen, die ich im Laufe des Tages auslutschen musste. Es bestand nämlich die Gefahr, dass man durch die Bestrahlung seinen Geschmackssinn verlor. Der Zitronensaft aber regte die Speicheldrüse zur Arbeit an. Die ersten zwei Tage waren am schlimmsten. Durch die starke Strahlung wurde mir schwindelig und auch die Augen verloren an Sehkraft. Ab dem dritten Tag wurde dies zum Glück wieder besser. Doch stattdessen bekam ich rasende Kopfschmerzen und mein Magen rebellierte. Der Deckenventilator verbreitete einen seltsamen erdigen Geruch und mir wurde schon schlecht, wenn ich nur an Zitronen dachte. Zudem wurde ich die ganze Zeit über mit einer Kamera überwacht. Die Vorstellung, dass jede meiner Bewegungen beobachtet und jedes Geräusch gehört werden konnte, war für mich einfach furchtbar. Das Einzige, was mich ein wenig aufbaute, waren die täglichen Telefongespräche mit meinem Mann und den Kindern. Diese hatten gerade den Film „Edgar mit den Scherenhänden" im Kino gesehen. Edgar bekommt im Film einen Stromschlag und hat danach völlig wirr abstehende Haare. Da ich Bestrahlungen bekam und unsere Jungen sich darunter nichts vorstellen konnten, glaubten sie, ich würde mit Stromschlägen behandelt werden. Somit war immer die erste Frage am Telefon: „Mama, wie siehst du aus? Stehen deine Haare zu Berge?" Ich war froh, mit ihnen herumalbern zu können und dem Ernst meiner Lage ein wenig zu entkommen.

Doch auch diese schreckliche Zeit ging vorüber und nach einer Woche wurde ich nach Hause entlassen. Auch hier musste ich noch etwa eine Woche separat schlafen und durfte niemanden umarmen, da immer noch eine Reststrahlung in meinem Körper vorhanden war, welche besonders für Kinder sehr gefährlich ist. Doch ich war zu Hause und das ließ mich wieder aufleben. Besonders gefreut habe ich mich über ein Bild von meinem Sohn Michael, das er in der Schule für mich angefertigt hatte. Es zeigte ein in dunklen Farben gemaltes Herz, das in der Mitte einen weißen Fleck hat, der wie ein Lichtschein aussieht. Dieser Lichtschein symbolisierte für mich die Zuversicht: Ich würde leben! Das Bild hat mir in all den Jahren immer wieder Kraft gegeben. Ich hängte es in meinem Schlafzimmer auf und immer, wenn ich es ansah, dann hörte ich seine Botschaft: Du sollst leben!

Im gleichen Jahr folgten noch zwei weitere Strahlentherapien. Nun, da ich wusste, was auf mich zukam, war ich immer schon im Vorfeld sehr angespannt und konnte vor Angst nachts nicht mehr schlafen. Ich wollte nicht wieder alleine in diesem schrecklichen Raum liegen. Eines Morgens, es war Sonntag (und am darauffolgenden Tag sollte ich wieder ins Krankenhaus gehen), saß ich im Gottesdienst und eine Bibelstelle kam mir ins Gedächtnis. Es waren Verse aus dem Jakobusbrief: *„Ist jemand unter euch krank, der rufe zu sich die Ältesten der Gemeinde, dass sie über ihm beten und ihn salben mit Öl in dem Namen des Herrn. Und das Gebet des Glaubens wird dem Kranken helfen, und der Herr wird ihn aufrichten."* (Jak 5,14f.) Eine innere Stimme sagte mir: „Steh auf und erzähl den anderen von deiner Angst, damit sie für dich beten können." Mit zitternden Beinen stand ich also auf, ging in der Kirche nach vorne und erzählte von dem, was mir bevorstand und welche Angst ich davor hatte. Nach meinem Bericht betete die Gemeinde für mich und die Leute versprachen mir, auch während meines Krankenhausaufenthaltes für mich zu beten.

Am Abend dieses Tages betete ich noch das Vaterunser, legte mich ins Bett und fiel in einen unruhigen Schlaf. Im Traum hatte ich auf einmal das Gefühl, in einem Krankenhausbett mit weißer Bettwäsche zu liegen. Plötzlich sah ich wieder, wie sich die Zimmerdecke öffnete und eine weiße Gestalt in mein Zimmer kam. Ich wusste sofort, dass es Jesus war. Sein Gesicht, das mit einem dünnen Schleier bedeckt war, leuchtete wie Gold. Es war aber kein unangenehmes blendendes Leuchten, sondern es war angenehm für die Augen. Gerne hätte ich ihn stundenlang angeschaut. Das ganze Zimmer war von seinem Leuchten erfüllt. Auf einmal hob Jesus seine Hand und berührte meinen Hals. Seine Finger hatte er dabei ausgestreckt. Was ich dann erlebte, möchte ich mit der Arbeit des Hühnerausnehmens vergleichen, die ich ja noch aus meiner Kindheit kannte. Dabei packte man mit den Fingern in das Huhn und zog die Eingeweide heraus. Ich hatte den Eindruck, in diesem Moment etwas Ähnliches zu erleben: Jesus schob seine Finger in meinen Hals und ich spürte, wie er etwas herauszog. Durch die Zugbewegung richtete ich mich in meinem Bett auf und fiel wieder auf das Kissen zurück, als seine Finger meinen Hals verließen. Schlagartig war ich hellwach. Was war passiert? Ich befühlte meinen Hals, ob es dort blutete, konnte aber nichts feststellen. Dann sah ich, dass der Raum immer noch hell erleuchtet war, die Decke noch offen stand und Jesus langsam nach oben verschwand. Es war nicht nur ein Traum gewesen! Schnell weckte ich Gabriel, der friedlich neben mir schlief. „Siehst du, was ich sehe? Da ist Jesus! Er war gerade bei mir", krächzte ich. Meine Stimme war ganz heiser. „Was ist los?", fragte Gabriel schlaftrunken. Er konnte niemanden sehen. Doch nachdem ich ihm von meinem Traum erzählt hatte, meinte er: „Ich glaube, Jesus hat dich operiert und die letzten Knoten aus deinem Hals entfernt." Zitternd nahm er mich in den Arm. Dann haben wir gemeinsam gebetet und Gott gedankt. Anschließend bin ich in einen tiefen Schlaf gefallen.

Am nächsten Morgen machten wir uns auf den Weg zum Krankenhaus nach Hannover. Bevor ich eine weitere Strahlenkapsel bekam, wollten die Ärzte noch einmal überprüfen, wie sich die Knoten seit der letzten Bestrahlung verändert hatten. Dazu wurde ein Ultraschall angeordnet. Der junge Assistenzarzt, der die Untersuchung durchführte, fuhr immer wieder mit dem Ultraschallgerät auf meinem Hals herum und sagte schließlich: „Ich verstehe das nicht. Ich kann die Knoten nicht finden." „Sie werden auch nichts finden", erwiderte ich freudig, „Jesus hat mich heute Nacht operiert und die Knoten entfernt." Der Arzt dachte wohl, ich wolle mich über ihn lustig machen. Er sagte nur: „Jesus-Operation! Das ist doch Quatsch." Dann verließ er ärgerlich den Raum und kam wenig später mit dem Chefarzt zurück. Dieser sagte lachend: „Guten Tag, Frau Safar. Was habe ich da gehört? Sie wurden von Jesus operiert? Na, lassen Sie mich das mal ansehen." Er führte die Untersuchung erneut durch, konnte aber auch keine Knoten finden. Schließlich sagte er: „Das ist unglaublich. Die waren doch letzte Woche noch da. Glauben Sie an Jesus?" „Ja", antwortete ich, „ich glaube an Jesus und an seine Werke." Daraufhin meinte der Arzt: „Ja, Gott ist der größte Arzt, aber er hat uns kleine Ärzte auf der Erde eingesetzt, damit wir den Menschen helfen sollen. Wir können zwar keine Knoten mehr finden, aber zur Sicherheit möchte ich die Strahlentherapie trotzdem fortsetzen. Sie müssen im Krankenhaus bleiben. Die Dosis werden wir aber verringern." „Das ist in Ordnung, Herr Doktor", sagte ich. „Darum bin ich ja hierhergekommen." Jahre später traf ich den Arzt wieder. Meine Geschichte hatte wohl großen Eindruck auf ihn gemacht. Er konnte sich noch an alle Einzelheiten erinnern, während ich unsere Begegnung schon ganz vergessen hatte.

Wieder kam ich also in das Einzelzimmer. Eigentlich schien zunächst alles so zu sein wie beim vorigen Mal, aber doch war alles ganz anders: Dieses Mal hatte ich außer an den ersten zwei Tagen keine Beschwerden. Ich fühlte mich richtig wohl und konnte die Ruhe und Einsamkeit genießen. Ich hatte Zeit zum Lesen, zum Beten oder einfach nur zum Nachdenken. Die Zeit verging wie im Fluge. Ich wusste, dass die Leute aus meiner Gemeinde für mich beten, und fühlte mich geborgen in Gott. Jeden Morgen wurde ich für eine kurze Zeit aus dem Einzelzimmer geholt und zum Strahlungsmessen gebracht. Manchmal kam es dort zu Wartezeiten und ich begegnete anderen Patienten. An eine Frau kann ich mich noch gut erinnern. Sie saß dort in der Wartezone und weinte bitterlich. Eigentlich durfte ich ihr nicht zu nahe kommen, weil wir beide „strahlten". Doch als ich sie so weinen sah, bekam ich Mitleid mit ihr und fragte sie, was los sei. Sie erzählte mir ihre Geschichte. Ihre Schilddrüse arbeitete nicht richtig und sie bekam daher diese Bestrahlung. Krebs hatte sie jedoch nicht. Ich hörte mir alles an und sagte dann: „Wissen Sie, Sie brauchen nicht so traurig zu sein. Hören Sie sich meine Geschichte an und wie Gott mir bisher geholfen hat." Dann begann ich zu erzählen und nach einiger Zeit sagte sie: „Im Vergleich zu Ihnen geht es mir ja wirklich noch gut. Danke, dass Sie mir wieder Mut gemacht haben. Ich werde jetzt auch anfangen zu beten." Bei meiner Entlassung aus dem Krankenhaus sah ich sie wieder und wir tauschten unsere Telefonnummern aus. Noch jahrelang stand ich mit ihr in Kontakt. So hatte mich Gott sogar hier im Krankenhaus gebraucht, um anderen zu helfen. Seit diesen Ereignissen sah ich allen vor mir liegenden Bestrahlungsterminen ganz gelassen entgegen. Bis heute muss ich noch in regelmäßigen Abständen von drei bis fünf Jahren in die Klinik, weil die Krebsart so hartnäckig ist und immer wieder neu zum Ausbruch kommt.

# Kapitel 18
## Wieder wird ein Haus gebaut

Ich erinnere mich gerne zurück an unsere Wohnung in der Stiftsanlage. Wir fühlten uns dort wohl, gleichzeitig aber auch sehr beengt. Die Wohnung hatte nur 65 m² und war für vier Personen sehr klein. So sprachen wir häufiger davon, uns eine andere Wohnung zu suchen. Wir verwarfen diesen Gedanken aber immer wieder, weil wir zunächst auf unsere Anerkennung als Asylbewerber warten wollten. Nachdem wir diese im Frühjahr 1998 erhalten hatten, nahm der Gedanke neue Gestalt an. Gabriel träumte davon, ein eigenes Haus zu bauen. Ich dachte, das würde ein Traum bleiben. Wie sollten wir bauen? Wir hatten doch gar nicht genug Geld dafür. Doch mein Mann hatte schon vorgeplant und sagte: „Ich bin sicher, wir könnten das schaffen. Wir müssten nur ein kleines Grundstück kaufen. Ich habe auch schon eins Blick. Im Nachbarort Lagesbüttel steht ein kleines Grundstück zum Verkauf, das für wenig Geld zu haben ist. Mit unserem Freund Achim, der bei einer Versicherung arbeitet, habe ich auch schon wegen der Finanzierung gesprochen. Er sagt, da ich eine feste Arbeitsstelle habe, reiche es aus, wenn wir Eigenkapital in Höhe von 40.000 DM zusammenbekommen. Dann stehe der Vergabe eines Kredits nichts mehr im Wege. Wir könnten Verwandte und Freunde fragen, ob sie uns Geld leihen würden." Ich merkte, wie ernst es Gabriel damit war, und gab meine Zustimmung zu dem Plan. Und wieder erlebten wir Gottes Führung. Ich kann es nicht anders nennen.

Zunächst sprachen wir unsere Familien an und erhielten auch einige Zusagen. Es war aber bei Weitem noch nicht genug Geld. Etwa 20.000 DM fehlten uns noch. Da bekamen wir eines Tages Besuch von einer Bekannten aus Braunschweig. Sie hatte davon gehörte, dass wir Geld für den Bau unseres Hauses brauchten. Wir kannten sie schon seit einigen Jahren. Sie arbeitete im evangelischen Familienwerk, wo sie sich insbesondere um ausländische Frauen kümmerte. Außerdem interessierte sie sich sehr für die Länder im Nahen Osten und war in der Flüchtlingshilfe für palästinensische Familien in Jordanien engagiert. Einmal durfte ich sie dabei als Dolmetscherin begleiten. Sie sah mich an und sagte: „Ich habe gehört, dass ihr eure Freunde um Geld für euren Hausbau gebeten habt. Ich bin auch eure Freundin und könnte euch 50.000 DM leihen." Wir waren zunächst sprachlos über dieses Angebot. Gabriel fing sich als Erster und sagte: „Das ist sehr nett von dir. Wie viel Zinsen willst du dafür haben?" „Ich will gar keine Zinsen haben. Ich gebe euch das Geld einfach so. Ihr könnt es in kleinen Raten, so wie es euch passt, zurückzahlen. Zahlt auch zuerst die Schulden bei eurer Familie und den anderen Freunden zurück. Ich will die Letzte sein, der ihr das Geld zurückzahlt", antwortete sie. Wir waren überwältig von ihrer Großzügigkeit und Gabriel sagte schließlich: „Uns fehlen noch 20.000 DM. Wenn du sie uns leihen willst, dann nehmen wir das dankbar an. Lass uns einen Vertrag aufsetzen." „Wir brauchen doch keinen Vertrag", entgegnete sie, „Ich vertraue euch. Ihr seid so ehrliche Leute, ihr werdet mir das Geld schon wiedergeben." Mir standen die Tränen in den Augen vor Freude. Das konnte doch gar nicht wahr sein! Sie war wie ein von Gott geschickter Engel für uns. Ich kann mir das nicht anders erklären, als dass Gott ihr Herz angerührt hat, um uns zu helfen. Nach kurzer Diskussion setzten wir dann aber doch einen formlosen Vertrag auf, um die Zahlungsbedingungen festzulegen für den Fall, dass ihr oder uns etwas passieren sollte. Wir erhielten das Geld und haben die Summe über 15 Jahre hinweg in Raten an sie zurückgezahlt.

Nun stand unserem Bau nichts mehr im Wege – so dachten

wir. Wir erhielten den Kredit, kauften das Grundstück, suchten einen Bauunternehmer und begannen mit der Planung. Wir setzten uns als ganze Familie zusammen und malten unser Traumhaus auf. Es sollte ein großes Haus werden. Oben sollten die Kinder ihr Reich bekommen und wir wollten unten wohnen. Wir waren alle aufgeregt und voller Vorfreude. Und dann kam der Tag, von dem ich bereits erzählt habe, der Tag, an dem ich zur Operation ins Krankenhaus ging und wir die Nachricht erhielten, dass ich schwer krebskrank sei. Als Gabriel von einem seiner Besuche im Krankenhaus zurück nach Hause kam, setzte er sich verzweifelt vor das Wohnzimmerfenster und starrte nach draußen. Am selben Tag noch hatte er einen Termin mit dem Bauunternehmer, um die Bedingungen für den Vertragsabschluss festzulegen. Was sollte er nun machen? War es überhaupt sinnvoll, ein Haus zu bauen, wenn seine Frau schwer an Krebs erkrankt war und vielleicht sterben musste? Sollte der ganze Bau doch nur ein Traum bleiben? „O Gott, bitte gib mir ein Zeichen! Was soll ich tun?", betete er. „Ich weiß einfach nicht weiter. Ich habe keine Kraft, eine Entscheidung zu fällen. Ich will nur bauen, wenn Menawar am Leben bleibt. Sonst hat das alles gar keinen Sinn." Als er sein Gebet beendet hatte, fühlte Gabriel auf einmal, wie ihm neue Kraft zuströmte. Plötzlich hatte er die Gewissheit, dass ich weiterleben würde. Ganz fest spürte er die Zusage Gottes in seinem Herzen: „Du kannst bauen. Alles wird gut werden." Daraufhin rief er mich im Krankenhaus an. Ich war überrascht, seine klare und entschlossene Stimme zu hören. Was war mit ihm geschehen? Er hatte so verzweifelt gewirkt, als er das Krankenhaus verlassen hatte. Doch nun machte er mir Mut und teilte mir mit, dass er sich sicher sei, dass es mir bald wieder besser gehen würde. Er sei fest entschlossen zu bauen. Nach diesem Telefonat traf er sich mit dem Bauunternehmer und teilte ihm mit, dass es bei uns Schwierigkeiten gäbe, weil ich mich gerade im Krankenhaus befände. Doch dieser meinte, das sei kein Problem und wir könnten dennoch mit dem Bau beginnen. Meine Unterschrift des Vertrages könne auch nachgeholt werden. Und so unterzeichnete erst einmal nur Gabriel den Vertrag.

Wir änderten jedoch noch unsere Bauzeichnung und entschlossen uns, ein kleineres Haus zu bauen. Denn aufgrund meiner Krankheit würde ich auf absehbare Zeit nicht mehr arbeiten können. Bislang hatte ich einige Putzstellen gehabt und damit unser Haushaltsbudget aufgebessert. Außerdem gab ich Kochunterricht für syrische Küche an verschiedenen Volkshochschulen der Umgebung und für Freunde und Bekannte hatte ich mediterrane Büfetts für Feiern zusammengestellt. Mein großer Traum war es, mich in diesem Bereich selbstständig zu machen. Aber diese Pläne wurden durch die Krankheit erst einmal auf Eis gelegt. Nun, nachdem wir uns für den Bau entschieden hatten, wollte Gabriel mir dieses Haus zum Geschenk machen. Es sollte eine Aufgabe für mich sein, um dadurch neuen Lebensmut zu erhalten. Der Bauunternehmer unterstützte Gabriel darin, wo er nur konnte. Eines Tages ging es z. B. darum, die Klinkersteine für unser Haus auszusuchen. Als ich nach meinen Wünschen gefragt wurde, sagte ich, dass ich in einem Ort nördlich von Gifhorn ein Haus gesehen hätte, dessen Klinker mir gut gefielen, aber dass ich diese jetzt nicht so genau beschreiben könne. Da sagte der Bauunternehmer zu mir: „Kein Problem, wenn Sie noch wissen, wo das war, dann steigen wir ins Auto, fahren dort hin und Sie zeigen mir die Klinker." Und das taten wir dann tatsächlich.

So begann unser Haus trotz meiner Krankheit und den vielen Krankenhausaufenthalten zu entstehen. Ich freute mich jedes Mal, wenn ich auf die Baustelle kam, über die Baufortschritte und daran, dass ich dieses Mal das Haus nicht selbst bauen musste, sondern dass dies andere Leute für uns taten. Alle Bauarbeiter und Handwerker auf der Baustelle waren sehr nett zu mir und im Großen und Ganzen verlief unser Bau beinahe problemlos. Ich denke, das ist nicht selbstverständlich und war auch ein Geschenk Gottes. Nur bei der Höhe des Kniestocks im Obergeschoss gab es ein Missverständnis. Als uns auffiel, dass dieser zu niedrig war, war es bereits zu spät, um die Höhe noch zu ändern. Doch das Bauunternehmen kam uns hier sehr großzügig entgegen. Als Ausgleich mauerten sie uns die Garage gratis, pflasterten unsere Gartenwege und sorgten noch für einige Extras im Haus, sodass wir im Endeffekt durch diesen Fehler viel Geld und Eigenleistung sparten. Ich bin bis heute für die ausgezeichnete Baubetreuung dankbar.

Auch die Inneneinrichtung sollte ganz meinem Geschmack entsprechen. Deshalb bestand mein Mann darauf, dass ich alles aussuchen sollte – die Fliesen, die Sanitäreinrichtung, die Teppiche und Tapeten und die neuen Möbel, die wir kauften. Oft war ich durch meine Krankheit aber so schwach, dass mir alles gleichgültig war. Doch Gabriel brachte mich immer wieder dazu mitzukommen und zu entscheiden. Das war zwar oft sehr anstrengend für mich, gab mir aber gleichzeitig viel Lebensmut. Ich konnte trotz meiner Krankheit etwas tun und hinterher war ich froh, dass das Haus so aussah, wie ich es mir erträumt hatte. Auch aus der Baptistengemeinde erhielten wir beim Innenausbau, bei der Isolierung des Dachstuhls und beim Tapezieren viel Unterstützung. Wann immer wir um Hilfe baten, sagten die Gemeindemitglieder ohne zu zögern zu. Mitte Oktober war es dann so weit. Das Haus war fertig und wir konnten einziehen. Viele unserer Geschwister aus der Gemeinde boten uns an, beim Umzug zu helfen. Wir nahmen diese Hilfe froh und dankbar an. Der Umzug selbst verlief dann aber recht chaotisch. Ich sollte mich um das Packen der Kisten kümmern. Da ich aber so schwach war, hatte ich bis zum Umzugstag nur zwei Kisten fertig. Alles andere stand noch in der Wohnung herum. So mussten unsere Umzugshelfer nun erst einmal die Kisten packen. Da es schnell gehen musste, sortierten sie nicht, sondern packten alles irgendwo hinein. So lag dann der Videorekorder zwischen der Bettwäsche und Gläser und Bücher waren durcheinandergepackt. Aber schließlich war alles im neuen Haus. Ich habe dann sehr lange gebraucht, bis alle Kisten ausgepackt waren und ich alles wiedergefunden hatte.

Wir können Gott nur danken, wie er uns durch diese schwere Zeit, die von meiner Krankheit geprägt war, getragen und immer wieder neue Kraft gegeben hat. Wann immer Verzweiflung bei uns aufkommen wollte, haben wir uns in Erinnerung gerufen, dass Gott mit uns ist, dass er es gut mit uns meint und uns zur rechten Zeit helfen wird. Gerade mein Mann hat es immer wieder erlebt, wie Gott ihm neue Kraft gab, alles alleine bewältigen zu können – die Arbeit, den Hausbau, die Versorgung der Kinder, wenn ich im Krankenhaus oder zur Kur war. Manchmal sah er selbst ganz elend und krank aus. Inzwischen leben wir schon seit vielen Jahren in diesem Haus. Es ist uns zu einem echten Zuhause geworden.

## Kapitel 19
## Kochen, Fahren, Schwimmen, Tanzen

Am Ende dieses Buches sind viele leckere Rezepte enthalten, die ich im Laufe meiner Zeit in Deutschland in vielen Volkshochschulkursen erprobt habe und die von den Teilnehmern immer wieder gewünscht werden. Sie entstammen alle der syrischen Küche und sind Speisen, die bei uns zum Alltagsessen gehören.

Als wir in den 80er-Jahren nach Deutschland kamen, hätte ich mir niemals vorstellen können, dass ich eines Tages deutschen Frauen und Männern Unterricht im Kochen geben würde. Wir wohnten noch gar nicht lange in Schwülper, als mich völlig überraschend eines Tages die Leiterin der Volkshochschule in Schwülper ansprach und fragte, ob ich mir nicht vorstellen könne, Kochkurse zu geben. Ich hatte sie vor einiger Zeit bei Nachbarn auf einer Geburtstagsfeier kennengelernt, zu der ich einen Salat mitgebracht hatte. Wir hatten uns dort einige Male wiedergetroffen und jedes Mal kam sie wieder auf dieses Thema zu sprechen. „Du kochst so gut, Menawar", sagte sie. „Du solltest wirklich Kochkurse geben. Die Leute werden begeistert sein. Ich kenne mich da aus, denn ich gebe selbst Kochkurse an der Volkshochschule." „Wie soll ich das machen?", antwortete ich. „Ich kann ja nicht einmal richtig Deutsch sprechen. Wie soll ich da anderen etwas erklären? Nein, das traue ich mir nicht zu." Damit war das Thema für mich erst einmal vom Tisch.

Einige Zeit darauf, im Sommer 1989, rief meine Schwester aus dem Irak an und bat uns um Geld. Ihr Mann und ihr Sohn waren schwer erkrankt und brauchten ärztliche Versorgung und Medikamente. Wir hatten zwar selbst kein Geld, doch wollte ich meine Schwester nicht entmutigen und versprach ihr, mich darum zu kümmern und ihr Geld zu schicken. Doch wo sollte ich das Geld dafür hernehmen? Ich beriet mich mit Gabriel. Aber auch er hatte keine Idee. Da fiel mir auf einmal das Lob über meine Kochkünste ein und ich fragte mich, ob das ein Weg sein könnte, um Geld für meine Schwester zu sammeln. Ich beschloss, die Leiterin der Volkshochschule danach zu fragen. Als ich sie eines Tages ansprach, meinte sie: „Ich glaube, da habe ich eine gute Idee. Demnächst wird es im Nachbarort Meine eine Aktion der Ausländerbehörde geben. In Zusammenarbeit mit Frauen aus vielen verschiedenen Ländern soll dort ein Informationstag stattfinden. Neben künstlerischen Darbietungen und Informationen sollen auch Speisen und Getränke angeboten werden. Wie wäre es, wenn du einen Stand mit syrischem Essen vorbereitest, und dann verkaufst du das Essen zugunsten deiner Not leidenden Familie im Irak?" Das klang wirklich nach einem guten Vorschlag. Ich war gleich Feuer und Flamme. Sofort rief ich meine Schwägerin und einige Freunde an und fragte sie, ob sie Lust hätten, mich dabei zu unterstützen. Ihre Auslagen wollte ich gerne bezahlen. Sofort sagten alle bereitwillig zu und niemand wollte Geld für seine Hilfe haben.

Wir bereiteten viele Speisen zu, sodass wir am Aktionstag einen 3 Meter langen Tisch voll mit unterschiedlichen Salaten, Fleischbällchen, gefüllten Teigtaschen, Süßspeisen und vielen anderen Köstlichkeiten auffahren konnten. Ich war begeistert von der Unterstützung durch Familie und Freunde und war gespannt, ob die Leute unser Essen kaufen und ob es ihnen schmecken würde. Doch ich brauchte mir wirklich keine Sorgen zu machen. In kürzester Zeit war der Essensstand ausverkauft. Nun hatte ich Geld, um meiner Schwester zu helfen. Einige Freunde und auch meine Gemeinde in Schwülper unterstützten mich noch zusätzlich, sodass für meine Schwester und ihre Familie insgesamt 1.500 US-Dollar zusammenkamen. Doch nun stand ich vor dem nächsten Problem: Wie sollte ich das

Geld in den Irak schicken? Das Land befand sich zu der Zeit im Krieg und es herrschte große Armut. Ich hatte Angst, dass meiner Schwester und ihrer Familie etwas zustoßen könnte, wenn jemand mitbekam, dass sie Geld aus Europa erhalten hatten. Aber auch in diesem Punkt sorgte Gott in wunderbarer Weise für uns. Bei einem Besuch bei unserem schon erwähnten damaligen arabischen Arzt und Freund kam unser Gespräch auf dieses Thema und zu meiner Überraschung äußerte er folgenden Vorschlag. „Du weißt, ich komme aus dem Irak und ich habe dort Verwandtschaft. Du kannst mir das Geld geben und ich schicke es über meinen Schwager im Irak zu deiner Schwester. Er ist Kaufmann und ein zuverlässiger Mann, dem du vertrauen kannst." Mein Mann und ich spürten, dass dies die Lösung war, um die wir Gott gebeten hatten. Also übergaben wir ihm das Geld und innerhalb von einer Woche hielt meine Schwester es in den Händen. Nun stand der Behandlung ihres Mannes nichts mehr im Wege. Die Familie ist heute wohlauf und lebt inzwischen ebenfalls in Deutschland.

Der Erfolg der Verkaufsaktion war wie eine Initialzündung für mich. Ich beschloss, mich auf das Wagnis einzulassen und einen Kochkurs an der Volkshochschule zu geben. Doch zunächst mussten dafür erst einmal die Rezepte aufgeschrieben werden. Ich hatte diese alle nur in meinem Kopf gespeichert und mir noch nie Gedanken über die genauen Mengenangaben gemacht. Ich wusste einfach aus Erfahrung, welche Mengen an Zutaten und Gewürzen ich für wie viele Personen nehmen musste. Doch nun mussten die Rezepte so geschrieben werden, dass sie jemand nachkochen konnte, der keine Erfahrung in der syrischen Kochkunst hatte. Bei dieser Arbeit half mir die Leiterin der Volkshochschule. Ich erklärte ihr die Rezepte, so gut ich das konnte, während sie diese aufschrieb. Durch häufiges Nachfragen ihrerseits konnten Unklarheiten beseitigt und die Rezepte fertiggestellt werden.

Endlich war es so weit und ich konnte meinen ersten Kochkurs geben. Da mein Deutsch immer noch nicht so gut war und ich mir die Durchführung des Kurses alleine auch nicht zutraute, liefen die ersten Kurse offiziell über die Leiterin. Sie zeigte mir, wie man die Teilnehmer begrüßt und sie am besten in Gruppen aufteilt. Sie half mir beim Erklären, und da wir die Rezepte vorher so oft durchgesprochen hatten, konnte sie mich auch beim Kochen unterstützen und selbst Fragen der Teilnehmer beantworten. Vor allem half sie mir, Selbstbewusstsein aufzubauen und mit jedem Mal mehr Verantwortung zu übernehmen, sodass ich eines Tages in der Lage war, diese Kurse selbstständig durchzuführen. Vor dem ersten Kochkurs war ich sehr aufgeregt. Nächtelang konnte ich nicht richtig schlafen und ich bekam Migräne. Doch ich wollte mich dadurch nicht von der Idee abbringen lassen. Ich wusste, es würde sich mir eine neue Welt auftun. Ich konnte selbst etwas Geld verdienen. Was aber noch wichtiger war: Ich würde neue Leute kennenlernen und mein Deutsch verbessern können. Zu meinem Kurs hatten sich 12 Personen angemeldet. Würde ich das wirklich schaffen? Doch als ich dann vor der Gruppe stand, verflog die Aufregung mehr und mehr. Ich war beim Kochen in meinem Element. Mit Händen und Füßen erklärte ich den Teilnehmern, was zu tun war. Wenn ich nicht weiterkam, sprang die Leiterin für mich ein und half. Am Ende des Abends waren alle zufrieden. Die Teilnehmer hatten ein leckeres Essen mit Vorspeise, Hauptgericht, Salat und einer Nachspeise zubereitet. Wir saßen zusammen und ließen uns das Ergebnis schmecken. Alle waren begeistert und meinten übereinstimmend, ich sollte weitermachen. So gab ich anfangs drei bis vier Kochkurse im Jahr, später wurden es mehr und ich wurde auch von anderen Volkshochschulen der Umgebung angefragt, ob ich dort Kurse geben könne.

Nach und nach wurde ich auch von Freunden und Bekannten gebeten, Büfetts für ihre Feiern zusammenzustellen. Das tat ich gerne und ich freute mich riesig, wenn ich sah, dass es allen gut geschmeckt hatte. Auch bei internationalen Frauentagen der evangelischen Kirche in Braunschweig engagierte ich mich und bereitete in jedem Jahr ein Büfett vor. Hier trafen sich Frauen verschiedener Nationalitäten und Religionen, um miteinander zu feiern und voneinander zu lernen. Bei diesen Veranstaltungen lernte ich auch die schon erwähnte Freundin kennen, die uns später Geld für unseren Hausbau lieh. Auch Gabriel war bei diesen Veranstaltungen häufig als Musiker dabei und spielte ein Trommelsolo.

Eines Tages hatten mein Mann und ich dann die Idee, uns mit einem Imbisswagen selbstständig zu machen und auf den Wochenmärkten in Schwülper und Umgebung syrische Spezialitäten wie Falafel, Brottaschen und verschiedene Salate anzubieten. Wenn wir erst unsere Anerkennung erhalten hatten, wollte ich einen Gewerbeschein beantragen und dann sollte es losgehen. Wir hatten sogar schon mit dem Gemeindedirektor gesprochen und uns eine Genehmigung für den Verkauf auf dem Markt in Schwülper geholt. Von allen Seiten wurden wir in dieser Sache ermutigt und unterstützt. Aber aufgrund meiner Erkrankung mussten wir diesen Gedanken wieder aufgeben. Kochkurse an den Volkshochschulen gebe ich aber bis heute.

Zu den Kochkursen wurde ich anfangs von zu Hause mit dem Auto abgeholt, denn es gab viele Zutaten, die transportiert werden mussten. Doch nach einiger Zeit störte es mich, dass ich immer abhängig von anderen war, wenn ich z. B. etwas für meine Kochkurse einkaufen oder transportieren musste. Zunehmend wurde mir bewusst, wie eingeschränkt meine Mobilität war. Bislang hatte ich mich die meiste Zeit zu Hause aufgehalten oder war zu Fuß oder mit dem Fahrrad unterwegs gewesen. Gabriel aber hatte inzwischen einen Führerschein gemacht und wir besaßen ein eigenes Auto. So wuchs in mir der Wunsch, auch Auto fahren zu können. Eines Tages sprach ich mit meinem Mann darüber und er war sofort begeistert: „Das ist eine gute Idee. Wir werden sofort anfangen und nach einer geeigneten Fahrschule suchen." Mein Problem bestand allerdings darin, dass ich weder richtig Deutsch lesen noch schreiben konnte. Wie sollte ich da jemals die theoretische Prüfung ablegen können? Doch auch dafür gab es eine Lösung. Wir fanden eine Fahrschule in Isenbüttel mit einer sehr freundlichen und hilfsbereiten Fahrlehrerin. Bei einem Vorgespräch, in dem ich ihr meine Bedenken geschildert hatte, meinte sie: „Das ist kein Problem. Ihre Sprache ist gut genug. Ich kann Sie verstehen und Sie verstehen, was ich sage. Ich mache Ihnen einen Vorschlag. Sie kommen zum Theorieunterricht jeweils eine halbe Stunde früher. Dann werde ich mit Ihnen die Fragebögen zusammen bearbeiten. Ich lese Ihnen die Fragen vor und Sie geben dann die Antwort." Und so haben wir das dann auch gemacht. Ich bin dort nicht nur die vorgeschriebenen zwölfmal gewesen, sondern mindestens zwanzigmal. Doch eines Tages sagte sie: „Frau Safar, Sie sind so weit! Ich werde Sie zur theoretischen Prüfung anmelden."

Ich war unglaublich aufgeregt. Würden mir die richtigen Antworten einfallen? Was wäre, wenn mir keiner beim Lesen helfen würde? Doch meine Sorgen waren unbegründet. Als ich am Prüfungsort ankam, wurde ich gebeten, mich in die erste Reihe zu setzen. Meine Fahrlehrerin hatte den Prüfer über meine Leseprobleme in Kenntnis gesetzt und dieser setzte sich nun zu mir und las mir die Fragen langsam vor. Ich hörte zu, sah mir die Bilder auf dem Prüfungsbogen an und sagte ihm dann die Antworten. Das Ergebnis der Prüfung hat nicht nur mich, sondern auch den Prüfer und meine Fahrlehrerin überrascht und sehr gefreut. Ich hatte mit nur zwei Fehlern bestanden! Ich war glücklich, denn nun konnte ich mit den Fahrstunden beginnen und bald würde ich Auto fahren können. Doch da gab es noch das finanzielle Problem. Der Theorieunterricht hatte schon einiges gekostet. Ich hatte ja immer noch keine richtige Arbeitserlaubnis, sondern verdiente mir nur so eine Art Taschengeld im erlaubten Rahmen durch Putzstellen und die Kochkurse hinzu. Als ich die Fahrlehrerin darauf ansprach, hatte sie wieder einen guten Vorschlag. Sie riet mir, jede Fahrstunde einzeln zu bezahlen und immer dann Stunden zu nehmen, wenn ich etwas Geld erübrigen konnte. Auf diese Weise würden wir nicht am Ende von einer großen Rechnung überrascht werden. So machte ich das dann auch. Nach und nach nahm ich meine Fahrstunden und eines Tages war ich schließlich auch für die praktische Prüfung bereit.

Doch ausgerechnet an dem Tag, an dem ich meine Prüfung ablegen musste, sollte mein Sohn Michael, der ja Probleme mit den Nieren hatte, ins Krankenhaus, um operiert zu werden. Was sollte ich jetzt machen? Ich konnte meinen kleinen Sohn doch nicht alleine im Krankenhaus lassen. Na ja ... wirklich alleine war er ja nicht. Gabriel hatte angeboten, mit ihm dorthin zu fahren, damit ich ungehindert meine Prüfung machen konnte. Ich war hin- und hergerissen. Mein Mutterherz sagte mir: „Du musst bei deinem Sohn sein!", und mein Verstand sagte: „Mach deine Prüfung. Gabriel passt auf Michael auf. Der kann das genauso gut."

Schließlich hörte ich auf meinen Verstand und ging zur Führerscheinprüfung, doch in Gedanken war ich die ganze Zeit über bei meinem Sohn im Krankenhaus. Ich merkte, dass ich unkonzentriert war, und wurde nervös. Dieses Gefühl steigerte sich noch, als der Fahrschüler vor mir durch die Prüfung fiel und weinend zurückkam. Nun war ich an der Reihe. Es gab kein Zurück mehr. Ich stieg ins Auto. Neben mir saß mein Fahrlehrer und hinten der Prüfer. Ich riss mich zusammen, verbannte alle anderen Gedanken in meinen Hinterkopf, konzentrierte mich auf die Worte des Prüfers und fuhr schweigend los. In den Fahrstunden hatte ich mich normalerweise mit dem Fahrlehrer die ganze Zeit über unterhalten. Aber heute blickte ich nur stur nach vorne und sagte kein Wort. Ich tat alles wie geheißen, bog rechts und links ab, stoppte an Stoppstraßen und Ampeln. Alles lief gut, bis wir in eine kleine Straße einbogen und ich rückwärts einparken sollte. Da hatte und habe ich bis heute meine Schwierigkeiten. Mir schoss es durch den Kopf: *Das schaffst du nicht!* Und wirklich – der erste Versuch schlug fehl. Auch beim zweiten klappte es nicht. Ich begann zu zittern und zu schwitzen. Da hörte ich die frostige Stimme des Prüfers: „Versuchen Sie es noch einmal." Mit zittrigen Händen schlug ich das Lenkrad erneut ein und dieses Mal schaffte ich es irgendwie, das Auto in die Parklücke zu rangieren. Da hörte ich die Worte des Prüfers: „Na, dann fahren Sie mal zurück zum TÜV." Ich schaute auf die Uhr und sah, dass ich noch nicht einmal eine halbe Stunde gefahren war. Da war ich überzeugt: „Ich bin durchgefallen! Das Einparken war einfach zu schlecht." Traurig fuhr ich zurück und stellte das Auto beim TÜV ab. Ich stieg aber nicht aus, denn ich war es von den Fahrstunden her gewohnt, dass mein Fahrlehrer hier kurz ausstieg, um etwas abzuholen. Ich selbst hatte dann immer im Auto gewartet. Und so wartete ich auch jetzt. Auf einmal forderte mich der Prüfer auf: „Was ist los mit Ihnen? Wollen Sie hier angeschnallt im Auto sitzen bleiben? Warum steigen Sie nicht aus?" Da erst reagierte ich. *Na klar*, schoss es mir durch den Kopf, *ich bin ja durchgefallen. Ich kann nach Hause gehen.* Ich öffnete die Tür, nicht ohne mich vorher vorschriftsmäßig umgedreht zu haben, stieg aus und wollte gehen. Da hörte ich den Prüfer rufen: „Wo wollen Sie hin? Wollen Sie Ihren Führerschein nicht haben?" Führerschein? Natürlich wollte ich den haben! Aber war ich denn nicht durchgefallen? Verwirrt schaute ich ihn an und sagte: „Aber ich bin doch viel zu kurz gefahren." „Wenn Sie unbedingt wollen, können Sie auch noch weiterfahren. Den Führerschein haben Sie aber jetzt schon bestanden. Wollen Sie ihn nicht haben?" „Wie Sie meinen!", erwiderte ich. Ich hatte seine Worte immer noch nicht ganz verstanden. Da schaltete sich mein Fahrlehrer ein und fragte: „Was ist heute los mit Ihnen? Sonst sind Sie eine richtige Quasselstrippe, aber heute haben Sie während der ganzen Fahrt kein einziges Wort gesagt. Sie scheinen irgendwie verwirrt zu sein." Da erzählte ich den beiden von der Operation meines Sohnes und dass ich die ganze Zeit über an ihn gedacht hatte. „Meinen Respekt", sagte daraufhin der Prüfer, „dafür sind Sie sehr gut gefahren. Hier ist Ihr Führerschein. Sie brauchen ihn nur noch zu unterschreiben." Da hatte ich es endlich richtig erfasst – ich hatte bestanden! Ich hatte meinen Führerschein!

Nachdem ich unterschrieben hatte und nochmals beglückwünscht worden war, blickte ich mich auf dem Parkplatz um. Nun sah ich einen unserer Freunde neben seinem großen Mercedes stehen. Er war gekommen, um mich abzuholen. Freudig rannte ich auf ihn zu und wedelte mit dem Führerschein. „Herzlichen Glückwunsch!", sagte er. „Du kannst mir gleich zeigen, was du gelernt hast. Du darfst mein Auto fahren. Gabriel hat gerade angerufen und gesagt, du sollst nach Wolfsburg zum Krankenhaus kommen. Dort warten er und Michael schon auf dich." „Nein!", wehrte ich ab. „Das kann ich nicht. Du hast so ein großes Auto. Damit bin ich noch nie gefahren. Außerdem war ich auch noch nie in Wolfsburg. Ich kenne mich dort nicht aus." Doch er ließ nicht locker und so setzte ich mich hinter das Steuer. Mit laut klopfendem Herzen fuhr ich los und kam tatsächlich problemlos beim Krankenhaus an. Dort erfuhr ich, dass die Operation von Michael gut verlaufen war. Ich dankte Gott, dass er an diesem Tag so gut für uns gesorgt hatte. Nachdem ich Michael kurz besucht hatte, fuhr ich mit Gabriel nach Hause. Dort setzte ich mich auf unser Sofa, um die Anspannung von mir abfallen zu lassen. Doch dann kam die Migräne, wie schon so oft zuvor. Immer wenn ich etwas geschafft hatte, wie z. B. einen Kochkurs gegeben oder die theoretische Prüfung bestanden, bekam ich diese Kopfschmerzen. Doch so schlimm wie dieses Mal war es noch nie gewesen. Drei Tage lang lag ich im Bett, ständig von Kopfschmerzen und Erbrechen geplagt.

Davon ließ ich mich aber nicht abschrecken. Ermutigt durch die bestandene Führerscheinprüfung beschloss ich, nun auch meine Scheu vor dem Wasser zu bekämpfen und schwimmen zu lernen. Solange die Kinder klein waren, war es kein Problem gewesen. In das Babybecken und auch in das Nichtschwimmerbecken bin ich mit hineingegangen und habe dort mit ihnen gespielt. Doch jetzt waren sie größer und konnten schwimmen. Sie hatten gemeinsam mit dem Nachbarsjungen einen Schwimmkurs besucht und beide den Freischwimmer gemacht. Nun waren sie im großen Becken und ich stand abseits und fühlte mich wie ein Feigling. Das sollte nicht so bleiben. Ich wollte auch schwimmen können. Ich erkundigte mich bei den Schwimmbädern der Umgebung nach einem Schwimmkurs. Meine Befürchtung war, dass ich als Erwachsene zwischen vielen kleinen Kindern stehen und mich dort blamieren würde. Doch dem war nicht so. Erleichtert fand ich heraus, dass es auch Schwimmkurse für Erwachsene gab und dass ich nicht die Einzige war, die nicht schwimmen konnte. Hier waren sogar Leute, die schon das Rentenalter erreicht hatten und jetzt erst schwimmen lernten. Selbstbewusst fuhr ich nun jede Woche mit dem Auto zum Schwimmkurs und nach zwölf Unterrichtsstunden hielt ich stolz mein Freischwimmer-Abzeichen in den Händen. Meine Kinder waren unglaublich stolz auf ihre Mutter. Nun konnte ich endlich mit ihnen gemeinsam schwimmen, genauso wie die Mütter ihrer Freunde.

Beflügelt durch diese Erfolge kam ich nun so richtig in Fahrt. Wie ich schon erwähnt habe, spielte mein Mann häufig bei kurdischen oder türkischen Hochzeiten Trommel. Manchmal begleitete ich ihn zu diesen Feiern. Dort traten häufig auch folkloristische Tanzgruppen auf oder es wurden die alten Folkloretänze getanzt. Immer wieder beobachtete ich dabei, dass die wenigen deutschen Gäste, die sich auf diesen Feiern befanden, ganz begeistert von den Tänzen waren und häufig versuchten mitzutanzen. In dieser Zeit lernte ich Sigrun kennen. Sie wohnte in einem Nachbarort und unterrichtete Bauchtanz an der Volkshochschule. Erstaunt erkundigte ich mich bei ihr, warum sie solche Tänze in der Schule unterrichtete. Sie erklärte mir, dass für sie Bauchtanz eine Sportart wäre und viele Leute Spaß an dieser Form von Bewegung hätten. Ich dachte über ihre Worte nach. Ich kannte so viele traditionelle syrische Tänze, die bei Hochzeiten oder dem Erntedankfest getanzt wurden. Vielleicht könnte ich sie ebenfalls an der Volkhochschule als Sport unterrichten? Als ich sie daraufhin ansprach, war sie ganz begeistert und schon zum nächsten Halbjahr gab ich gemeinsam mit ihr Tanzstunden. Es hatten sich zehn deutsche Frauen und Männer zu diesem ersten Kurs angemeldet. Ich war sehr gespannt, wie ihnen diese Tänze, die in ihrer Form sehr alt sind und ihre Wurzeln in der assyrischen Kultur haben, gefallen würden. Auch hier waren meine Sorgen unbegründet. Den Teilnehmern machten die Stunden viel Spaß. Sie waren von ganzem Herzen mit dabei und so beschlossen wir, dass die Gruppe auch irgendwo auftreten und ihr Können vorführen sollte. Dazu benötigten wir aber Kostüme. Es sah nicht gut aus, wenn die Tänzer in Sportkleidung auf der Bühne stehen würden. Die traditionelle Kleidung für diese Tänze bestand für die Männer aus einer weißen Hose, einer bestickten Weste sowie einem Hut mit einer langen Feder. In der Hand wurden Tücher gehalten, die beim Tanz wie ein Lasso über dem Kopf geschwungen wurden. Die Frauen trugen wadenlange Kleider und eine bestickte Schürze. Auf dem Kopf hatten sie ein mit Silberschmuck verziertes Tuch. Um ihre Hüften trugen sie einen ebenfalls mit Silberplättchen verzierten Gürtel. Bei jeder Bewegung des Tanzes klapperte dieser Schmuck im Rhythmus der Musik. Da es mir aber nicht möglich war, in Deutschland für alle Teilnehmer die traditionelle syrische Kleidung zu besorgen, schlossen wir einen Kompromiss. Ich hatte jeweils für einen Mann und eine Frau von einer Bekannten aus Bremen die Originalkleidung ausgeliehen. Sie hatte diese extra im Irak anfertigen lassen, um sie bei Hochzeiten tragen zu können. Alle anderen Teilnehmer trugen eine schwarze Hose und ein weißes Hemd bzw. einen schwarzen Rock und eine weiße Bluse. Auf zwei Volksfesten in den umliegenden Orten führten wir die Tänze vor. Obwohl der Tanzkurs allen Teilnehmern und auch mir viel Spaß gemacht hatte, konnte ich ihn später leider aus gesundheitlichen Gründen nicht wiederholen.

## Kapitel 20
## Zu Besuch in der Heimat

Obwohl ich mich in Deutschland eingewöhnt, neue Freunde und Aufgaben gefunden hatte, war ich doch stets von Heimweh nach Syrien erfüllt. Ich wollte gerne all die Orte und Menschen wiedersehen, die mich in meiner Kindheit und Jugend geprägt hatten. Außerdem brannte ich darauf, meinen Kindern zu zeigen, wo ihre Wurzeln lagen. Sie sollten mit eigenen Augen sehen, wie es in Syrien aussah, wie die Menschen dort lebten und wer ihre Verwandten waren. Mein Vater war zwar inzwischen leider verstorben, doch meine Mutter und viele meiner Geschwister lebten noch immer dort. Sie hatten jedoch unser Haus auf dem Dorf aufgegeben und waren in die benachbarte Stadt Al-Malikiya gezogen.

Sobald wir unsere Anerkennung und die deutsche Staatsbürgerschaft erhalten hatten, begann ich daher Pläne zu machen, um nach Syrien zu reisen. Im Sommer des Jahres 2000 war es dann endlich so weit. Ich hatte Flugtickets für mich und meine Söhne gebucht. Mein Mann wollte nicht mit uns reisen. Er hatte innerlich mit Syrien abgeschlossen und überhaupt kein Interesse daran, das Land wieder zu besuchen. Ich dagegen war mit Feuereifer mit den Reisevorbereitungen beschäftigt. Da trafen mich die Anweisungen meines Arztes heftig, denn diese hätten beinahe kurz vor dem Abflug meine Pläne noch scheitern lassen. Wie ich schon erzählt habe, war bei mir Krebs diagnostiziert worden und ich musste immer wieder zu Bestrahlungen ins Krankenhaus. So ordnete mein Arzt ausgerechnet zwei Wochen vor meiner lang ersehnten Abreise eine Strahlentherapie an. Während der Zeit im Krankenhaus drehten sich meine Gedanken immer wieder um dieselben Fragen: *Würde ich genug Kraft haben, um zu verreisen? Würde ich es schaffen, mit den Jungen ganz alleine durch Syrien zu fahren?* Immer wieder wägte ich Vor- und Nachteile der Reise gegeneinander ab, doch schließlich überwog meine Sehnsucht und ich beschloss, in jedem Fall zu fliegen. Zum Glück hatte mir eine syrische Freundin, die ich in Deutschland kennengelernt hatte und die zu dieser Zeit wieder in Damaskus lebte, angeboten, ein paar Tage bei ihr zu bleiben. So konnte ich mich vor der langen Weiterreise innerhalb Syriens erst einmal von den Strapazen des Fluges erholen.

Unsere Flugroute führte von Berlin über Istanbul nach Damaskus. Auf dem Flughafen in Damaskus angekommen, ging es zunächst nicht weiter. Die Grenzbeamten kontrollierten unsere Papiere sehr genau und stellten mir viele Fragen über den Grund meiner damaligen Ausreise, über die Zeit in Deutschland und warum ich nun nach so langer Zeit zurück ins Land käme. Meinen Kindern wurde die Warterei zu langweilig und so begannen sie, sich Spiele auszudenken. In der Halle hing ein großes Bild unseres damaligen Präsidenten Hafiz al-Assad. Er war kurz zuvor gestorben und deshalb war das Bild mit einem Trauerflor umkränzt. Milad und Michael sahen sich das Bild an und dachten, es wäre ein Werbeplakat. Sie hatten keine Ahnung, wer auf dem Bild abgebildet war. So kam ihnen die Idee, auszuprobieren, wer von ihnen es schaffen würde, das Bild mit seinem Schuh zu treffen. Sie fackelten nicht lange und begannen ihre Schuhe von den Füßen auf das Bild zu schleudern. Zum Glück trafen sie es nicht. Mir blieb beinahe das Herz stehen, als ich sah, was sie da taten. Schnell rannte ich zu ihnen und schimpfte: „Hört sofort damit auf! Auf dem Bild ist der Präsident von Syrien abgebildet. Auf ihn mit Schuhen zu werfen, das kann uns alle ins Gefängnis bringen!" Glücklicherweise waren die Grenzbeamten so mit meinen Papieren beschäftigt gewesen, dass sie diesen Vorgang nicht beobachtet hatten. Dann waren wir endlich durch die Kontrollen hindurch und machten uns auf den Weg zu meiner Freundin.

Nachdem wir dort einige Tage verbracht hatten und ich wieder gestärkt war, sollte es nun weiter zu meiner Familie gehen. Ich wäre gerne mit dem Flugzeug nach Qamishli weitergeflogen, das in der Nähe ihres Wohnortes lag. Doch meine Kinder hatten mich gedrängt, für die Weiterreise den Überlandbus zu wählen. Diese Busse waren zwar klimatisiert und es wurden auch Getränke gereicht, doch es würde viele, viele Stunden dauern, bis wir am Ziel wären. Wir mussten quer durch die Wüste fahren. Milad und Michael waren furchtbar aufgeregt. Als wir endlich im Bus saßen und dieser sich in Bewegung gesetzt hatte, konnten sie gar nicht genug über die Wüste staunen. „Schau, Mama, Kamele!", riefen sie aufgeregt, oder: „Da sind Beduinen!" Ständig fanden sie etwas Neues, das sie mit staunenden Ausrufen kundtun mussten. Die anderen Fahrgäste hatten inzwischen alle die Rollos im Bus heruntergezogen, um die Hitze der Wüste ein wenig auszusperren. Nur meine Jungen saßen vor dem offenen Fenster und starrten nach draußen. Schließlich sprach mich der Busfahrer an: „Liebe Frau, bitte sagen Sie Ihren Kindern, dass sie endlich die Fenster schließen sollen. Es wird sonst unerträglich heiß hier im Bus und die Klimaanlage schafft es nicht, den Bus zu kühlen." Mir war diese Ansprache sehr peinlich. Doch Milad und Michael ließen sich so leicht nicht vom Schauen abbringen. Immer wieder lupften sie das Rollo und schauten hinaus. Die anderen Fahrgäste schüttelten verständnislos ihre Köpfe. Wir müssen ihnen vorgekommen sein wie Außerirdische, die zum ersten Mal mit einem Bus durch das Land fahren. Auch ich konnte die beiden nicht so recht verstehen. Da gab es doch nichts zu sehen – nur Sand und Steine, so weit das Auge reichte.

Schließlich kamen wir an und ich fiel meinen Geschwistern

in die Arme. Es war unendlich schön, sie alle wieder von Angesicht zu Angesicht zu sehen. Wir hatten uns viel zu erzählen und meine Verwandten freuten sich, meine Söhne kennenzulernen. Auch für mich gab es viel Neues zu entdecken. Neben dem neuen Haus in der Stadt und den Ehepartnern und Kindern meiner Geschwister, die inzwischen zur Familie hinzugekommen waren, hatte sich auch sonst viel in Syrien verändert. Ich hatte gedacht, hier zu Hause zu sein und mich auszukennen, doch jetzt musste ich feststellen: Die Zeit war auch hier nicht stehen geblieben, sogar die Sprache hatte sich verändert. Neue Worte aus dem Französischen und Englischen hatten sich eingebürgert, mit denen ich nichts anzufangen wusste. Selbst so einfache Dinge, wie ein Geschenk für meine Kinder zu kaufen, überraschten mich daher. So fragte mich meine Schwester eines Tages – wie ich dachte –, ob ich den Kindern „Süßigkeiten" kaufen wolle. Ich erwiderte: „Ja, das ist eine gute Idee." So ging ich mit ihr zum Einkaufen. Es gab in der Stadt keine Selbstbedienungsläden, sondern in jedem Geschäft musste man sich an den Verkäufer wenden, der hinter einer Theke stand. Meine Schwester sprach mit diesem und fragte – wie ich meinte – nach den „Süßigkeiten". Doch wie war ich überrascht, als er stattdessen mit einer Tagesdecke ankam und sie vor mir ausbreitete. Fragend sah ich meine Schwester an: „Was soll ich denn *damit*?" „Ich habe dich doch gefragt, ob du so eine Decke für deine Kinder brauchen kannst und du hast *Ja* gesagt", antwortete sie. „Nein, das habe ich nicht. Du hast so ein komisches Wort gesagt, das ich nicht kannte. Ich habe es für etwas Süßes zu essen gehalten. *Decke* heißt doch ganz anders." Da musste meine Schwester schallend darüber lachen, dass ich nun nicht einmal mehr Arabisch verstand.

Nachdem ich einige Tage in Qamishli verbracht hatte, wollte ich gerne mein Heimatdorf besuchen und noch einmal das Haus sehen, das ich vor vielen Jahren gebaut hatte. Ich bat meine Schwester und meinen Schwager, mit uns dorthin zu fahren. Nach dem Tod meines Vaters hatte meine Familie das Haus an einen Polizisten und seine Familie vermietet. Diese schienen jedoch nicht zu Hause zu sein, denn als ich an die Tür klopfte, öffnete niemand. Ich schaute mich um, setzte mich schließlich unter einen Olivenbaum und betrachtete das Grundstück. Es sah nicht mehr so aus, wie ich es in Erinnerung hatte. Das Haus und das gesamte Grundstück waren ungepflegt. Insgesamt war die Gegend viel trockener geworden. Selbst der Stausee, auf den ich früher zum Fischen hinausgefahren war, existierte praktisch nicht mehr. Früher war er mir groß wie ein Meer erschienen, aber jetzt war er nicht viel mehr als eine Pfütze. Diese Entwicklung war auf den Wasserkonflikt um den Euphrat zwischen der Türkei und Syrien zurückzuführen. Im Jahre 1992 wurde in der Türkei der Atatürk-Staudamm ohne die Zustimmung der Nachbarstaaten Syrien und Irak eingeweiht. Er dient der Bewässerung Anatoliens und der Energieerzeugung in dieser Region. Mit dem Bau dieses Staudamms reduzierte sich die Wassermenge des Euphrats drastisch, sodass viele Flüsse und Seen in Syrien und dem Irak austrockneten und zu Müllhalden und Kloaken verkamen. Es machte mich traurig, dies alles zu sehen. Gott hatte uns eine so schöne Erde gegeben – und wir Menschen, was taten wir? Aus Gier, um selbst das größte und beste Stück zu bekommen, machten wir die Natur kaputt und raubten ohne Rücksicht anderen ihre Lebensgrundlage.

Auch auf dem Grundstück war der Wassermangel deutlich zu spüren. Alles war vertrocknet und selbst der große alte Olivenbaum war krank. Er hatte nur noch drei Äste, an denen nur wenige Blätter und Oliven hingen. Die Trostlosigkeit schien sich über den ganzen Hof auszubreiten und übertrug sich auch auf mich. Alles wirkte ungepflegt, der Putz an den Hauswänden bröckelte und der Zaun war zerstört. Eine Welle des Selbstmitleids überflutete mich und ich dachte: *Dem Haus geht es genauso wie mir. Wir sind alt und krank und haben keine Zukunft.* Mir fiel ein Wort aus der Bibel ein. Dort sagt der König Salomo: „Ich beobachtete, was auf der Welt geschieht, und erkannte: Alles ist vergebliche Mühe – gerade so, als wollte man den Wind einfangen." (Prediger 1,14) Ich war in meine Heimat zurückgekommen, um an das anzuknüpfen, was ich damals verlassen hatte. Nun erkannte ich, dass sich alles um mich her verändert hatte. Auch ich war eine andere Person geworden. Es hatte keinen Sinn, dem Alten hinterherzutrauern. Es war vergangen, so als hätte der Wind es davongeblasen. Meine Söhne, die auf dem Grundstück herumgelaufen und auf den Baum geklettert waren, bemerkten, dass ich traurig war, und versuchten, mich zu trösten. Ich erklärte ihnen, wie es hier früher einmal ausgesehen hatte, doch sie hatten keinen wirklichen Bezug zu diesem Haus. Für sie ist Deutschland ihre Heimat und dies war nur ein altes, kaputtes Haus in einem fremden Land. Als wir dann wieder im Auto saßen, war mir richtig schlecht. Doch einen schweren Weg hatte ich mir noch vorgenommen. Ich wollte das Grab meines Bruders sehen. Ich musste es einfach sehen, um endlich wirklich akzeptieren zu können, dass er nicht mehr lebte. Gemeinsam mit meiner Schwester und meinen Kindern fuhr ich zum Friedhof. Hier lag neben meinem Bruder auch mein Vater begraben. Als ich an ihren Gräbern stand, nahm ich endgültig Abschied von ihnen. Ich war einerseits traurig, dass sie nicht mehr bei uns waren, aber andererseits freute ich mich für sie, dass sie jetzt in einer besseren Welt lebten und nicht mit ansehen mussten, was aus ihrem Zuhause geworden war.

Als der Tag der Abreise gekommen war, waren meine Empfindungen zweigeteilt. Einerseits war ich traurig, meine Familie wieder zu verlassen. Auf der anderen Seite allerdings spürte ich, dass ich hier nicht mehr zu Hause war, und ich freute mich, meinen Mann und mein Heim in Deutschland wiederzusehen. In all den Jahren hatte ich mich so gefühlt, als würde ich zwischen den Welten stehen oder wie ein Baum, der seine Wurzeln verloren hatte. Doch nun wusste ich, wo ich hingehörte. Das Syrien, das ich in meinen Erinnerungen konserviert hatte, gab es nicht mehr. Meine neue Heimat war Deutschland.

Fünf Jahre später fuhr ich noch einmal nach Syrien. Dieses Mal war ich positiv überrascht, all die Veränderungen im Land zu sehen. Ich weiß, dass der syrische Präsident Baschar al-Assad in Deutschland kein hohes Ansehen genießt. Doch mir fiel auf, dass sich seit seinem Amtsantritt im Jahre 2000 die Atmosphäre in Syrien verbessert hatte. Die Menschen wirkten alle sehr entspannt und frei. Die optischen Unterschiede zwischen Muslimen und Christen schienen beinahe aufgehoben. Insbesondere die Freiheit der Frauen fiel mir damals auf. Sie kleideten sich nach westlicher Mode, trugen Tops und kurze Röcke. Das wäre früher undenkbar gewesen. Die Frauen wirkten selbstbewusst und hatten nicht unter Belästigungen von Männern zu leiden. Ich konnte es kaum fassen, dass sie abends alleine ausgingen oder mit dem Taxi durch die Nacht fuhren. Umso mehr schockiert es mich, heute zu sehen, was in jüngster Zeit aus dem Land geworden ist.

## Kapitel 21
## Wegbereiter sein

Ich bin überzeugt, dass nichts zufällig geschieht, wenn wir Gott in unserem Leben wirken lassen. In allem, was passiert, können wir dann Gottes Handschrift erkennen. Er kann alle Situationen, mögen sie uns noch so schwer und verworren vorkommen, nutzen, um etwas Gutes daraus zu machen. Als ich in den 80er-Jahren nach Deutschland kam, war ich vollkommen unvorbereitet auf das Leben gewesen, das mich hier erwartet hatte. Wir als Familie und ich persönlich mussten durch viele tiefe Täler und Schwierigkeiten gehen. Davon habe ich in den vorangegangenen Kapiteln erzählt. Doch dank Gottes Hilfe bin ich gestärkt daraus hervorgegangen. Die vielen Erlebnisse haben meinen Charakter verändert und mich sensibel für die Probleme anderer Menschen gemacht. Ich kenne das Gefühl des Fremdseins und der Verlorenheit in einer anderen Kultur genauso wie das Gefühl der Angst, weil der Tod durch eine schwere Krankheit seine kalten Hände nach einem ausgestreckt hat. Durch diese Erfahrungen habe ich gelernt, alles, was kommen mag, in die Hände Gottes zu legen. Wenn irgendwelche Probleme auftreten oder ich Entscheidungen zu treffen habe, dann bete ich zu Gott ein einfaches Gebet und sage: „Lieber Vater, du weißt, was vor mir liegt. Ich weiß nicht, was richtig ist, aber du weißt es. Bitte nimm diese Sache in deine Hand und kümmere du dich darum." Ganz oft habe ich erlebt, dass Gott fast blitzartig eingegriffen und uns Lösungen aufgezeigt hat. Manchmal hat es etwas länger gedauert und es erforderte Geduld, auf Gottes Wirken zu vertrauen. Und manchmal ist gar nichts passiert. Gott hat scheinbar gar nicht auf mein Gebet reagiert. Doch im Nachhinein konnte ich auch an diesen Stationen meines Lebens Gottes Wirken erkennen. Er hatte einfach den besseren Überblick und wusste, dass die Erhörung meines Gebetes für mich nicht die beste Lösung gewesen wäre, weil er etwas ganz anderes geplant hatte. Ich finde es spannend, in dieser vertrauensvollen Beziehung zu Gott zu leben, und wünsche den Lesern dieses Buches, dass sie ähnliche Erfahrungen in ihrem Leben machen.

Ein Pastor hat mein Leben einmal mit dem von Josef in der Bibel verglichen. Ich meine jetzt nicht den Vater von Jesus aus der Weihnachtsgeschichte, sondern den Josef, dessen Geschichte im 1. Buch Mose aufgeschrieben ist. Durch widrige Umstände kam dieser Josef aus dem Land Kanaan nach Ägypten. Dort musste er viel Schweres durchmachen und landete für viele Jahre sogar unschuldig im Gefängnis. Doch in all den Schwierigkeiten vertraute er Gott und erlebte es, wie Gott ihn auf wunderbare Weise aus dem Gefängnis befreite und ihn sogar zum Vizekönig von Ägypten machte. Durch dieses Amt konnte Josef viele Menschen vor dem Hungertod retten und schließlich auch seine eigene Familie nach Ägypten holen. Wer diese Geschichte nicht kennt, sollte sie unbedingt einmal lesen. Sie ist unglaublich spannend. Doch wie kam der Pastor auf die Idee, mich mit diesem Josef zu vergleichen? So, wie Josef von Gott nach Ägypten vorausgeschickt wurde, wo er schließlich viel Gutes tun konnte, so habe ich es erlebt, dass Gott mich nach Deutschland vorausgeschickt hat. Nach und nach sind alle meine Geschwister und auch meine Mutter gefolgt. Ich durfte ihnen dabei helfen, indem wir ihnen Geld für ihre Ausreise zukommen ließen oder Einladungen für sie geschrieben haben und vor dem deutschen Staat mit unserem Vermögen für sie gebürgt haben. Die Ersten folgten bereits in den 90er-Jahren, so auch meine Schwestern aus dem Irak. Die letzten Geschwister konnten auf oft abenteuerliche Weise in jüngster Zeit aus Syrien nach Europa flüchten. Ich bin Gott sehr dankbar, dass ich sie jetzt alle in Sicherheit weiß. In letzter Zeit merke ich immer mehr, wie ich und auch mein Mann nicht nur für unsere Familie zum Anlaufpunkt werden, sondern dass wir auch für viele arabische Christen und insbesondere für die Flüchtlinge, die in den letzten Jahren nach Deutschland gekommen sind, zum festen Halt werden.

Im Jahr 2006 hatten mein Mann und ich den Eindruck, dass wir in Gifhorn und einige Jahre später auch in Braunschweig einen Hauskreis für arabische Christen gründen sollten. Es war uns wichtig, für sie einen Raum zu schaffen, in dem sie offen über ihre Probleme reden und sich gegenseitig Hilfestellung geben können, aber auch biblische Lehre erhalten. Wir treffen uns immer noch alle zwei Wochen und nehmen uns zunächst viel Zeit, um bei Kaffee und Kuchen miteinander ins Gespräch zu kommen. Besonders seit Ausbruch des Bürgerkriegs in Syrien sind die Gruppen stark gewachsen. Uns ist es wichtig, allen Menschen, egal welcher Religion sie angehören, zu helfen. Daher kommen auch immer wieder Muslime in unsere Gruppen und bitten um Hilfe. Viele der Neuankömmlinge sind durch das Erlebte, durch Krieg und Terror traumatisiert und es fällt ihnen schwer, sich vorzustellen, wie das Leben für sie in Deutschland weitergehen könnte. Für diejenigen, deren Angehörige noch in den Kriegsgebieten leben, bieten die Treffen Raum, um über ihre Ängste zu reden und das, was sie im Fernsehen gesehen und gehört haben, intensiv zu diskutieren. Nach der Gesprächsrunde fordern wir die Teilnehmer auf, für ihre Probleme zu beten und ihre Ängste und Sorgen bei Gott abzuladen, so wie es in der Bibel steht: „Alle eure Sorge werft auf ihn; denn er sorgt für euch." (1. Petrus 5,7) Wir ermutigen die Leute, auch zu Hause weiter dafür zu beten. Manchmal gebe ich die Gebetsanliegen an meine deutsche Gemeinde weiter, um noch mehr Gebetsunterstützung zu mobilisieren. Ich erlebe immer wieder, wie Leute durch diese Treffen Mut bekommen und gestärkt in ihren Alltag gehen.

Ich versuche, immer ein offenes Ohr für die Menschen zu haben, und notiere mir, wo Hilfe notwendig ist. Das kann auf ganz unterschiedlichen Gebieten sein. Oft kommt es vor, dass jemand Möbelstücke oder eine Waschmaschine oder im Fall der Syrienflüchtlinge einfach Kleidung benötigt. Dann rufe ich meine deutschen Freunde an und meist findet sich bei irgendwem das Gewünschte. Für diese Aufgabe hat mir Gott eine ganz besondere Freundin zur Seite gestellt. Sie ist Sporttrainerin und hat viele Kontakte. Wenn ich sie anrufe und ihr mitteile, was ich für jemanden benötige, dann kümmert sie sich sofort und schon nach wenigen Tagen bekomme ich die Mitteilung: „Menawar, ich habe das Benötigte gefunden. Du kannst es dir abholen." Oft unterstützt sie mich auch bei den Transporten, sodass wir gemeinsam schon vielen Bedürftigen helfen konnten.

Häufig braucht jemand auch Unterstützung bei einem Behördengang oder er benötigt einfach jemanden, der ihm hilft, einen offiziellen Brief zu verstehen. Gerade dieser „Papierkrieg" ist für Menschen aus arabischen Ländern schwierig, weil sie es nicht gewohnt sind, alles schriftlich vorlegen zu müssen. Dort gilt noch viel mehr das gesprochene Wort. Außerdem sind die amtlichen Texte oft nur schwer zu verstehen, sodass auch mein Mann und ich schnell an unsere Grenzen stoßen. Dies ist ein Bereich, in dem Deutsche, die Ausländern helfen wollen, tätig werden können. Ein weiterer wichtiger Bereich ist die Unterstützung von Ausländern bei der Wohnungssuche, denn oft scheitert das Zustandekommen eines Mietvertrages an Verständigungsproblemen. Manchmal sind die Menschen auch krank, trauen sich aber nicht, allein zum Arzt zu gehen, oder wissen nicht, wie sie dem Arzt ihr Problem verständlich machen sollen. Eine Begebenheit möchte ich hierzu erzählen. Eine Frau aus unserem Hauskreis war an Brustkrebs erkrankt. Als ich davon erfuhr, begleitete ich sie zum Arzt und übersetzte das Gespräch. Doch die Frau wollte auf die Vorschläge des Arztes nicht eingehen, da sie den deutschen Ärzten nicht traute und sie innerlich schon mit ihrem Leben abgeschlossen hatte. Ich konnte mich in das Gefühlsleben der Frau hineinversetzen, wusste aber auch, dass die Ablehnung aller Behandlungsmethoden falsch war. Also unterbrach ich das Gespräch der beiden und redete energisch auf die Frau ein, indem ich ihr auch von meiner eigenen Krankheitsgeschichte berichtete. Als sie das hörte und sah, wie gut es mir heute geht, änderte sie ihre Meinung und stimmte einer Chemotherapie zu. Ich begleitete sie zu allen Terminen und sprach ihr immer wieder Mut zu. Heute ist sie froh, dass sie durch die ärztlichen Maßnahmen neues Leben geschenkt bekommen hat.

In letzter Zeit erlebe ich es häufiger, dass ich und auch mein Mann besonders von jüngeren Männern und Frauen um Rat gefragt werden. Für mich fühlt sich das so an, als hätte ich zu meinen eigenen Kindern (die ja inzwischen aus dem Haus sind und ein eigenes Leben führen) noch viele neue Kinder hinzugewonnen. Ich staune immer wieder, wie Gott mir die Fähigkeit schenkt zu trösten, Mut zuzusprechen und Lösungen zu finden, die weiterhelfen – egal, wie das Problem aussieht. Um nicht selbst unter all den Problemen und den Nöten, die mir anvertraut werden, zusammenzubrechen, gebe ich alles im Gebet an Gott ab. Ich würde mich selbst nicht als einen großen Beter bezeichnen, denn meine Gebete sind nur ganz kurz, oft sind es nur wenige Worte. Aber ich weiß, dass Gott mich hört und dass er die Sache in seine Hand nehmen wird. Dabei ist es meiner Erfahrung nach wichtig, dass wir Gott auch Zeit zum Handeln zugestehen und nicht schon kurz nach dem Gebet das Problem wieder an uns reißen und selbst nach Lösungen suchen. Wenn wir unsere Sorgen wirklich von Herzen an Gott abgeben möchten, dann müssen wir auch abwarten können, was Gott aus der schwierigen Situation oder mitten in ihr machen wird. Das ist ein Prozess und ich bin in dieser Hinsicht selbst immer noch am Lernen. Mein Mann ist mir da ein großes Vorbild.

Zu guter Letzt möchte ich mich bei all denen bedanken, die unsere Arbeit tatkräftig oder durch Gebet unterstützen. Es ist schön zu sehen, wie viel Anteilnahme uns und den Menschen, die wir begleiten, entgegenschlägt und dass wir viel spontane Hilfe erhalten. Wenn auch im Fernsehen und in der Zeitung die Haltung vieler Deutscher als ausländerfeindlich gebrandmarkt wird, erlebe ich eher das Gegenteil. Die Menschen in meiner Umgebung sind Ausländern gegenüber viel offener geworden, als es noch vor dreißig Jahren der Fall war. Es ist für mich ein großes Anliegen, dass diese Entwicklung nicht durch die aktuellen Probleme des Flüchtlingszustroms und der damit verbundenen Schwierigkeiten der Unterbringung oder durch Streitigkeiten zwischen einzelnen Flüchtlingsgruppen ins Gegenteil verkehrt wird und der Nationalsozialismus wieder in weiten Kreisen Zuspruch erfährt. Wir Christen sollten für ein gutes Miteinander beten, denn die Bibel sagt, dass das Wort Gottes und das Gebet unsere Waffen sind, um gegen das Unrecht in der Welt zu kämpfen.

# Kapitel 22
# Meine besten Rezepte

## 1. Vegetarische Auberginenpaste: Baba Ghanoush

**Zutaten für 5–6 Personen:**
4 große Auberginen, 5 EL Tahini (Sesampaste), 1–3 EL Kreuzkümmel
4 Knoblauchzehen, 2 Zitronen
1 TL Rosenpaprika, 150 g Joghurt, 4 EL Olivenöl, 1 TL Salz, einige Blätter glatte Petersilie, 50 g Walnüsse

**Zubereitung:**
Die Auberginen abspülen, abtrocknen und mit einem spitzen Messer mehrmals etwa 1 cm tief einritzen. Unter dem Grill im vorgeheizten Backofen auf höchster Stufe etwa 20–35 Minuten backen, bis die Auberginen weich sind. Mit dem Messer testen und die Auberginen ab und zu wenden. Anschließend die Auberginen abkühlen lassen und die dünne Haut abziehen.
Das Fruchtfleisch mit Joghurt, dem Saft einer Zitrone und Tahini, Salz, Kreuzkümmel und Knoblauch in einer Küchenmaschine pürieren (geht auch mit einer Gabel) und abschmecken. Die fertige Masse auf einem flachen Teller verteilen und mit 4–5 EL Olivenöl, Kreuzkümmel, gehackter Petersilie und Walnüssen bestreuen.

**Tipp:** Als Beilage passt Fladenbrot.

## 2. Isch-Salat (vegan)

**Zutaten für 5–6 Personen:**
500 g feiner Bulgur, 400 ml Wasser, 3 gehäufte EL Tomatenmark, 1 Bund Lauchzwiebeln, 1 Bund Petersilie, 2 Chilischoten, 4 rote Spitzpaprika, 10 EL Olivenöl, 1½ EL Koriander, 1 TL Salz, 1 TL Pfeffer, 2 EL Gemüsebrühepulver, 1 EL Ajvar (Mus aus Paprika)

**Zubereitung:**
Wasser mit Tomatenmark zum Kochen bringen und anschließend Salz, Pfeffer, Koriander und den Bulgur dazugeben. Die Herdplatte abstellen und die Masse aufquellen lassen.
Zwiebeln waschen und in kleine Ringe schneiden, die Chilis und die Paprika entkernen und fein hacken.
Die Petersilie ebenfalls fein hacken und alle Zutaten in einer Salatschüssel verrühren. Anschließend noch mit etwas Öl und Gewürzen abschmecken.

**Tipp:** Passt sehr gut zu Gegrilltem.

## 3. Auberginen-Röllchen mit Hackfleisch

**Zutaten für 5–6 Personen:**
4 große Auberginen, 500 g Hackfleisch, 2 Zwiebeln, 5 Knoblauchzehen, 1 TL Salz, 1 TL Pfeffer, ½ Bund Petersilie, 2 EL Ajvar, 1 kg Tomaten, 2 EL Tomatenmark, 1 EL Gemüsebrühe, 3 EL Granatapfelsirup, 30 g Pinienkerne, 1 TL Baharat (7-Gewürze-Pulver), 300 ml heißes Wasser

**Zubereitung:**
Die Auberginen waschen und der Länge nach in 5–6 Scheiben schneiden. Die Scheiben von beiden Seiten in Öl frittieren und auf Küchenpapier legen. Danach etwas abkühlen lassen.
Zwiebeln, Petersilie und 3 Knoblauchzehen _fein_ zerkleinern und zusammen mit den Gewürzen und 1 EL Ajvar zum Hackfleisch geben und von Hand gut durchkneten. Die Hackmasse in genauso viele Teile teilen, wie Auberginenscheiben vorhanden sind, und zu kleinen Röllchen formen, die in die Auberginenscheiben eingerollt werden (ähnlich wie bei gefüllten Weinblättern). Danach die fertigen Röllchen so in eine Auflaufform geben, dass das offene Ende der Auberginenscheibe unten liegt.
Die Tomaten klein hacken oder pürieren und in eine Schüssel geben. Tomatenmark, Salz, Pfeffer, Gemüsebrühe, heißes Wasser, 2 zerdrückte Knoblauchzehen und 1 EL Ajvar in eine Schüssel geben und verrühren. Das Ganze nun über die Röllchen geben und mit Pinienkernen bestreuen. Die Auberginenröllchen mit Alufolie bedecken bei 200° C im vorgeheizten Backofen auf mittlere Schiene ca. 30 Minuten backen, danach die Folie entfernen und weitere 15 Minuten backen.

**Tipp:** Als Beilage passt Reis.

## 4. Orzo-Nudeln: Lasan Al-Asfur (vegan)

**Zutaten für 5–6 Personen:**
500 g Orzo-Nudeln aus Hartweizengrieß, 200 g Kichererbsen, 150 ml Öl zum Braten, 2 große Zwiebeln, 3 Knoblauchzehen, 2 TL 7-Gewürze-Pulver, 2 EL Gemüsebrühe-Pulver, 1 TL Ingwer-Pulver, 2–3 Peperoni, 800 ml heißes Wasser, je eine rote, gelbe und grüne Paprika, 2 TL Koriander, Salz nach Geschmack, 100 g Mandelstifte

**Zubereitung:**
Kichererbsen über Nacht in kaltem Wasser einweichen. Danach in Salzasser ca. 45 Minuten kochen.
Die Nudeln mit 100 ml Sonnenblumenöl in einem Topf braun anbraten. Die Zwiebeln und den Knoblauch hacken, dazugeben und gut vermengen. Nun das 7-Gewürze-Pulver, etwas Salz, Hühnerbrühe, Wasser und Ingwerpulver dazugeben, abschmecken und noch etwas köcheln lassen. Die Kichererbsen abgießen und zu den Nudeln hinzufügen. Das Gericht abschmecken und ziehen lassen.
Peperoni und Paprika von den Kernen befreien und in kleine Stücke schneiden. In einer Pfanne ein wenig Öl erhitzen und die Peperonistücke anbraten. Die Paprika hinzufügen und mitbraten, alles vermengen und zu den Nudeln geben und verrühren.
Mandelstifte in einer Pfanne leicht rösten und zum Servieren über das Gericht streuen.

**Tipp:** Passt gut zu gebratenen Hähnchen mit frischem Salat.

## 5. Nachspeise: Zarda (vegan)

**Zutaten für 5–6 Personen:**
1400 ml Wasser, 250 g Milchreis, 200 g Zucker, 1 Prise Salz, 1 Glas Kokosraspeln, 1 Dose Kokosmilch, 7 EL Orangenblütenwasser, 2 EL gehackte Pistazien

**Zubereitung:**
Das Wasser mit dem Salz zum Kochen bringen, Reis waschen und mit der Kokosmilch dazugeben. Immer wieder rühren, damit der Reis locker bleibt! Den Zucker langsam hinzufügen. Etwa 30 Minuten köcheln lassen. Kurz vor dem Ende der Kochzeit die Kokosraspeln und das Orangenblütenwasser dazugeben und gut verrühren. Die Nachspeise nun in eine Schüssel füllen und mit gehackten Pistazien bestreuen.

## 6. Teigfäden-Knafeh (vegetarische Nachspeise)

**Zutaten für 5–6 Personen:**
250 g Mozzarella, 700 ml Milch, 1 Becher Sahne, 3 EL Grieß, 3 gehäufte EL Speisestärke, 2 EL Mehl, 4 EL Rosenwasser oder Orangenblütenwasser, 3 EL Zucker, 500 g frische Fadennudeln, 250 g Butterschmalz (z. B. Butaris)
**Für den Sirup:**
600 ml Wasser, einen Spritzer Zitronensaft, 400 g Zucker, 2 EL Rosenwasser

**Zubereitung:**
**Sirup:** Wasser, Zitronensaft und Zucker in einem Topf zum Kochen bringen und bei kleiner Hitze etwa 30 Minuten köcheln, danach erkalten lassen und 2 EL Rosenwasser untermischen.
**Füllung:** Milch, Sahne, Grieß, Mehl, Speisestärke und Zucker vermischen und zum Kochen bringen. Die Masse dabei rühren, bis sie eindickt. Nun Rosenwasser und klein geschnittenen Mozzarella hinzufügen und schmelzen. Alles durchrühren und zum Abkühlen an die Seite stellen.
Die Fadennudeln mit einer Schere klein schneiden und in eine Auflaufform geben. Butterschmalz schmelzen, darübergießen und mit den Händen gut vermischen. Die Hälfte der Nudelmasse herausnehmen und zur Seite stellen, die andere Hälfte in der Auflaufform glatt drücken.
Die Füllung auf den Nudeln verteilen und glatt streichen. Nun die restlichen Nudeln auf der Füllung verteilen und glatt drücken. Im vorgeheizten Backofen bei 180° Crad auf der zweiten Schiene von unten 40 Minuten goldgelb backen. Das Gebäck aus dem Backofen nehmen und mit dem Zuckersirup beträufeln. Mit einem scharfen Messer in kleine Stücke schneiden. Kalt oder warm servieren.

## 7. Kichererbsen-Granatapfel-Salat (vegan)

**Zutaten für 5–6 Personen:**
250 g Kichererbsen, 1 Granatapfel, 2 große Mohrrüben, 1 Zwiebel, 100 g Walnüsse, 2 Chilischoten, 1 Packung Feldsalat, 1 Packung Rucola, 1 TL Salz, 1 TL Paprikapulver, 1 Zitrone, 1 TL Koriander, 4 EL Olivenöl, 2 Knoblauchzehen, 2 TL Kreuzkümmel, 1 EL Sumak (Essigbaumfruchtgewürz)

**Zubereitung:**
Kichererbsen über Nacht in Wasser einweichen und anschließend 40 Minuten in Salzwasser kochen lassen (wenn man die Kichererbsen nicht einweicht, erhöht sich die Kochzeit). Nach dem Kochen das Wasser abgießen und die Kichererbsen abkühlen lassen. Den Granatapfel wie eine Orange aufschneiden und die Körner in eine Schüssel geben. Möhren waschen, schälen und raspeln, Zwiebeln grob schneiden und beides in die Schüssel geben. Rucola und Feldsalat waschen, die Stiele entfernen und auch dazugeben. Nüsse grob hacken und mit den abgekühlten Kichererbsen zum Salat geben. Mit Öl, Nüssen und Gewürzen abschmecken.

## 8. Fleisch-Reis-Bällchen: Kebbe Ashuri

**Zutaten für 5–6 Personen:**
700 g Rinderhackfleisch, 200 g Milchreis, ½ Bund Petersilie, 3 Zwiebeln, 4 Knoblauchzehen, 1 EL Minze, 1 Ei, 3 EL Tomatenmark, 1 TL Salz, 1 TL Pfeffer, 1½ TL Kreuzkümmel, 1 EL 7-Gewürze-Pulver, 2 EL Ajvar, 2 Chilischoten, 4 EL Olivenöl, 2 EL Butter oder Margarine, 2½ l Wasser, 2 EL Gemüsebrühepulver, 2 EL Granatapfelsirup

**Zubereitung:**
Reis in lauwarmem Wasser 15 Minuten ziehen lassen. Anschließend das Wasser abgießen. Petersilie und 2 Knoblauchzehen sowie eine Chilischote und eine Zwiebel ganz fein hacken und mit dem Hackfleisch, dem Reis und dem Ei in eine große Schüssel geben. Mit den Gewürzen und dem Granatapfelsirup abschmecken. Das Ganze zu einer Masse kneten und in ca. 10 tennisballgroße Klöße formen und zur Seite stellen.
Als Nächstes die restlichen Zwiebeln, Chilischoten und Knoblauchzehen grob schneiden und mit dem Öl und der Butter oder Margarine in einem großen Topf anbraten. Tomatenmark und Ajvar dazugeben und mit den Gewürzen abschmecken. 2 l Wasser und das Gemüsebrühepulver dazugeben und alles ca. 10 Minuten kochen.
Dann die Klöße in die Suppe legen und im offenen Topf ca. 40 Minuten auf kleiner Flamme garen. Wenn das Wasser verdampft ist, noch ½ l Wasser hinzufügen und weitere 10 Minuten kochen.

**Tipp:** Als Beilage passt Fladenbot oder Reis.

## 9. Rote Bete-Reis-Salat

**Zutaten für 5–6 Personen:**
1 kg frische (oder gekochte vakuumverpackte) Rote Bete, 3 Zwiebeln, 2 Knoblauchzehen, 1 EL Gemüsebrühepulver, 1 EL Kreuzkümmel, 10 EL Olivenöl, 100 g Walnüsse, 2 EL Koriander, ½ Bund Petersilie, ½ Granatapfel, 200 g Langkornreis, 1 TL Salz, 4 EL Maggi, 2 Chilischoten, 1 EL Sumak, 3 EL Granatapfelsirup

**Zubereitung:**
Die Rote Bete gut waschen und ca. 30 Minuten kochen. Das Wasser anschließend nicht weggießen!
Rote Bete schälen, in kleine Stücke schneiden und in eine Salatschüssel geben.
Den Reis mit der doppelten Menge gesalzenem Wasser und 4 EL Öl für ca. 12 Minuten mit geschlossenem Deckel kochen, bis der Reis das gesamte Wasser aufgenommen hat. Die gewürfelten Zwiebeln unter den noch warmen Reis mischen und zugedeckt beiseitestellen.
Petersilie klein schneiden, den Knoblauch zerdrücken und zusammen mit Salz, Maggi, Gemüsebrühepulver, Gewürzen und dem Öl in die Salatschüssel geben. Nun den abgekühlten Reis dazufügen und untermengen. Wenn der Salat zu trocken ist, ein wenig von dem beiseitegestellten Wasser dazugießen. Die gehackten Walnüsse und den Granatapfelsirup zum Salat geben. Zum Schluss alles gut vermengen und abschmecken (die Walnüsse können auch weggelassen oder seperat serviert werden).
Den Granatapfel wie eine Orange schneiden, die Kerne entnehmen und den Salat damit garnieren.

## 10. Bohnensalat

**Zutaten für 5–6 Personen:**
1 kg Bohnen, 200 g Walnüsse, 4 Knoblauchzehen, 3 EL Ajvar, 8 – 10 EL Olivenöl, 1 EL Salz, 1 TL Pfeffer, 1 EL Kreuzkümmel, 1 TL Chilipulver

**Zubereitung:**
Bei den Bohnen die Stiele abbrechen und in kleine Stücke schneiden. Bohnen 5 Minuten kochen, anschließend in ein Sieb geben, mit Salz bestreuen und auf die Seite stellen.
Walnüsse in einen Plastikbeutel geben und (z. B. mit einem Fleischklopfer) grob zerdrücken. Anschließend in eine große Salatschüssel schütten.
Die Knoblauchzehen schälen, klein schneiden und zu den Nüssen geben. Ajvar, Olivenöl und die Gewürze untermischen. Nun die Bohnen dazugeben, alles zusammenmischen und abschmecken.

**Tipp:** Als Beilage passt Fladenbrot.

## 11. Muhammara-Dipp

**Zutaten für 5–6 Personen:**
4 rote Spitzpaprika, evtl. 1–2 Chilischoten, 100 g Walnüsse, 8 Scheiben Zwieback, 6 EL Tahini, 2 EL Granatapfelsirup, 10 EL Olivenöl, 3 Knoblauchzehen, 2 EL Ajvar, 1 TL Kreuzkümmel, 1 Handvoll gehackte Petersilie

**Zubereitung:**
Die Paprika waschen, entkernen und vierteln. Ein kleines Stück Paprika für die Dekoration beiseitelegen und den Rest in einen hohen Standmixer geben. Von den Walnüssen ca. 7 besonders schöne Walnusshälften beiseitelegen und die restlichen Walnüsse auch in den Mixer geben. Den Zwieback grob zerbröseln und zusammen mit Knoblauch, Ajvar und Olivenöl ebenfalls in den Mixer füllen. Alles zu einer einheitlichen Paste pürieren. Mit Tahini, Granatapfelsirup, Salz und Kreuzkümmel abschmecken. Sollte die Masse zu fest sein, etwas warmes Wasser hinzugeben. Die Paste mindestens 20 Minuten im Kühlschrank durchziehen lassen und nochmal nachwürzen, dann auf einem Teller anrichten.
Mit den Walnusshälften und gehackter roter Paprika dekorieren. Dazu arabisches Brot oder Fladenbrot reichen.

**Tipp:** Wer es gerne noch schärfer mag, kann noch 1–2 rote Chilischoten mit in den Mixer geben.

## 12. Fladenbrot

**Zutaten für 5–6 Personen:**
1 kg Mehl, 550 ml lauwarmes Wasser, 6 EL Olivenöl, 1½ EL Salz, 1 Würfel Hefe, 1 EL Zucker, 1 EL schwarzer Sesam nach Geschmack

**Zubereitung:**
Hefe und Zucker in eine Schüssel geben und mit etwas Wasser auflösen. Mehl und die restlichen Zutaten zu der Hefe geben und das Wasser nach und nach zugeben. Alles vermengen und zu einem Hefeteig verarbeiten, gut kneten. Den Teig mit einer Folie oder einem dicken Tuch abdecken und an einem warmen Ort ca. 30 Minuten gehen lassen. Anschließend den Teig zu 2 Kugeln formen, mit Mehl bestreuen und nochmals abgedeckt 10 Minuten gehen lassen.
Dann den Teig zu flachen Fladen formen (Durchmesser ca. 25 cm) und nochmals 10 Minuten mit einem Tuch abgedeckt ruhen lassen.
Den Backofen auf 250° C vorheizen. Das Backblech mit anwärmen und dann die Fladen darauflegen. Etwas Wasser auf die Fladen geben und mit der Handkante Muster eindrücken, damit die Fladen nicht zu sehr aufgehen. Im Backofen 15–25 Minuten backen, bis das Brot leicht bräunlich ist.

## 13. Baklava gerollt

**Zutaten für 5–6 Personen:**

**Für den Teig:** 500 g fertigen Baklava-Teig, 300 g Butterschmalz (z. B. Butaris), 4 EL Rosenwasser, 200 g gemahlene Mandeln, 200 g gemahlene Walnüsse, Pistazien zum Garnieren
**Für den Sirup:** 500 g Zucker, 1 TL Zitronensaft, 600 ml Wasser, 2 EL Rosenwasser

**Zubereitung:**
**Sirup:** Zucker, Zitronensaft und Wasser in einem Topf zum Kochen bringen und ca. 35 Minuten kochen lassen. 4 EL Rosenwasser unterrühren und abwarten, bis der Sirup abgekühlt ist.
**Teig:** Zunächst die gemahlenen Mandeln und Walnüsse zusammenmischen und mit Rosenwasser anfeuchten. Dann die erste Schicht des fertigen Baklava-Teiges dünn mit geschmolzenem Butterschmalz bepinseln. Die zweite Schicht auf die erste legen und ebenfalls bepinseln. Nun den Teig mit 3 EL von der Nussmischung am unteren Rand bestreuen. Den Teig fest aufrollen, auf ein Blech legen und die Rolle in etwa 5 cm große Stücke schneiden.
Diese Vorgehensweise wird mit allen Teigstücken wiederholt.
Das restliche Butterschmalz auf die Röllchen streichen.
Das Blech bei 180° Grad für 30–45 Minuten in den vorgeheizten Backofen schieben, bis das Gebäck leicht braun wird.
Röllchen aus dem Ofen nehmen, den kalten Sirup darüber verteilen und zum Schluss mit Pistazien bestreuen.

**Tipp:** Mit einer Tasse Mocca servieren.

## 14. Gefüllte Weinblätter mit Aprikosen

**Zutaten für 5–6 Personen:**
700 g Weinblätter, 500 g Rinderhackfleisch, 250 g Milchreis, 2 Tomaten, ½ Bund Petersilie gehackt, 1 EL getrocknete Minze, 1 TL Kreuzkümmel gemahlen, 1 TL Koriander, gemahlen, 6 getrocknete Aprikosen, 100 ml Olivenöl, 2 Kartoffeln, 1 unbehandelte Zitrone, 2 EL Tomatenmark, 4 Knoblauchzehen, 2 gehackte Chilischoten, 1 EL Salz, 1 EL Paprika edelsüß, 2 EL Granatapfelsirup

**Zubereitung:**
Weinblätter waschen und in leicht gesalzenem Wasser blanchieren (man kann auch eingelegte Weinblätter nehmen). Reis waschen und gut abtropfen lassen. Aprikosen, Kräuter, Chili, Tomaten und Knoblauch fein hacken, mit Hackfleisch und Reis mischen. Granatapfelsirup, etwas Salz und Paprikapulver dazufügen.
Weinblätter flach auslegen, mit ca. 1 TL der Masse füllen, Seiten einschlagen und zusammenrollen. Kartoffeln und Zitronen schälen und in Scheiben schneiden. Den Topfboden mit Kartoffelscheiben auslegen, darauf die gerollten Weinblätter so legen, dass das offenen Ende unten liegt, und mit einer Lage Zitronenscheiben bedecken. Das Ganze mit Öl übergießen.
500 ml Wasser mit Tomatenmark vermischen und mit Koriander, Kreuzkümmel und Knoblauch würzen. Nun einen flachen Teller auf die Zitronenscheiben legen und das Wasser darübergießen. Den Teller im Topf lassen, damit die Weinblätter nicht an die Oberfläche schwimmen. Topf zum Kochen bringen und etwa 45 Minuten bei mittlerer Hitze köcheln. Dann 15 Minuten ruhen lassen, Weinblätter aus dem Topf nehmen und auf einer Servierplatte anrichten. Mit den Kartoffel- und Zitronenscheiben garnieren. Warm oder kalt servieren.

**Tipp:** Dazu passt ein Joghurtdipp.

## 15. Falafel mit Tartarsoße

**Zutaten für 5–6 Personen:**
250 g Kichererbsen, 2 Zwiebeln, ½ Bund Petersilie, 1 TL Salz, 1 TL Pfeffer, 1 TL Kreuzkümmel, 1 l Öl zum Frittieren, 1 TL Backpulver
**Dipp:** ca. 70 g Tahini, 250 g Joghurt, Zitronensaft von 1–2 Zitronen, 2 TL Knoblauchpulver, ½ TL Salz, 100 ml Wasser, 1½ TL Kreuzkümmel, 5 EL zarte Haferflocken

**Zubereitung:**
Kichererbsen über Nacht einweichen. Zwiebeln schälen und hacken. Kichererbsen in der Küchenmaschine oder im Fleischwolf zusammen mit den Zwiebeln nach und nach pürieren, mit etwas Flüssigkeit geschmeidig halten, sodass ein dicker Brei entsteht. Diesen in eine Schüssel geben und mit Haferflocken, Salz, Pfeffer und Kreuzkümmel abschmecken. Zuletzt Backpulver zufügen und alles gut mischen.
Viel Öl in eine Pfanne geben, erhitzen, mit einem nassen Esslöffel die Teigmasse portionsweise in das Öl geben und goldbraun frittieren. Die fertigen Falafel auf einem Küchenpapier abtropfen lassen und anschließend auf einen Servierteller geben.
**Dipp:** Tahini, Joghurt, Zitronensaft, Knoblauchpulver, Salz, Kreuzkümmel und Wasser in eine Schüssel geben und kräftig schlagen. Diese Soße mit den Falafel servieren.

## 16. Linsensuppe mit Thunfisch

**Zutaten für 5–6 Personen:**
500 g rote Linsen, 1 Dose Thunfisch in Öl, 2½ l Wasser, 2 EL Gemüsebrühepulver, 2 große Zwiebeln, 1 Zitrone, 1 Prise Salz, ½ TL weißer Pfeffer, 1 TL Chilipulver, 1 EL Koriander, 1 EL Kreuzkümmel, 10 EL Öl

**Zubereitung:**
Das Wasser zum Kochen bringen, die Linsen waschen und in das kochende Wasser geben. Etwa 45 Minuten auf kleiner Flamme köcheln lassen. Nach ca. 30 Minuten die Brühe, Salz, Pfeffer und den Saft einer halben Zitrone zugeben. Die Zwiebeln würfeln und in heißem Fett dünsten, dann zur Suppe geben. Anschließend die Suppe pürieren. Den Thunfisch abgießen, zerkleinern und ebenfalls in die Suppe geben, 5 Minuten kochen lassen. Abschmecken. Die restliche Zitrone in kleine Stücke schneiden, auf einen Teller legen und zur Suppe reichen.

## 17. Kartoffeleintopf mit Joghurt: Schoraba

**Zutaten für 5–6 Personen:**
500 g Hackfleisch, 140 g Kichererbsen, 1 kg Kartoffeln, 1 TL gemahlener weißer Pfeffer, 1 EL Salz, 2 Chilischoten

**Joghurt-Sauce:** 1000 g Joghurt (10 % Fett), 1 Ei, 1 EL Mehl, 1 EL Olivenöl, 1 EL getrocknete Minze

**Zubereitung:**
Die Kichererbsen über Nacht in kaltem Wasser einweichen. Die abgetropften Kichererbsen zum Kochen bringen und auf kleiner Flamme garen. Das Hackfleisch in einen Topf geben und anbraten. Die Chilischoten fein hacken, die Kartoffeln schälen und in Würfel schneiden. Beides zum Fleisch geben und mit anbraten. Nun die gekochten Kichererbsen, Salz und die übrigen Gewürze zugeben. Mit ca. 2½ l kochendem Wasser aufgießen und bei geschlossenem Deckel 45 Minuten garen.
Für die Joghurtsoße den Joghurt mit Ei und Mehl glatt rühren und zum Fleisch gießen. Unter Rühren 10 Minuten kochen lassen. Olivenöl und Minze in einer kleinen Pfanne leicht erhitzen, sodass das Minze-Aroma in das Öl übergeht. Auf keinen Fall die Minze braten.
Den Eintopf mit dem Minzöl beträufeln und anschließend sehr heiß servieren.

## 18. Braune Linsensuppe (vegetarisch)

**Zutaten für 5–6 Personen:**
5 Zwiebeln, 8 Knoblauchzehen, 4 EL Öl, 700 g braune Linsen, 1 Bund Lauchzwiebeln, 2 Chilischoten, 2 EL getrocknete Minze, 3 EL Gemüsebrühepulver, 600 g Frischkäse, 1 Glas Kapern, 3–4 EL Currypulver, 2 EL Kreuzkümmel, 1 TL Pfeffer, 1 TL Salz, 1 TL Ingwerpulver oder frischen Ingwer

**Zubereitung:**
Linsen ca. eine Stunde in kaltem Wasser einweichen. Zwiebeln schälen und fein würfeln, Knoblauch ebenfalls schälen und klein hacken. Beides mit etwas Öl in einem großen Topf braun glasieren. Linsen abspülen und dazugeben. Linsen mit Curry und Gemüsebrühepulver bestreuen, kurz anschwitzen, ca. 2½ l heißes Wasser dazugießen und zum Kochen bringen. Lauchzwiebeln in kleine Ringe schneiden, die Chilischote entkernen, klein hacken und mit dem Frischkäse zu den Linsen geben. Mit den restlichen Gewürzen abschmecken. Falls die Suppe zu dick ist, noch ½ l Wasser hinzufügen und weitere 15 Minuten kochen.

## 19. Joghurtsuppe mit Hackfleisch

**Zutaten für 5–6 Personen:**
300 g gemischtes Hackfleisch, 1500 ml Naturjoghurt, 1 Becher Sahne, 1 Ei (mittelgroß), 4 Knoblauchzehen, 1–2 Peperoni, 2 EL getrocknete Minze, 2 EL Speisestärke, 2 EL Hühnerbrühepulver, 2 EL Margarine, 1 TL Salz, 1 TL weißen Pfeffer

**Zubereitung:**
Margarine in eine Pfanne geben und das Hackfleisch krümelig anbraten. Die Peperoni fein hacken und zum Fleisch hinzugeben.
Den Joghurt in einen Topf geben und mit dem Schneebesen umrühren. Das Ei, die Speisestärke, Salz und Pfeffer dazugeben. Alles gut miteinander verrühren und bei mittlerer Hitze zum Kochen bringen. Das Hühnerbrühepulver und die Sahne hinzugeben, dabei stetig rühren, um Klümpchenbildung zu vermeiden. Mit Salz, Pfeffer und der Minze nach Geschmack würzen. Nun das angebratene Hackfleisch zum Joghurt dazugeben. Zuletzt den Knoblauch schälen, zerdrücken und zu der Suppe hinzufügen.

## 20. Frittierte Kibbeh (Kibbeh Shamieh)

**Zutaten für 5–6 Personen:**
**Teig:** 500 g mageres Rindfleisch (alternativ Rinderhackfleisch), 400 g Bulgur, 2 EL Kümmel, 1 EL Salz, 2 TL Zimt, 3 EL Paprikapulver edelsüß
**Füllung:** 500 g gemischtes Hackfleisch, 1 große Zwiebel, 3 EL Granatapfelsirup, 30 g Pinienkerne oder Walnüsse (je nach Geschmack), 1 TL Zimt, 1½ TL Salz und 1½ TL Pfeffer, 1 EL 7-Gewürze-Pulver
Pflanzenöl zum Frittieren

**Zubereitung:**
Zunächst die Masse für den Teig herstellen und dafür beim Rindfleisch Fett und feine Haut entfernen. Fleisch in Würfel schneiden und in einer Küchenmaschine zu einem sehr homogenen Teig verarbeiten. Sollten Sie Hackfleisch verwenden, dann auch dieses zunächst noch einmal in die Küchenmaschine geben und zu einem feinen Teig verrühren. Währenddessen den Bulgur mit Salz, Kümmel, Zimt und Paprikapulver in eine große Schüssel geben, mit einer Tasse lauwarmem Wasser vermischen und für ca. 20 Minuten quellen lassen. Anschließend die Fleischmasse mit dem Bulgur in der Küchenmaschine verrühren, sodass eine feste Teigmasse entsteht.
Für die Füllung wird das Hackfleisch mit den fein gehackten Zwiebeln in einer Pfanne krümelig angebraten. Dann die Pinienkerne oder Walnüsse und den Zimt hinzugeben und mit Salz, Pfeffer und 7-Gewürze-Pulver abschmecken. Die Masse ca. 10 Minuten braten, den Granatapfelsirup hinzufügen und zum Abkühlen beiseitestellen.
Nun die Bulgur-Fleisch-Masse noch einmal mit den Händen durchkneten und Kugeln (ca. 5 cm Durchmesser) formen. Mit

dem Zeigefinger eine kleine Mulde in den Teig drücken und den Teig aushöhlen. Je dünner der Teig am Rand ist, desto besser ist es. Aufpassen, dass der Teig nicht reißt. Stellen Sie sich eine Tasse mit Wasser zur Seite, um die Hände stets feucht zu halten. So reißt der Teig nicht. Nun in die geformte Öffnung mit einem Teelöffel bis fast zur Kante die Fleischfüllung einfüllen, den Teig zusammendrücken und so die Teigtasche verschließen. Anschließend noch einmal die Teigtasche etwas zwischen den Handflächen rollen, um die traditionelle ovale Form herzustellen. Zum Schluss die Kibbeh in reichlich Öl frittieren, bis diese eine schöne braune Farbe angenommen haben.

## 21. Hähnchen mit Joghurtsoße

**Zutaten für 5–6 Personen:**
1 kg Hähnchenschenkel, 500 g Risottoreis, 2 arabische Brote, 1000 ml Joghurt (10 % Fett), 4 Knoblauchzehen, 1 EL Salz, 1½ TL Pfeffer, 2 Lorbeerblätter, 1 TL Zimt, 1 TL Ingwer, 1½ TL Piment, ½ TL Muskatnuss, 200 g Mandelstifte, 20 g Pinienkerne, 2 EL Margarine, 2 EL Öl

**Zubereitung:**
Hähnchenkeulen waschen und in einem großen Topf zusammen mit den Gewürzen kochen, sodass Hühnerbrühe entsteht. Reis waschen und in warmem Wasser 10 Minuten quellen lassen. Wasser abgießen, Öl und Margarine in den Topf geben. Den Reis anbraten und danach mit 500 ml Hühnerbrühe aufgießen und mit Salz und Pfeffer würzen. Reis auf kleiner Flamme kochen lassen.
Arabisches Brot im Backofen backen, bis es braun ist, dann herausnehmen, zerbröseln und in eine Schale füllen.
Pinienkerne und Mandeln in etwas Margarine rösten und ebenfalls in eine Schale füllen.
Fleisch von Knochen und Haut befreien, klein schneiden und in die restliche Brühe geben.
Joghurt in eine Schüssel geben. Knoblauch sehr fein zerdrücken und zusammen mit einer Prise Salz und einer ¾ Tasse Wasser zum Joghurt hinzufügen und cremig rühren.
Die Zutaten werden nun in eine Auflaufform geschichtet. Zuerst das arabische Brot, dann der Reis, das Hähnchenfleisch, der Joghurt und oben die gerösteten Kerne.

**Tipp:** Man kann die einzelnen Zutaten aber auch separat servieren. Dazu passt ein frischer Salat.